Il Mio Diario Privato

di

Rodolfo Valentino

Con un'introduzione di Michael A. Romano

Tradotto e Annotato da Renato Floris

Movie Weekly Magazine Publishing Corporation
The MacFaddenPublications, Inc.
Copyright 1924

Occult Publishing Company
First Edition
Copyright 1929

Pubblicato da:
Vivace Edizioni
Copyright 2023

Si affermano i diritti morali dell'Autore e dell'Editore. Si affermano tutti i diritti in base alle convenzioni internazionali sul copyright. Nessuna parte di questo libro può essere riprodotta o utilizzata in qualsiasi forma e con qualsiasi mezzo, elettronico o meccanico, compresa la fotocopia, la registrazione, o qualsiasi sistema di memorizzazione e il recupero, senza previa autorizzazione scritta da parte dell'autore e dell'editore.

In Deposito Legale presso SBN
http://www.sbn.it/opacsbn/opac/iccu/free.jsp
Opera protetta dalla legge del 22 Aprile 1941 n. 633
("Protezione del diritto d'autore e di altri diritti connessi al suo esercizio") e successive modificazioni, e dal Titolo IX del Libro Quinto del Codice civile Italiano.

ISBN: 978-1-0882-3186-9

*Dedicato a mia nipote
Alba Floris Calabrese*

Prefazione

Renato Floris e io abbiamo dedicato quattordici anni, dal 2009 al 2023, alla nostra ricerca collaborativa e alla pubblicazione di libri sulla vera storia della star del cinema muto Rodolfo Valentino. Durante questo periodo, abbiamo condotto ricerche d'archivio, tradotto testi che non erano stati mai tradotti prima e smentito molti miti. In questo volume, Renato approfondisce l'iconico *My Private Diary*, pubblicato per la prima volta nel 1923 per l'appassionato pubblico internazionale di Valentino e storicamente ritenuto scritto dalla star stessa.

Renato sentiva fortemente l'importanza di indagare e analizzare il diario per collocarlo autorevolmente nel suo contesto storico e verificarne la veridicità. Quasi tutte le biografie di Valentino, infatti, hanno citato *My Private Diary* acriticamente, fornendo spunti che hanno contribuito alla creazione del mito di Valentino e che noi abbiamo riscontrato essere sostanzialmente non veritieri.

Io stessa sono stata testimone della sincera dedizione e delle lunghe ore di lavoro di Renato nella sua impegnativa traduzione di questo libro. Ha discusso meticolosamente l'interpretazione delle frasi, ha consultato studiosi italiani su aspetti storici e ha escogitato il modo più efficace per trasmettere tutto ciò ai lettori. Il suo appassionato impegno è continuato fino a quando non sono state apportate le modifiche finali durante l'ultima settimana della sua vita. Il suo tentativo di esaminare in modo esauriente l'accuratezza di questa iconica pubblicazione di Valentino è magistralmente esposto in ogni pagina.

Nella sua traduzione egli ha incluso, in rosso, i passaggi del diario che erano stati esclusi quando fu pubblicato sulla rivista per appassionati di cinema, *Pictures and Picture Goers* nel 1924. Con queste aggiunte, Renato fornisce una esclusiva e preziosa visione di questa versione alternativa del diario. Le ampie note a piè di pagina, le foto che accompagnano il diario e la accuratezza della traduzione forniscono un ulteriore approfondimento del diario, a beneficio di lettori e ricercatori.

Come autrice della biografia, *Affairs Valentino*, e partner professionale di lunga data di Renato, plaudo alla correttezza e alla rispettosa dedizione che ha messo nel suo meticoloso testo. Questo libro – insieme al corpo editoriale che abbiamo creato e pubblicato – assicura a Renato il patrimonio intellettuale di principale traduttore, studioso, storico ed editore di libri relativi a Valentino e Rambova.

Evelyn Floris

Indice Generale

1   Celebrazione di una Ricorrenza

2   Spiegazione Storica e Analisi del Mio Diario Privato

15   Dedicato a "IL PIÙ GRANDE AMANTE DEL MONDO"

16   Una Introduzione a Questo Libro di Michael A. Romano

21   *Il Mio Diario Privato* di Rodolfo Valentino

201   Album fotografico n° 1

235   Album fotografico n° 2

261   In Omaggio

262   Bibliografia

Celebrazione di una Ricorrenza

Sono trascorsi cento anni da quando avvennero i fatti narrati ne *"Il mio diario privato di Rodolfo Valentino"*. In occasione di questo centenario, presento la mia traduzione italiana di quella iconica pubblicazione.

Oltre alla commemorazione del passaggio di questi cento anni, ho ritenuto necessaria questa traduzione per collocare *"Il mio diario privato di Rodolfo Valentino"* in un contesto storico accurato e rispettoso. Questo perché ritengo la traduzione italiana esistente del diario, al momento in cui scrivo, irrispettosa sia nella forma che nel contenuto; un libro che fa riferimento a un'opera immaginaria di pornografia fantastica che è in diretto contrasto con la realtà fattuale di Valentino.

Questa sola fonte rende l'esistente traduzione italiana una tesi personale del traduttore e descrive Valentino come personaggio di fantasia; un sultano omosessuale con un harem di maschi pronti a soddisfare i suoi insaziabili desideri erotici. Tutto ciò è stato dimostrato essere falso.

Ho aderito al mio obiettivo iniziale di creare una traduzione strettamente filologica del diario studiando l'uso storico della lingua. In ogni caso ho tradotto l'inglese in un italiano preciso e accurato. Ho anche condiviso la mia ricerca sulla storia del diario stesso, la sua origine e il suo sviluppo.

Ho sentito che era giunto il momento di stabilire e ripristinare accuratamente la realtà fattuale di Valentino in riferimento alla storia e al contenuto di *My Private Diary* e tradurre l'opera per il pubblico italiano nel modo più accurato possibile. Presento l'affascinante storia di Valentino con orgoglio e senso di realizzazione.

Buona lettura!
Renato Floris
Torino
2023

Spiegazione Storica e Analisi del Mio Diario Privato

La prima macchina di propaganda di Hollywood

In un'e-mail datata 22 aprile 2003, lo studioso di Valentino Michael Morris ha condiviso la seguente intuizione con la biografa di Valentino Evelyn Zumaya.

Dice Michael Morris:

"Le vicende cinematografiche e gran parte della storia di Hollywood vengono fatte proprie oggi da gruppi di interessi particolari, creando la figura di un "Valentino virtuale" in continua evoluzione. Questa è la mia teoria in poche parole.

Una volta che semplici umani vengono coinvolti nell'apoteosi della celebrità di Hollywood, fanno appello a una vasta folla che si connette a loro in modi diversi. Come l'immagine di Cristo o della Vergine Maria ... vista in vari aspetti da popoli diversi (bianca, dai capelli biondi e dagli occhi azzurri per gli anglosassoni mentre Nostra Signora di Guadalupe è un'azteca dalla pelle scura per i messicani, ecc...).

So anche che questo è il caso di Valentino. È un latin lover per italiani e spagnoli, ha un magnetismo animale per milioni di donne ed è un omofilo non dichiarato che conduce una doppia vita per innumerevoli gay che stanno facendo la stessa cosa.

La parola è APPROPRIAZIONE. Tutti gli dei e le dee subiscono questo processo.

Ma il soggetto dello storico dovrebbe essere l'uomo o la donna celati sotto l'immagine. Tutti gli altri sono creatori di miti... i fan, i seguaci del culto, i "fedeli" che tengono acceso il fuoco (spesso nonostante lo storico che demitizza!)".

Morris condivide un modo semplice ma esaustivo per denunciare quanto l'immagine di Valentino sia diventata flessibile e adattabile alle diverse preferenze socio-culturali.

Viene da chiedersi come dovrebbe comportarsi il serio ricercatore di Valentino. L'intuizione ci viene dallo storico Marc Bloch, che paragona il lavoro dello storico e del biografo a quello del giudice istruttore che deve capire qual è la realtà; questo sulla base delle storie spesso assurde che circolano e alle quali si dà ampio credito. Come possono così tanti credere in qualcosa che non è successo? Molti credono perché corrisponde a ciò che si aspettavano e perché è in linea con i loro pregiudizi.

Vediamo come è nata la poliedrica immagine virtuale di Rodolfo Valentino, a cui si riferiva Michael Morris. L'impulso per la creazione di un "Valentino Virtuale" è dovuto in gran parte agli uffici stampa degli *studios*. La loro missione principale era rendere l'immagine della star davvero interessante per promuovere la vendita dei loro prodotti in modo intrigante. L'immagine della stella, o mito, doveva essere sognata, desiderata e spesso aveva poco a che fare con la persona viva o reale.

Questo è stato il primo e più importante strumento di vendita promozionale utilizzato nelle produzioni cinematografiche.

Nel mondo della finzione cinematografica la realtà non ha posto e tutto deve essere inventato e presentato nel modo più accattivante possibile; un mondo di apparenze, sogni e bugie condivise gestisce il mondo dello spettacolo. Mentre l'attore si copre il viso con il trucco da palcoscenico, lo stesso accade alla loro immagine.

È ovvio che il termine "ipocrita" derivi dalla parola greca ὑποκριτής (ipokrites) il cui significato originario è "attore", quindi "simulatore". Poiché gli attori sono bugiardi per definizione, anche la loro vita privata è stata rappresentata in modo falso, esistendo come suggestivi, evocativi affreschi di parole sempre affascinanti e soprattutto vendibili.

Agli albori della cinematografia, gli strumenti di propaganda erano principalmente riviste di cinema che contenevano sia informazioni relative ai film in uscita, sia approfondimenti e pettegolezzi sulla vita personale dei protagonisti del momento.

Un commento su questo primo marketing delle star del cinema può essere trovato in *"El Verdadero Rudolph Valentino"* di Baltasar Fernández Cué. Al momento della morte di Valentino, Cué stava lavorando con lui su quella che sarebbe stata la vera storia della vita della star. Durante gli ultimi sei mesi della vita di Valentino a Cué è stato concesso un accesso straordinario alla realtà personale di Valentino. Per quanto riguarda la veridicità della propaganda generata e pubblicata dagli studi cinematografici su Valentino, Cué scrive:

"Chi non conosce le consuete procedure seguite negli studi di Hollywood, stenta a credere che Rodolfo Valentino abbia dichiarato, anche in una chiacchierata privata, che la sua 'autobiografia' non era attendibile. In realtà, come documento biografico, nessuno scritto prodotto dagli studi cinematografici sulla vita privata dei loro artisti può ritenersi attendibile.

La missione dei suddetti uffici marketing, che costituiscono uno degli aspetti principali dell'industria cinematografica, è garantire ciò che il pubblico pensa delle case di produzione, degli artisti e dei loro film e sperare che il loro pensiero li spinga favorevolmente verso di loro. È quindi necessario condividere con loro tutto ciò che è possibile per rendere il pubblico solidale con sentimenti popolari come virtù, intelligenza, amenità, generosità, ingegno, cultura, ecc.

La verità non si mescola a un'attività commerciale così importante. L'unico obiettivo è il profitto. E così come sarebbe ingenuo credere che le medicine che vediamo pubblicizzate sui giornali abbiano tutte le mirabili virtù che vengono loro attribuite nelle pubblicità, allo stesso modo è anche prova di grande ingenuità credere quando la stampa ci parla delle compagnie cinematografiche, dei loro artisti e dei loro film".

L'idea accattivante dei diari delle star del cinema

Uno strumento popolare ed efficace in questa prima fase della propaganda era far parlare le star di se stesse, raccontare ai loro fan con la loro stessa voce la loro vita e i loro viaggi all'estero. Ciò era particolarmente efficace in un'epoca in cui i lunghi viaggi, soprattutto in Europa, erano appannaggio solo degli americani più ricchi.

Vari diari di viaggio di celebrità sono diventati di moda perché rivolti a un pubblico sparso in territori allora culturalmente isolati, come alcune aree degli Stati Uniti negli anni '20. Allora la conoscenza dello "straniero" era spesso guardata con diffidenza anche se gli americani, esclusi i pochi nativi superstiti, erano tutti figli e nipoti di "stranieri".

Ci sono diversi esempi di diari di viaggio scritti "personalmente" dalla star del momento, come quelli di Charlie Chaplin. Il primo diario di Chaplin intitolato "*Il mio viaggio all'estero*", fu pubblicato nel 1922 e raccontava il suo ritorno in patria nel 1921 dopo sette anni di lavoro a Hollywood. Il secondo diario di viaggio di Chaplin, intitolato "*Un comico vede il mondo*", fu pubblicato il 13 febbraio 1931 in formato serializzato che terminò il 16 giugno 1932. Forse il diario di viaggio iniziale di Chaplin fu l'ispirazione per Valentino per crearne uno proprio.

Robert Florey, che ha lavorato per un breve periodo come segretario di Valentino, racconta come una sera, tra cocktail e tartine al caviale, nell'ospitale casa di Rodolfo Valentino, Charlie Chaplin fu gradito ospite. Quella sera si parlò della pubblicazione del diario di Charlie intitolato "*Il mio viaggio all'estero*" e di come presto sarebbe uscito in forma di libro. Florey era convinto che Valentino decise quella sera stessa di raccontare la storia dei suoi viaggi all'estero.

Per classificare il conseguente *"My Private Diary"* di Valentino, potremmo dire che il genere più vicino sarebbe quello dei resoconti dei viaggi dei turisti settecenteschi scritti in forma di diario. La differenza nel caso di Valentino sarebbe che in *"My Private Diary"* sono incluse reazioni, gusti e opinioni più personali, cose che erano generalmente bandite dalle narrazioni settecentesche.

1923 -Anno letterario di Rodolfo Valentino e "My Life Story"

Il 1923 fu un anno letterario importante per Rodolfo Valentino. Iniziò la pubblicazione di "*An Open Letter from Valentino To the American Public*", che apparve nel numero di gennaio 1923 di *Photoplay Magazine*. Alla fine della lettera aperta fu annunciata la pubblicazione della storia di "*An Immigrant Boy Who Became the Idol of America*" ovvero "*My Life Story*" che sarebbe apparsa nei successivi numeri di febbraio, marzo e aprile.

La prima domanda è stata chiedersi chi ha davvero scritto o meglio dipinto l'affresco di parole che compone il *"My Life Story"* su *Photoplay* del 1923? La mia risposta, dopo aver cercato la sua origine, è che il giornalista Herb Howe, nella veste di "ghost writer", ha scritto il pezzo mentre lavorava con Valentino. Lo ammette lui stesso in un'intervista fatta a Natacha Rambova. Questa intervista con Natacha apparve in un articolo di Herb Howe pubblicato su *The New Movie Magazine* da dicembre 1929 e fino a maggio 1930.

Così racconta Howe:

"Ricordavo i giorni che ho trascorso nell'appartamento collaborando con Rudie (sic) alla storia della sua vita. A causa di alcune scappatoie legali legate al suo divorzio da Jean Acker, lui e Natacha furono costretti a mantenere residenze separate per diversi mesi dopo il loro matrimonio in Messico. Ma ovviamente Rudie trascorreva la maggior parte del suo tempo con Natacha... Ci fu un momento di tensione quando io e Natacha ci sedemmo sul divano. Facendo riferimento alle ore trascorse a raccontare la vita di lui, dissi a lei: Ora dovremmo raccontare la storia della tua vita".

"My Life Story" costituirà la base per tutti i futuri articoli biografici su Valentino essendo stata spacciata come un'autobiografia originale e veritiera. Per questo costituisce un importante elemento nello studio di *My Private Diary*.

Condivido qui una breve sinossi della narrazione con alcune

analisi.

La prima puntata di "My Life Story" di Howe, pubblicata nel numero di febbraio 1923 di *Photoplay*, fa una rapida panoramica dell'infanzia di Rodolfo; arricchita da deliziosi schizzi e immagini di famiglia che definirei le più divertenti nella costellazione delle storie su Valentino.

Tuttavia, ci sono alcune incongruenze. Ad esempio ne troviamo una in cui Valentino racconta di battaglie con la sorellina Maria e specifica come lui si arrampicò su un albero di lime e ne usò i frutti come proiettili per colpire la sorellina. Gli alberi di lime non sono mai esistiti in Italia; limoni sì, ma lime no, né allora né adesso.

Va anche notato che in questa prima puntata di "My Life Story" c'è un errore relativo alle battute shakespeariane, vale a dire:

"E poi, l'amante che sospira come una fornace, con una dolente ballata fatta al sopracciglio della sua padrona."

Questo brano è citato come parte di un monologo della tragedia "*Macbeth*", mentre in realtà fa parte della ballata "*Le sette età dell'uomo*" della commedia "*As You Like It*".

La seconda puntata di "*My Life Story*", pubblicata nel numero di marzo 1923 di *Photoplay Magazine*, racconta come Rodolfo emigrò negli Stati Uniti alla ricerca della propria casa lontano dall'Italia, che secondo lui era troppo piccola e opprimente. Questa puntata racconta del suo arrivo a New York e dei suoi momenti di solitudine, povertà e miseria. La narrazione si conclude con il racconto del suo spostamento, grazie a "occasioni fortuite", verso la costa occidentale.

La terza e ultima puntata di "*My Life Story*", pubblicata nel numero di aprile 1923 di *Photoplay Magazine*, racconta l'arrivo di Valentino a Hollywood e la sua ascesa alla celebrità, prima di chiudere con i suoi progetti per il futuro. Il racconto biografico si conclude prima del matrimonio di Valentino con Natacha Rambova celebrato a Crown Point in Indiana il 14 marzo 1923.

"*My Life Story*" non fu l'unico sforzo letterario fatto da Valentino nel 1923. A giugno fu pubblicato un libro di poesie intitolato "*Day Dreams*", scritto da Valentino anche se Natacha, in una sua lettera, rivela la collaborazione di Adela Saint Jones nella compilazione di quel libro. Il piccolo volume rosso diventò un popolare best seller.

Il 24 luglio Valentino, la sua nuova sposa Natacha e il loro entourage lasciarono gli Stati Uniti per salpare alla volta dell'Europa per, finalmente, potersi godere la luna di miele.

Ne sortì l'idea di documentare l'intero viaggio all'estero e pubblicarlo, diviso in puntate programmate, nelle riviste di appassionati di cinema.

Fu allora che Valentino assunse Robert Florey come segretario ed era Florey che avrebbe tenuto il conto corrente dei viaggi di Valentino a Londra, Parigi e Roma. Il documento dell'intero viaggio sarebbe stato dunque realizzato da Florey e questo pone la domanda successiva.

Chi ha scritto il diario?

Ci sono motivi per credere all'affermazione che il diario è stato scritto dallo stesso Valentino durante la sua luna di miele in Europa. Tuttavia, ci sono molti punti nel racconto che mi hanno convinto che il diario non è un prodotto originale. Era un montaggio, frettolosamente costruito, di ricordi del viaggio di Valentino, e intriso di affermazioni sorprendenti e fuorvianti ma anche di errori evidenti. Alcuni di questi errori sono legati a viaggi, date, eventi personali e persino ai parenti più stretti di Valentino. Sono aspetti che lo stesso Valentino non avrebbe certo mai potuto confondere.

Su chi ha scritto il diario di Valentino troviamo interessanti indizi da parte di due persone che erano lì con i Valentino, vale a dire Robert Florey e André Daven. André Daven era un giornalista parigino che sarebbe tornato a New York con i Valentino per recitare in un film con Rudy, *Monsieur Beaucaire*.

In primo luogo Robert Florey nel suo libro di memorie su Valentino, pubblicato il 22 novembre 1956 sulla rivista francese *Cinémonde*, condivide quanto segue sulla paternità del diario:

"Un giorno, mentre eravamo a Milano, stavo prendendo appunti per il libro dedicato alla sua vita (di Valentino) che mi stava dettando".

Così continua a riferire Florey:

"Le ragazze dei balletti parigini sono tutte brutte, mi disse (Valentino). Le belle ragazze dei disegni di Fabiano, Heronard, Vincent, Léonnec e Benda esistono solo nella loro immaginazione. Le donne nude delle Folies-Bergère sono terribili, troppo grasse e nessuna di loro è paragonabile alle ragazze del coro di New York".

Tali dichiarazioni sono state attribuite a Valentino e, una volta pubblicate, avrebbero generato una forte reazione da parte della stampa francese con Valentino accusato di francofobia. È logico che Valentino non avrebbe mai scritto o approvato la condivisione di tali osservazioni ed è questo tipo di considerazione che mette in dubbio la vera paternità del diario.

Troviamo un secondo indizio, su chi abbia elaborato il diario, in una notazione di André Daven, scritta in difesa di Valentino. Si tratta di una corrispondenza al quotidiano francese *Comoedia*, pubblicata il 20 giugno 1924, che recitava quanto segue:

"Il traduttore di questo articolo...(vale a dire il diario)... (di cui Valentino ha solo dettato le bozze) era Miss Gladys Hall, di Movie Weekly, che non ha mai inviato a Rodolfo le bozze per l'approvazione. Il Traditore-traduttore, ha dimenticato di citare alcuni passaggi lusinghieri per la Francia e i francesi".

Per quanto riguarda la paternità del diario di viaggio di Valentino, va detto che Daven la attribuisce a Robert Florey, riferendosi a lui come al "Traduttore" perché Valentino e Florey comunicavano in francese. Daven accusa Florey di essere il "traditore" perché ha omesso commenti positivi sulla Francia e sui francesi. A causa di questo inconveniente Valentino avrebbe licenziato Florey.

Apprendiamo inoltre da Daven che il manoscritto del diario, elaborato e tradotto da Robert Florey, è stato poi inviato direttamente a una scrittrice americana che ha completato le puntate per la pubblicazione. Si chiamava Gladys Hall e all'epoca lavorava per la rivista *Movie Weekly*.

Il diario appare in stampa

Il diario di viaggio di Valentino fu finalmente pubblicato a puntate dal 23 febbraio al 16 agosto dell'anno successivo, cioè il 1924. Il titolo, nel suo primo adattamento elaborato da Gladys Hall per *Movie Weekly Magazine*, fu "*Rudolph Valentino's Own Story Of His Trip Abroad by Rudolph Valentino*".

Il diario sarà pubblicato anche sulla rivista britannica *Pictures e Picturegoer* in sedici puntate dal luglio 1924 all'ottobre 1925 con il titolo, utilizzato solo per il primo episodio, "*The Story of My Trip Abroad by Rodolfo Valentino*", cambiato nell'ultima puntata in "*My Trip Abroad by Rudolph Valentino*".

Una riduzione della versione del diario di *Movie Weekly Magazine* è stata pubblicata su *Pictures e Picturegoer*. Ho scoperto che ci furono centoquaranta cancellazioni dall'originale, che vanno da una semplice parola a pagine intere. L'esempio più eclatante di ciò è nella cancellazione di una intera giornata di viaggio, il 9 settembre, che è stata raccontata invece su *Movie Weekly Magazine*.

A questo punto c'è da chiedersi: "Chi era Gladys Hall, la persona accreditata di aver scritto questo diario biografico?" All'epoca era la caporedattrice di *Movie Weekly Magazine* e scriveva una rubrica sindacale a livello nazionale chiamata "*Il diario di un fan del cinema professionista*".

A lei viene attribuita l'infelice frase: "*Il pubblico non vuole che le sue star del cinema vengano abbattute, vuole credere in loro, come Babbo Natale*".

Gladys Hall sposò il fotografo ritrattista Russell E. Ball, che avrebbe scattato alcune delle fotografie più iconiche di Rodolfo Valentino.

A Valentino interessavano le inesattezze e il Ghost Writing?

Sappiamo da André Daven che Valentino non era soddisfatto del contenuto del diario di *Movie Weekly* in quanto non aveva l'opportunità di conoscere lo scritto prima della sua pubblicazione. Sappiamo con certezza che era scontento della noncuranza di Florey perché lo ha licenziato. Ma quanto era arrabbiato Valentino per le inesattezze nelle pubblicazioni *Movie Weekly* e *Pictures and Picturegoer*? Apprendiamo la sua reazione dal giornalista spagnolo Baltasar Fernández Cué che ci racconta, in "*El Verdadero Rodolfo Valentino*" (Il vero Rodolfo Valentino):

"*Un giorno (Valentino) chiamò la sua segretaria e le disse di darmi l'unica copia che aveva della storia della sua vita, pubblicato anni prima su una delle più importanti riviste cinematografiche degli Stati Uniti. Miss Margaret Neff me la diede insieme ad altri documenti simili; questo mentre Rodolfo mi raccomandava la massima attenzione come se fossero gioielli preziosi o antiche pergamene che non possono assolutamente essere sostituite. Poi si soffermò a lungo a chiarire la qualità del contenuto di uno di questi documenti; voleva essere sicuro che io avessi compreso che si trattava della autobiografia intitolata "My Life Story".*

Sappiamo anche da Cué che nei mesi precedenti la morte di Valentino, avvenuta nell'agosto del 1926, egli stesso iniziò un serio lavoro con Cué per scrivere un'autobiografia veritiera.

1929 - Omaggio a Michael Romano

Qualche anno dopo, nel 1929, un amico di Rodolfo e suo testimone di nozze in Indiana, Michael A. Romano, assistente procuratore dello stato dell'Illinois, pubblicò il diario di viaggio in formato libro col titolo *My Private Diary*. Romano, insieme a diverse altre importanti personalità della comunità italiana di Chicago, fondò il *"Rudolph Valentino Memorial Club of America"*, il cui scopo era così definito:

"*...per perpetuare la memoria di Rodolfo Valentino, questo gigante del cinema, le cui imprese artistiche hanno dato vera gioia e arricchimento morale alle masse*".

Nel presente libro io ho tradotto e riportato il *My Private Diary* nella versione di Romano, aggiungendo le mie notazioni e le mie analisi.
Nel titolo di Romano si intuisce subito una suggestione, nemmeno troppo subliminale, che si tratti di qualcosa di intimo, riservato e scritto personalmente da Valentino. Ovviamente nella sua stesura originale, come pubblicata nelle riviste dei fan, non c'era nulla di privato nel contenuto ed era semplicemente una raccolta di ricordi di viaggio.

Romano ha dato alle stampe lo stesso testo pubblicato su *Movie Weekly Magazine*. Il suo libro si apre con un'introduzione dello stesso autore che, oltre alla retorica sul povero emigrante italiano, racconta quanto Valentino aspirasse a creare opere d'arte di alto livello e quanto non gli piacesse essere associato a prodotti di consumo a buon mercato.

La sontuosa esaltazione di Romano di tutto ciò che è americano e della superiorità americana è un motivo dominante nel suo *My Private Diary*. Chiude la sua introduzione con una citazione dal *"Sonnet Seventy Three"* di William Shakespeare, sul valore dei ricordi di una persona cara e importante, che è venuta a mancare:

"*Questo tu percepisci, che rende più forte il tuo amore,
Per amare quel bene che presto dovrai lasciare.*"

Nel tradurre *My Private Diary* di Romano, ho messo da parte le mie convinzioni preconcette su Rodolfo Valentino e ho limitato il mio lavoro esclusivamente alle mie scoperte filologiche nel diario.

Ho scoperto che la vita di Valentino è stata scandita da una velocità costante ed eccezionale; velocità negli aspetti sentimentali ed erotici, velocità nel guidare auto e persino velocità nell'uscire da questo mondo. Nel diario spesso racconta storie sulla sua incoscienza; ad esempio alla fine del viaggio da Parigi a Juan les Pins dichiarò:

"*Solo considerando che ogni sterzata avrebbe potuto essere l'ultima. Lo so, ho sempre pensato di essere più o meno particolarmente protetto dagli dei. Salvato, per così dire, dalle loro ali perché molte e molte volte ho preso la vita nelle mie mani incuranti e l'ho lanciata verso la terra, verso il cielo, verso il mare, solo per vederla tornare da me, allegra, intatta e imperterrita."*

Forse il lettore del diario deve presumere che Valentino alla fine abbia gettato la sua vita così lontano "verso la terra, verso il cielo", che nemmeno Plutone, il dio degli inferi, è stato in grado di salvarlo.

L'ultima ricerca di Valentino per un resoconto accurato

Sappiamo che un resoconto accurato della sua storia di vita era qualcosa di importante per Valentino. Ciò è rivelato in una lettera, datata 19 maggio 1923, che inviò a Robert Florey allora suo segretario. Scrive Valentino:

"Per cominciare, ti faccio sapere che ho deciso di andare in Europa alla fine di questo tour, che è sicuramente dopo l'8 luglio. Non so ancora se sarà per un film o per una vacanza, ma partirò sicuramente con l'Aquitania oppure con l'Olimpico intorno al 23 o 24 luglio".

Alla fine della lettera Valentino aggiunge:

"Scriveremo insieme un libro sulla vita di Valentino e un altro, anch'esso illustrato, sul mio ritorno in Italia dopo dieci anni...".

Florey pubblicherà poi estratti di quella lettera e di altre lettere di Valentino sulla rivista francese *Cinémonde*, in otto puntate intitolate "Inoublable, inoublié", tra il 4 ottobre e il 6 dicembre 1956.

Per Valentino, scrivere con Florey questo libro veritiero sulla sua vita fu un desiderio irrealizzato. Al contrario, secondo il noto collezionista di Valentino William Self, Florey aveva seri disaccordi con Valentino e fu licenziato personalmente da lui. Sappiamo anche che Valentino ha provato una seconda volta a ipotizzare la sua vera storia e ha trattenuto il giornalista spagnolo Baltasar Fernández Cué per la stesura della sua biografia che sarebbe stata scritta al ritorno dal tour promozionale del film *Il figlio dello sceicco*. Purtroppo Valentino tornò a Los Angeles in una bara e Baltasar Fernández Cué avrebbe continuato a scrivere "*El Verdadero Rodolfo Valentino*" in un'altra serializzazione in dieci puntate pubblicata sulla rivista in lingua spagnola *Cinemundial*, dal maggio 1927 al gennaio 1928.

A Cué sarebbe stato poi richiesto di fare riferimento al materiale che Valentino gli aveva affidato prima di partire per New York, oltre che alla sua esperienza diretta con Valentino e, purtroppo, a quanto precedentemente pubblicato sulla sua vita.

Il Diario oggi

Uno dei demeriti di *My Private Diary* di Michael Romano è che aver ridotto in forma di libro le puntate pubblicate precedentemente sulla rivista ha conferito alla narrazione maggiore credibilità, quasi fosse originariamente scritta da Valentino. A questo proposito il libro di Romano è stato citato come fonte attendibile per molte biografie. Mentre ricercavo l'opera originale e venivo a conoscenza del dispiacere di Valentino per le inesattezze, mi sono reso conto che fare riferimento a *My Private Diary* come fonte letteraria è cosa tutt'altro che affidabile.

Paolo Orlandelli, è stato il primo traduttore italiano del diario di Valentino. Egli era consapevole di alcune incongruenze temporali ma, nella sua sorprendente introduzione, avverte come Valentino non tenesse conto dell'esattezza delle sue date di viaggio perché viveva in una dimensione tutta sua. Orlandelli ci restituisce l'impressione che Valentino fosse solo un distratto sognatore ad occhi aperti.

Io ho trovato vero il contrario e cioè che Valentino conosceva perfettamente sia le date che le destinazioni del suo viaggio. Il vero problema con i tanti errori del diario è di chi ha manualmente redatto il diario che originariamente era basato su appunti sparsi, forse incompleti, frettolosi e compromessi dalla fretta dell'editore.

Per quanto riguarda il contenuto della traduzione di Orlandelli va detto che, pur non avendo basato il suo lavoro su una esistente biografia non documentata di uno scrittore di narrativa inglese, assume tuttavia come fatto le affermazioni dello stesso sull'omosessualità avida di Valentino. Le invenzioni dell'autore di fiction inglese su Valentino sono prive in effetti di ogni riferimento alla realtà, con citazioni specifiche mai fornite perché inesistenti.

My Private Diary di Michael Romano esiste oggi come un libro raro e per molti fan di Valentino ha la credibilità di un vangelo in quanto ritenuto scritto da Rodolfo Valentino.

La mia ricerca rivela invece che molte mani hanno partecipato alla stesura del diario, basato sui suggerimenti di Valentino e sugli eventi della sua luna di miele avvenuta cento anni fa.

Lo studio del contesto storico del diario aiuta a comprendere la sua natura e io ho fatto del mio meglio aggiungendo note, correzioni e approfondimenti ai dettagli del testo.

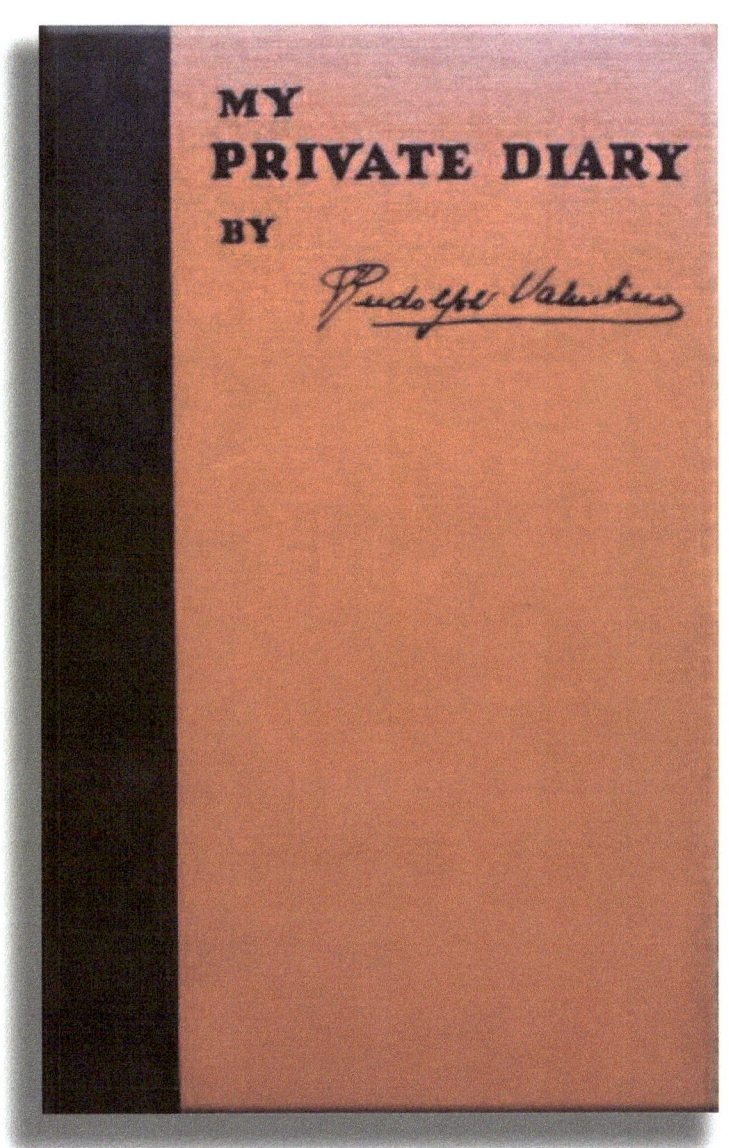

MY PRIVATE DIARY

By

Rudolph Valentino

With An Introduction
By Michael A. Romano

1929
OCCULT PUBLISHING COMPANY
CHICAGO

Dedicato a

"IL PIÙ GRANDE AMANTE DEL MONDO"

Il cui glorioso ricordo viene perpetuato con conferenze, scritti e filmati, dal Chicago Valentino Memorial Club of America che sollecita la vostra cordiale collaborazione - da tutte le parti del mondo - affinché la fiamma ispiratrice di questo grande genio viva sempre nei cuori dei milioni di persone che lo incoronarono "Re dell'Amore".

Una Introduzione a Questo Libro di Michael A. Romano

Dedico questo libro a chi conosceva Rodolfo Valentino solo come il tenebroso "Sceicco" del cinematografo, adorato dalle commesse e dalle ragazze di buona famiglia, disprezzato dagli invidiosi, che vedevano in lui tutto ciò che non avrebbero mai potuto essere, e che ritenevano che l'annuncio del suo viaggio all'estero fosse solo un'altra trovata pubblicitaria.

Per i pochi che conoscevano il vero Valentino, era chiaro che stava ricevendo una ricompensa e un riconoscimento che raramente un grande artista può ottenere nella propria vita.

Cosa ha significato tutto questo per Valentino? Non molti anni prima, era arrivato proprio su quello stesso molo dove approdò la grande nave che gli avrebbe consentito di realizzare uno dei suoi tanti sogni: un ragazzo immigrato, senza nome, senza un soldo, sconosciuto[1]. Aveva vagato per le strade di una città indifferente in cerca di uno sguardo amichevole, di una parola di incoraggiamento. Aveva sentito parlare molto dell'America come la terra dalle dorate opportunità e del successo.

L'omaggio più splendido che si possa fare a Valentino è un ossequio anche alla grandezza dell'America. Proprio come l'America, nelle sue prime lotte, è emersa invincibile e grande, così Valentino, con la sua indomita volontà e coraggio ha superato tutti gli ostacoli e ha raggiunto quella vetta sulla quale solo il vero forte può posarsi: Lui: l' "Aquila".

Il pubblico volubile, che lo adorava perché portava nelle loro vite prosaiche lo spirito dell'amore (e tuttavia ignorava completamente il suo vero genio) non capiva che Valentino era un fenomeno della natura. Come una meteora che illumina splendidamente un mondo oscuro e poi svanisce nello spazio, balenò attraverso l'orizzonte e, prima che il suo fuoco fosse completamente spento, si lanciò nell'Eternità!

Ci siamo conosciuti in un momento in cui i frutti del suo successo

---

1 Non è esattamente così, Valentino arrivò a New York come abbiente turista dopo aver viaggiato in prima classe e con, oltre a denaro contante, una lettera di credito per il valore di 4.000,00 dollari dell'epoca pari a 119.000,00 dollari del primo gennaio 2023.

stavano diventando amari.² Coinvolto in contenziosi giudiziari, i suoi mezzi di sussistenza vacillavano, eppure non fu mai più felice di allora in vita sua. Presto sarebbe stato libero di sposare la donna che amava, Natacha Rambova, e tutti i suoi pensieri non erano per il proprio, ma per il loro futuro. Mi ha incaricato di organizzare il suo matrimonio come se fosse stato il mio. Stranamente era proprio in quel periodo che mi stavo preparando per il mio matrimonio. Era eccitato come uno scolaretto. Sarebbe bastato renderlo un doppio matrimonio. Tuttavia, questo non poté accadere, così ha accettato la mia proposta di assisterlo come suo testimone di nozze. Con il più semplice dei riti davanti a un giudice di pace, con lo scambio di semplici fedi d'argento, il "più grande amante del mondo" ha giurato su di un amore che è rimasto con lui fino all'ultimo respiro della sua vita e che, secondo le sue credenze, ha portato con sé.

È stato detto che "La natura ci porta alla vita e la vita ci fa cadere nei solchi da noi scavati". L'arte ha portato in vita Valentino, ma un pubblico testardo gli ha imposto il ruolo dell'eterno Don Giovanni. Con quale disprezzo ricopriva quei ruoli in cui il pubblico lo amava di più! Se fosse vissuto abbastanza a lungo da realizzare i cari ideali della sua arte!

Nel discutere del suo lavoro era del tutto scevro da egoismo, e le sue conversazioni erano prive del pronome personale "io"[3]. Poteva discutere dei suoi personaggi in modo impersonale, distaccato e sempre critico. A volte il suo umorismo diventava introspettivo e, più raramente, il suo tono confidenziale. Era solo allora che rivelava le aspirazioni per il suo completo sviluppo come grande artista drammatico.

Eravamo appena tornati dalla trionfale proiezione del suo film "Il figlio dello sceicco". Era stato accolto con grande successo, e l'ovazione del pubblico, quando è salito sul palco, ha dato inequivocabile conferma

---

2 MICHAEL A. ROMANO era Assistente Procuratore dello Stato dell'Illinois e divenne amico dei Valentinos durante la tournée Mineralava quando fecero sosta a Chicago dove, col suo supporto legale, speravano di poter celebrare le nozze al momento del ricevimento, dall'avvocato Gilbert di Los Angeles, il definivo decreto di divorzio, ma si mise di mezzo una legge dell'Illinois che prevedeva un anno d'attesa dall'effettivo decreto di divorzio dal precedente matrimonio di Valentino con Jean Acker. Romano ebbe l'idea di sconfinare nell'Indiana e di fermarsi a Crown Point City in quanto, in quello stato, le leggi erano meno rigide di quelle dell'Illinois. Così dopo un'oretta di viaggio nella sera del 14 marzo, vista la vicinanza di Crown Point a Chicago, una settantina di chilometri circa. Ottenuta la licenza di matrimonio. Si poté celebrare l'unione con un semplice rito; i testimoni di nozze furono, per Valentino Michael A. Romano e per Natacha la zia di lei, la signora Werner. Comunque dopo il matrimonio ci furono alcune diatribe tra i giudici della Contea in quanto la sposa avrebbe dovuto essere residente nella Contea di rilascio della licenza di nozze. La questione venne superata grazie alla decisione del Procuratore Capo Lesh e si chiuse il 29 di quel mese. Intanto i Valentinos erano già lontani, tra Houston e New Orleans, felici e contenti.

del fatto che le avversità possono punire ma non possono mai distruggere la vera grandezza. Valentino era tornato più grande che mai!

Rudy, George Ullman e io stavamo cenando insieme e fu davanti ai nostri caffè e sigarette, quando ricevetti una rapida risposta alla mia osservazione che mai avrei potuto accettare il "Figlio dello sceicco" come la sua vera conquista artistica al di sopra del suo "Monsieur Beaucaire", del suo "Julio" nei "Quattro cavalieri", del suo "Gallardo" in "Sangue e arena".

"Rudy", dissi, "il tuo 'Beaucaire' è stato splendido. Perché non fare 'François Villon', 'Cyrano de Bergerac'? So che il pubblico vuole il lieto fine, ma tu dovresti fare la tragedia - Romeo, Amleto, anche il "Mefistofele" di Goethe.

"Avrò presto la possibilità di realizzare tutto questo", rispose, "e tutte le altre cose che ho sempre voluto fare. Ora ho un contratto per girare tre film con Joseph Schenk, e questo risolverà tutte le mie preoccupazioni economiche. Poi sarò libero di portare sullo schermo alcuni dei grandi personaggi storici. Voglio essere Cesare Borgia. Voglio portare in scena alcuni dei personaggi dei nostri grandi drammaturghi italiani: Benelli, Pirandello, D'Annunzio. Quando ero un ragazzo in Italia ho visto, dal mio posto in galleria, grandi artisti drammatici come Novelli e Grassi. È stato il sogno della mia vita rappresentare i loro personaggi e vedere cosa posso fare con loro. Se ho una qualche capacità artistica, questo è il mio mezzo di espressione e il pubblico deve accettarmi per questo".

L'avvento del cinema sonoro mi fa capire ancor di più quanto grande sia stata la perdita del cinema con la morte di Valentino. Non è generalmente noto che l'arte di Valentino avesse altri mezzi di espressione oltre al cinema. Si dilettava di pittura e poesia, ed era in possesso di una voce baritonale meravigliosamente risonante che aveva raffinata con anni di studio musicale. Tra i miei ricordi di Rudy c'è un disco Victrola che ha inciso poco prima della sua morte[4]. Ha cantato la

---

3 Non tutti la pensavano come Michael Romano, ad esempio Bob Florey riporta, nei suoi ricordi di Valentino pubblicati sul numero 1165 della rivista Cinémonde del 6 dicembre 1956, che un giorno Max Linder gli disse: *"Il tuo amico Valentino è davvero gentile e molto sociévole, ma non abbiamo argomenti in comune di cui parlare. Quando cena da me non dice una parola a meno che non s'inizi a parlare dei suoi film. E, detto in confidenza, non ha inventato la polvere da sparo."* Un modo, non proprio elegante, per dire che Valentino, secondo Linder, fosse un sempliciotto.

4 Valentino incise la canzone "Kashmiri Love Song" nel 1923, non proprio "poco prima della sua morte".

"Kashmiri Love Song". Per me è un tesoro non solo per il suo valore affettivo, ma per l'eccellenza dell'esecuzione. Che bellezza, il ritratto di Valentino attraverso l'azione e la voce, il "Cyrano de Bergerac" di Rostand!

Amava la vita, sia in povertà e oscurità sia in ricchezza e fama, aveva la capacità di trarre da ogni giorno la più grande quantità di felicità.

E così, il ragazzo immigrato dieci anni fa si imbarca come famoso e festante idolo d'America, gli applausi di migliaia di persone risuonano nelle sue orecchie, il suo cuore è colmo d'amore, nella sua prima vera vacanza. Era disposto a lottare per ottenere dalla vita la completa felicità, come se risuonasse minacciosamente nella sua anima il monito shakespeariano.

> "and this thou perceivest to make thy love more strong.
> To love that well thou must leave 'ere long[5]"
> "Questo tu capisci, che rende più forte il tuo amore,
> Ad amare quel bene che presto devi lasciare."

---

[5] Il testo corretto è:
"This thou perceivest, which makes thy love more strong,
To love that well thou must leave ere long"
Vedi "Antology of English Poetry" - Robert N. Whiteford, PH.D. – Edizioni BENJAMIN H. SANBORN & Co. Boston, Mass. – USA 1903. Questi versi fanno parte del sonetto n° 73 di William Shakespeare che, con i sonetti 71 e 74, fa parte delle ispirate e tristi considerazioni del poeta riguardo alla caducità e brevità della vita.

Il Mio Diario Privato
di
Rodolfo Valentino

Giugno

#1 - IL MIO SOGNO si sta avverando!

Uno dei miei sogni... ne ho tanti...[5]

Questo sarà, in una certa misura, il resoconto sconclusionato di un sogno. Un sogno diventato realtà. Di giorno in giorno, di notte in notte, qua e là, scriverò le mie impressioni. Metterò per iscritto le cose che penso, le cose che faccio, le persone che incontro, tutte le sensazioni, piacevoli e confortanti, che sono mie dal momento in cui preparo il mio primo baule per lasciare l'amica costa americana, fino al momento in cui l'avrò disfatto di nuovo, quando sarò tornato una volta ancora.

È una cosa grandiosa, penso tra me e me, realizzare un sogno. Perché i sogni sono scarsi di questi tempi, e le realizzazioni ancora più limitate. Dicono che solo i poeti e gli sciocchi osano sognare... per questo cerco di scrivere poesie..!

Sto per salire a bordo

Sto "tornando a casa". Sede del vecchio paese. Casa della mia gente. E questo significa più per me che per molte persone. Non è solo un ritorno casuale alla vecchia città per dire: "Come stai?" "Come state tutti?" No, per me, è molto più di questo...

Dieci anni fa sono venuto in America povero, senza amici, sconosciuto e senza un soldo[6]. Non sapevo cosa avrei fatto. Non sapevo

---

5 Primo intervento editoriale, rispetto all'originale testo di "Movie Weekly Magazine", operato su "Pictures and Picturegoer". Tutti i successivi tagli del testo originale saranno in rosso e contrassegnati dalla numerazione preceduta dal segno #.

6 Affermazione provata inesatta in quanto Rodolfo, quando arrivò a New York, il 22 dicembre 1913, era atteso al molo dall'amico di famiglia Francesco Mennillo e in Spring Street, in Lower Manhattan, da Ernesto Filomarino, zio di Ada Del Mazzone, moglie di Alberto Guglielmi, fratello di Rodolfo. Riguardo al "senza un soldo" e allo status di emigrante possiamo solo dire che Rodolfo viaggiò in prima classe e con una lettera di credito per

cosa sarebbe stato di me. Nessuno mi ha accolto quando sono sceso sul molo. Nessuno sapeva che stessi arrivando, e se lo avessero saputo, non avrebbe fatto la minima differenza al mondo per un'anima vivente. Avrebbero solo pensato, se avessero pensato, "Oh, un altro povero ragazzo italiano che viene in America!" Niente potrebbe essere meno interessante. Un altro giovane italiano, che viene sulle sponde della Libertà per fare fortuna... se potrà. Ma io volevo più della semplice fortuna. Le mie ambizioni si innalzavano al di sopra della terra e si fissavano nelle stelle immemorabili. Volevo FAMA. Volevo AMORE. Volevo che il mio nome risuonasse in tutto il mondo. E volevo che quel nome risvegliasse l'amore nel mondo mentre riecheggiava.

Non tornerò mai a casa, mi dicevo, finché non potrò tornare a casa QUALCUNO.

Il solo pensiero, la povera, magra, infruttuosa speranza di una cosa del genere mi entusiasmava nel profondo. Essermene andato, come me ne sono andato, povero e sconosciuto, un Nessuno. Tornare ... supponendo e credendo *di dover tornare*... ricco, famoso, di successo... Che voglia! Che sogno!

Prendo nota di tutto questo ora per rendermi conto che, dopo tutto, i sogni si avverano, possono tradursi in realtà. A volte, molto di nascosto, mi pizzico, alla vecchia maniera, per essere sicuro che non sia tutto un sogno. A volte ho paura di svegliarmi di nuovo, ragazzo, solo e senza amici, tremante al confine di una terra ignota e straniera.

Una situazione programmata per lungo tempo, come io ho fatto con questo viaggio che sto per intraprendere, dopo un po' acquisisce il colore dei sogni. È difficile credere che si stia avverando.

Il giorno stesso in cui sono approdato in America, ho avuto la visione che un giorno sarei tornato indietro proprio come sto facendo ora.

Quando Natacha e io ci siamo sposati in Messico, prima che iniziassero tutti i nostri problemi e le nostre complicazioni, avevamo programmato di partire, subito dopo il nostro ritorno sulla costa orientale. Avevamo anche fatto i passaporti e poi le varie difficoltà che ci assediavano lo hanno impedito.

Ora, però, vado davvero. Stiamo davvero andando.

Siamo come due bambini, Natacha e io... Ci sediamo e ci guardiamo; uno di noi dice: "Quando arriveremo a Londra, faremo questo!" e poi l'altro interviene con: "Quando arriveremo a Parigi, faremo quest'altro!" E poi dico, eccitato: "E quando arriveremo in Italia...ah, quando arriveremo in Italia, ti farò vedere questo e quello...e

---

4.000,00 dollari, pari a circa 119.000,00 dollari del primo gennaio 2023. Viaggiando in prima classe evitò di transitare a Ellis Island e subire i fastidiosi e umilianti controlli ai quali erano sottoposti tutti gli emigranti che arrivavano in quei tempi. Definirsi "povero, senza amici, sconosciuto e senza un soldo" è senz'altro un'affermazione fuorviante.

quell'altro...ti mostrerò la strada soleggiata dove giocavo a "campana"[7] da bambino... ti indicherò la stanza in cui sono nato... vedrai dov'è sepolto mio padre e dove giace la mia cara mamma accanto a lui[8]... incontrerai mio fratello e mia sorella... e le ragazze e i ragazzi con i quali sono cresciuto... Sotto la luna piena italiana ritroverò la mia infanzia... i miei sogni di ragazzo... tutto il mio caro e lontano Passato che mi ha spinto verso questo luminoso e felice Presente".

E poi Natacha mi ricorda che si dovranno fare le valigie e ottenere i passaporti e fare acquisti e dire gli arrivederci e stare dietro a tutto il clamore e il tutto quanto si dirà di un così lungo viaggio.

Domani mi occuperò dei passaporti...

Luglio

Domani si salpa.[9]

Tutto è organizzato. Siamo stati solo dieci minuti nell'ufficio passaporti. L'uomo che ha scattato la mia fotografia ha detto: "Questo è un grande onore, signor Valentino. Spero di dimostrare di essere un adeguato fotografo". In altre foto avevo un aspetto migliore di quello che si vedeva in quella che, però, era sufficientemente accettabile.

Non ho fatto alcun acquisto. Ho deciso di fornirmi della maggior parte dei miei vestiti a Londra, un mio sogno a lungo rimandato. E poi, non mi dispiace ammetterlo in un diario privato, lì i vestiti costano meno! Anche una star del cinema deve fare i conti con questo fatto! Natacha, ovviamente, ha in mente Parigi quando pensa ai vestiti!

Sono così eccitato per tutto questo che non riesco ad accontentarmi di nulla. Non riesco a provare sensazioni precise ora che tutto è così

---

7 Il gioco riportato, nel testo originale, come "Hopscotch" altri non è se non la versione americana del gioco della "Campana", fatto assolutamente improbabile in quanto il gioco della "Campana" era un gioco praticato solo dalle bambine mentre i maschietti preferivano altri giochi come quello della "Cavallina" consistente nel saltare a gambe divaricate un compagno che sta piegato.

8 Questa è un'affermazione assolutamente priva di fondamento in quanto i genitori di Rodolfo giacciono in tombe molto distanti l'uno dall'altra. La sepoltura di Giovanni Guglielmi è, al momento, ignota. Il ricercatore Aurelio Miccoli, fatte molte indagini infruttuose, ipotizza che il papà di Rodolfo sia sepolto in una nicchia anonima riservata alla famiglia Guglielmi nel cimitero in Martina Franca mentre la madre di Rodolfo morì, il dieci gennaio millenovecentodiciotto, in Francia a Besançon e venne sepolta dalla figlia Maria e dai cugini Tranchart di Saint Vit, nel Cimetière des Chaprais in Besançon.

9 Questa annotazione si riferisce a lunedì 23 luglio 1923, il giorno prima della partenza, in quanto i coniugi Valentino, con Teresa Werner, la zia di Natacha, il cagnolino pechinese e il loro seguito salirono a bordo della S.S. Aquitania. Il quotidiano *The Standard Union* (Brooklyn, New York) del 23 luglio 1923 riporta che i Valentino erano già saliti a bordo a mezzogiorno e che dopo pranzo avrebbero ricevuto i giornalisti per spiegare i perché e i percome del loro viaggio in Europa, nell'articolo è specificato che la partenza era prevista per il 24 luglio alle ore 10.

vicino, ora che dovremo navigare con l'Aquitania domani mattina. Sono quasi stordito. E sono mortalmente stanco. Comincio a rendermi conto che ne ho viste tante negli ultimi mesi, negli anni passati... e ora sono stanco. Voglio riposare. Là fuori, sulle sconfinate, insondabili acque, sotto la luna libera di cavalcare in cielo, potrò essere, non Valentino, l'attore, ma un sognatore stanco, che torna a casa... Questo è un dolce pensiero per me...

Natacha mi dice: "Non sei elettrizzato, Rudy?" e io dico, quasi stupidamente: "Non lo so... non credo di sentire niente... non lo so..." E Natacha ride di me, ma teneramente... capisce. Le donne sono creature di comprensione...

Finalmente disfo la mia ultima valigia. Le uniche cose nuove che ho comprato sono delle macchine fotografiche, in modo da poter scattare le immagini del nostro viaggio. Natacha mi dice che dovrei davvero usare solo la piccola Brownie n.1, invece delle costose Graflex[10] e delle altre complicate macchine fotografiche che mi sono regalato. Dice che scatto sempre due o tre immagini sullo stesso negativo. Sono un Futurista[11] quando si tratta di scattare foto, mi dice. Ma sono felice di farlo. Penso di scattare ottime fotografie. Ma non dovrei preoccuparmi di essere il fotografo di me stesso.

Non riesco a mangiare da tre giorni. Sento l'odore del sale entrare nei miei polmoni. Riesco a vedere, quando chiudo gli occhi, le coste dell'Italia. Posso respirare la nebbia di Londra... che è come un vino forte per me.

Ho sempre desiderato vedere Londra. Forse più di ogni altro posto in Europa. Londra è la storia per me. Tante persone ci hanno invitato a cenare con loro ieri sera, ma ho chiesto scusa. Ho detto a Natacha che avrei potuto offendere qualsiasi ospite, perché non sarei stato in grado di ingoiare nulla oltre il primo piatto.

Domani si salpa.

---

10 La Brownie n.1 e la Graflex erano due modelli di fotocamera prodotti dalla Eastman Kodak. La Brownie era una fotocamera di piccolo formato con rullini di pellicola 120 da sei scatti nel formato 6x9 mentre la Graflex era una fotocamera per foto giornalismo, a soffietto di grande formato. Ritengo però che Valentino non avesse con sé una Brownie n.1, un prodotto già vecchio di 22 anni nel 1923 e sostituito, nel 1919, dalla Brownie n. 2 modello E. Riguardo alla Graflex sicuramente Valentino possedeva una Speed Graphic, fotocamera creata nel 1912 che, con tutte le sue evoluzioni, sopravvisse sino al 1973. I modelli degli anni 20 utilizzavano lastre fotografiche in vetro nel formato 4x5".

11 Ironico riferimento al movimento nato dopo la pubblicazione del "Manifesto Futurista" del 1909.

Il giorno successivo[12]

Bene, siamo sulla buona strada!

#2 - "La nave si muove col movimento lento e maestoso di un mitico animale che prende l'abbrivio per tracciare un corso solenne attraverso l'Eternità!
Sono scalpitante, ho pensato di uscire, mettermi dietro a spingere la nave: più veloce... più veloce... L'eccitazione scorre ancora nelle mie vene come una febbre..."

Siamo partiti questa mattina alle dieci.
Non ho dormito per più di un'ora o due la notte scorsa. Mi addormentavo, poi mi svegliavo di soprassalto pensando: "Domani si salpa! Domani torno a casa!" e poi mi assopivo di nuovo per alcuni istanti solo per risvegliarmi con lo stesso eccitante pensiero. Natacha ha dormito poco quanto me. Rimanemmo svegli bisbigliando frasi eccitate e sconnesse per la maggior parte della notte.
Ieri al molo sono stato accolto da una grande folla di persone, in attesa di vederci partire. Abbiamo camminato nella calca con difficoltà, ma è stata una complicazione che ho amato, perché era la parte più concreta e bella del mio sogno. Dieci anni fa, su quello stesso molo, iniziai un solitario cammino, un po' spaventato e del tutto privo di amicizie. A nessuno importava di me. Questa volta con mia moglie da una parte e con la zia di mia moglie, la signora Werner, dall'altra parte, sono passato tra una moltitudine di amici, molti dei quali mai avevo visto prima, ma tutti avevano visto me, ed erano lì perché mi amavano e volevano augurarmi ogni bene.
Forse il più entusiasta tra la folla era il poliziotto McIntyre, agente al controllo del traffico sul molo. Il poliziotto è sempre in servizio all'attracco n. 54, e si è fatto avanti subito quando ci ha visti lasciare la macchina. L'ultima volta che lo vidi era sulla banchina, mentre la grande nave si muoveva e si allontanava, lui era lì che agitava un grande fazzoletto con il più vigoroso entusiasmo.
C'erano anche i miei ammiratori, come ho detto prima. Brave ragazze e bravi ragazzi, uomini e donne, che salutavano agitando la mano e gridando, alcuni con le lacrime agli occhi... Confesso che anch'io avevo le lacrime agli occhi...
Ovviamente non ero davvero triste quando siamo partiti... sapevo che era solo un viaggio... solo per poco però... perché presto sarei tornato... ma in ogni commiato, non importa quanto breve sia, c'è un'atmosfera di dolce malinconia... c'è un sentiero che conduce alle

---
12 Martedì 24 luglio 1923.

lacrime nelle stesse parole, "Arrivederci! Addio!" non importa quanto brillantemente e ottimisticamente possano essere dette. E mentre guardavo di nuovo lo splendido orizzonte di New York, con le sue giganteggianti torri di trionfo... mentre guardavo di nuovo la Statua della Libertà che si dissolveva nella nebbia... New York, dove avevo raggiunto l'obiettivo dei miei sogni... mentre pensavo ai tanti amici, alcuni conosciuti, molti invisibili, una marea crescente di gratitudine e affetto che mi ha velato gli occhi con lacrime di felicità... ho pensato al giorno in cui sarei tornato di nuovo come un viaggiatore dei sogni che torna a casa...

Mi resi conto allora di essere cittadino del mondo. Che il paese di un uomo è dove sono i suoi amici. E i miei amici, sento che sono ovunque. In Italia. In Inghilterra. In Francia. E la maggior parte di loro in America.

AMO tutti i paesi e tutti i popoli come voglio che tutti i paesi e tutti i popoli amino me. Ma è in America che si è realizzata la mia grande opportunità. È l'America che mi ha donato il mondo.

Come New York sparì dalla nostra vista e le bianche scie, quali enormi e spumosi merletti, lasciate alle spalle del grande piroscafo si erano allargate e stese come un velo sottile dietro di noi, Natacha, la zia e io entrammo nella nostra suite di cabine. Disponiamo di una bellissima suite e l'abbiamo trovata piena di fiori. Fiori ovunque, con cartoline e piccoli messaggi. Cesti di frutta. Regali. Lettere di conoscenti e scritti da chi non conoscevamo. Vorrei poter ringraziare tutti personalmente, stringere loro la mano. Ma li posso ringraziare solo nell'intimità del mio cuore.

Ci abbiamo messo quasi tutto il giorno a leggere i messaggi, le cartoline, le lettere e i telegrammi che vi abbiamo trovato, dopo di che ci rendemmo davvero conto di quanto fossimo stanchi.

Abbiamo deciso che avremmo trascorso la maggior parte del tempo nelle nostre cabine. Ogni tanto facevamo una passeggiata sul ponte, ma i pasti li consumavamo da soli. Avevamo bisogno di riposo. Alla fin fine, a parte l'andare a casa, era per questo che stavo facendo il viaggio...

Sono rientrato adesso da una passeggiata sul ponte, prima di andare a letto. La luna era molto alta nel cielo, Natacha e io camminavamo svelti, intorno e intorno, fermandoci per qualche istante per appoggiarci al parapetto a guardare lo scorrere delle acque molto più in basso.

Domani saremo più vicini... più vicini a Londra... più vicini a casa...

Il giorno successivo[13]

Mi sono svegliato presto questa mattina... il nostro primo giorno libero. Potevo vedere le onde, arricciarsi dolcemente intorno al mio oblò per chinarsi e incontrane altre, curvarsi cortesemente per rivelarmi il cielo albeggiante... avevo l'impressione di vedere braccia bianche e colorate di belle donne che stringevano a sé il mondo. Sdraiato stavo in silenzio, per non svegliare Natacha, ho scritto mentalmente una poesia sulle impressioni che mi venivano trasmesse dal mondo senza sentieri che stavamo attraversando... Tutte le mie recenti difficoltà e coinvolgimenti, personali e professionali, sembravano molto lontani in quell'ora mattutina. Ormai non avevano alcuna importanza. Sapevo, vagamente, che sarebbero tornati di nuovo, che le domande pressanti su ciò che dovevo fare e quando avrei dovuto farlo si sarebbero riaffacciate, reclamando attenzione, presto di nuovo, ma per il momento ero come adagiato sulle deliziose braccia della poesia e della pace.

Facemmo colazione in cabina, zia, Natacha e io. Natacha disse che senza dubbio mi avrebbero criticato se avessi tenuto fede al mio piano di rimanere in cabina per tutto il viaggio, ma le dissi che dovevo correrne il rischio. Sono stanco e devo approfittare di questo viaggio per riposarmi.

A volte penso che l'unica cosa che il pubblico non capisce di un artista, di qualsiasi tipo, sia il suo bisogno di riposo. La gente sembra pensare che noi si sia instancabili, che non dobbiamo mai essere soli, non appartarci mai per accumulare nuove energie, per dar loro, se ci riusciamo, nuovi incanti.

Questa mattina, dopo colazione, Natacha e io abbiamo fatto una breve passeggiata sul ponte e, nel farlo, abbiamo incontrato George Arliss[14] e sua moglie. Ero felice. Sono un suo ammiratore da lungo tempo e ora che ho avuto con lui la piacevole chiacchierata, la mia ammirazione è ancora più calorosa.

Lui e la signora Arliss stanno facendo proprio come me e Natacha,

---

13 Mercoledì 25 luglio 1923
14 George Arliss, nato Augustus George Andrews, (Londra, 10 aprile 1868 – Londra, 5 febbraio 1946), era un attore britannico che riscosse un grande successo nei teatri inglesi. Nel 1901 si imbarcò per gli Stati Uniti per una tournée con la troupe di Mrs. Patrick Campbell. Il successo ottenuto gli fece decidere di restare all'estero. Iniziò a interpretare grandi personaggi storici sul palco di Broadway insieme a sua moglie, Florence. Arliss iniziò a fare cinema quando aveva già 53 anni, debuttando sul grande schermo in "The Devil" di James Young. Raggiunse il massimo successo e notorietà con la sua interpretazione di "Disraeli", una storia biografica sul primo ministro britannico Benjamin Disraeli. La performance gli valse l'Oscar come miglior attore nel 1930. Tuttavia, Arliss non comprese il valore del premio, snobbando la cerimonia di premiazione al Capitol Theatre di Los Angeles, andandosene in vacanza in Francia. Alla cerimonia, Darryl F. Zanuck, della Warner Bros, ritirò la prestigiosa statuetta dell'Oscar a nome suo.

se ne stanno per conto proprio. Ci ha detto che è molto stanco dopo la sua lunga stagione e che riprenderà a recitare a Londra tra pochi mesi e che ora ha bisogno di riposo. Era d'accordo con Natacha sul fatto che senza dubbio saremmo stati considerati scortesi, probabilmente "altezzosi" ma lui, questo, se lo aspettava...

Abbiamo pranzato tranquillamente nella nostra cabina dopo di che Natacha e io ci siamo fatti un ricco pisolino. Ho steso una lista delle cose che volevo vedere, in particolare a Londra, e Natacha ha fatto la stessa cosa per Parigi... La zia ha detto che eravamo come due bambini che vanno allo zoo o cose del genere... .

Quella sera il signore e la signora Arliss cenarono con noi nella nostra suite. Abbiamo parlato di cinema e del futuro del cinema, e abbiamo confrontato le nostre esperienze. Dopo cena abbiamo fatto di nuovo due passi sul ponte e Natacha mi ha preso in giro a proposito di due ragazze che stavano passeggiando con il padre, immagino, e che pareva avessero escogitato un modo ingegnoso per incrociarci a ogni giro del ponte, "In qualsiasi momento, Rudy, " ha detto, "ti fermeranno e ti chiederanno una foto". Ma non lo fecero.

La luna era stupenda e cavalcava in alto nei cieli. L'acqua era nera come la notte. Dissi a Natacha che durante la mia prima traversata, dieci anni fa, l'immensità che mi circondava mi faceva tremare, mi faceva sentire piccolo e spaventato, ma che ora, con lei accanto a me e con le ricche esperienze fatte nei trascorsi dieci anni e che mi hanno procurato una buona dose di coraggio, mi sono sentito più grande del Tempo e dello Spazio. Abbiamo deciso che uno deve sentirsi più grande del Tempo e dello Spazio per progredire. Ci sono così tante cose da sconfiggere al mondo... così tanti campi di battaglia su cui trionfare... Ci siamo fermati verso poppa... ogni tanto facevamo qualche piccola, sconnessa considerazione, per il resto tacevamo... per me è uno dei più perfetti momenti magici che la vita ci può dare il poter parlare con una donna in quel modo... voglio dire... senza sforzo, con distacco... qua e là... alla luce della luna e nell'immobilità... poter dare voce a pensieri sparsi così come scaturiscono da me... avvolti e sommersi nella bellezza...

Ultimo giorno in mare [15]

Ore su ore di pura bellezza e riposo... Di quando in quando qualche piccola noia per dimostrarmi che non posso evitare il mondo dei problemi materiali... proprio come avevamo presagito, o come profetizzò Natacha, per darle il merito, sono stato severamente criticato per essermene stato per conto mio... È stata organizzata a bordo, una serata di beneficenza e mi è stato chiesto di ballare. Anche ad Arliss è stato chiesto

---
15 Lunedì 30 luglio 1923

di recitare qualcosa. Entrambi abbiamo rifiutato. Ho dato i soldi che potevo spendere per una buona causa, ma ho detto loro che per me ballare era fuori discussione. Una donna, molto attiva nell'organizzazione della serata, ha trovato oltraggioso il mio rifiuto... Io dovevo così tanto al pubblico, ha detto, che il minimo che potessi fare era soddisfare una richiesta di quella natura... Ha detto lo stesso di Arliss... che ha rifiutato e che, anche lui, ha fatto una congrua donazione di denaro. Perché ci sono persone che non riescono a capire quanto siamo stanchi? Quanto abbiamo bisogno, ogni tanto, di stare soli, di pensare, di accumulare energia? Non è che io, personalmente, non sia disposto a fare tutto il possibile per compiacere il pubblico, sempre così gentile con me, ma è che arriva il momento in cui non è una questione di volontà... Non ne posso più.

Oggi mi sono sentito proprio come l'ultimo giorno a New York. Una parte del viaggio stava volgendo al termine. Presto... presto... ora dovrei vedere l'Inghilterra, Londra... un luogo selciato con le pietre della storia. Dove avrei visto i palazzi regi... la Torre di Londra... Buckingham... Hampton Court... Ascot... Leicester Square... e Piccadilly... lo Strand...! mi venivano i brividi nell'attesa...

"Sono contento" dissi a Natacha "di aver dato istruzioni al mio segretario[16], che mi ha preceduto, di non annunciare l'orario del mio arrivo. Mi sento come quando ho fatto la mia prima apparizione pubblica... è una sorta di paura del pubblico... avevo davvero un po' paura degli inglesi... come mi avrebbero accolto... non lo ammetterei mai pubblicamente, ma nelle pagine del mio diario, oso dire che sono ancora vittima di quell'antico male teatrale... la paura del palcoscenico.

Natacha e io abbiamo fatto la nostra passeggiata serale sul ponte quella notte al ritmo della canzone "Domani...domani!". Domani dovremmo vedere le scogliere di Albione, il profilo della costa inglese... domani metteremo piede sul suolo inglese, e il mio sogno comincerà a

---

16 Il segretario era Robert Florey, un talentuoso rampante francese, di cinque anni più giovane di Valentino, nato a Parigi il 14 settembre 1900. Aveva ventun anni anni quando nel 1921, grazie all'intuito del direttore di Cinémagazine Jean Pascal, divenne il corrispondente di quella rivista da Hollywood. Questo fu un ruolo che Florey, conosciuto come Bob, ricoprì fino alla chiusura di Cinémagazine nel 1935. A Hollywood, Robert "Bob" Florey ha lavorato anche come addetto stampa e segretario per l'estero di Douglas Fairbanks, Mary Pickford e Max Linder. Nel 1923 fu assunto da Rodolfo Valentino, quando lui e la sua nuova sposa Natacha Rambova si recarono in Europa per la loro luna di miele. Florey agiva come uomo d'avanguardia per il viaggio, organizzando sia le conferenze stampa, prima dell'arrivo di Valentino in una città, sia la distribuzione di materiale fotografico e dei comunicati stampa. Valentino avrebbe poi licenziato Florey nel 1924, cosa che è stata rivelata dal collezionista di Valentino William Self che conobbe personalmente Robert Florey e aggiunse anche che Bob era l'unica persona che aveva qualcosa di negativo da dire su Valentino: "Questo accadde perché Florey fu l'unico dipendente licenziato personalmente da Valentino" affermò William Self a Evelyn Zumaya autrice della biografia di Valentino "Affairs Valentino".

farsi realtà.

Natacha ha detto che sono come un bambino, e penso di esserlo. Non lo è, forse, ogni artista? Perché se non tremassimo e non reagissimo a tutte le nuove e strane sortite della vita, alle persone, alle situazioni che ci si presentano, come potremmo, a nostra volta, trasmetterle al Pubblico? Penso che un artista dovrebbe essere la cosa più plastica sotto il sole, sensibile a ogni tocco, una specie di succube, per così dire, di ogni sensazione.

Domani...domani...è come un canto nel mio sangue...

Londra, prima notte [17]

Natacha mi chiede perché non vado a letto. Sono le tre del mattino e sono davvero esausto, ma troppo agitato ed eccitato per dormire. Voglio mettere tutto giù nel mio diario, prima che il sonno offuschi le mie prime appassionate impressioni... è stato straordinario...

La zia ci ha lasciati a Cherbourg con una lunga lista di consigli e ammonimenti e qualche lacrima di addio... come sono inevitabilmente tristi... i commiati.

Abbiamo raggiunto Southampton alle sette di sera e siamo stati accolti da una ventina o una trentina di quelli che chiamo i miei "invisibili... amici". (Ammiratori).

Si vagheggiava, prima che partissi, che io possedessi un numero incredibile di abiti e altri indumenti, e ho dovuto metterci tutta la mia energia e più di tutto il mio vocabolario per convincere i signori della dogana che portavo con me solo un guardaroba indispensabile e piuttosto modesto e che avevo intenzione di comprare la maggior parte dei miei vestiti e cappotti a Londra... il che fu anche una decisione avventata, come scoprii in seguito...[18]

---

17 Martedì 31 Luglio 1923
18 La "decisione avventata", come l'ha definita Valentino, ha generato conseguenze imbarazzanti, la prima è stata l'assedio da parte di veri e propri cortei di sarti e affini che gli tendevano agguati per proporgli le loro "eccellenze" sartoriali. Un secondo motivo sta nella reazione dei sarti americani che manifestarono il proprio disappunto, per le sue scelte filo britanniche, facendo pubblicare, su quasi tutti i quotidiani degli Stati Uniti, il seguente comunicato della United Press: *Rudy critica la sartoria americana - Londra 31 luglio - Rodolfo Valentino, sceicco del cinema americano, è stato oggi inconfutabilmente identificato, dai quotidiani Londinesi, malgrado la sua smentita, come il compagno di ballo, italofono che danzava con Gaby Deslys. Rudolph ha dichiarato di voler comprare dei vestiti* (a Londra). *"Non ho un abito decente da dieci anni", mugugnò tra le sue basette, dichiarando biasimevole la sartoria americana.*
- I quotidiani inglesi riportarono che Rodolfo Valentino aveva danzato con Gaby Deslys sul palcoscenico del teatro Duke of York di Londra per 15 sterline a settimana e che apparve con lei nella rivista "Rosy Rapture", ma, visto che non spiccicava una parola di inglese, fu costretto ad abbandonare lo show che andò in rovina, poi cercò lavoro, sempre a Londra,

Arrivammo a Londra a mezzanotte sotto una pioggia battente.

Mi aspettavo di arrivare senza strepiti, senza che nessuno, tranne il mio segretario, mi venisse incontro. Era stato annunciato che saremmo arrivati a un certo punto di quel giorno, ma non esattamente *quando*, e non mi è passato per la mente che qualcuno sarebbe rimasto lì a pazientare...Con mio grande stupore abbiamo scoperto che eravamo circondati da almeno un migliaio di ragazzi e ragazze, che erano rimasti tutta la notte sotto una triste pioggia battente, in attesa del nostro arrivo!

È stato il benvenuto più spontaneo ed emozionante che io abbia mai ricevuto... forse perché era così inatteso. All'inizio erano tutti molto cortesi e gentili, però quando riuscii a districarmi dalla calca quelli che non erano riusciti ad ottenere l'autografo desiderato, cominciarono a scaldarsi e a temere di non conquistarselo così si levò una specie di ronzio intorno a noi, come un alveare in allarme... ho fatto tutto quello che potevo. È stato così dolce da parte loro aspettarmi. Sapevo che avrebbero avuto, ognuno di loro, difficoltà a raggiungere le loro case, poiché, a Londra, tutti gli autobus di linea smettono di circolare alla mezzanotte. Avevano aspettato a lungo e tristemente per vedermi, il minimo che potessi fare per loro era mettere il mio nome sui loro commoventi fogliettini di carta. Era una piccola ricompensa per ciò che avevano sopportato con tanta pazienza.

Alla fine siamo riusciti a raggiungere la nostra auto e ci siamo diretti al Carlton Hotel. Il Carlton è sotto la stessa gestione del Ritz sia a Londra sia a New York...

Il mio segretario ci disse che avevamo "LA" suite, quella con più storia dell'albergo e che in quel notevole insieme di stanze e nell'imponente letto aveva riposato una lunga fila di personaggi importanti prima di noi. Natacha ha detto che stavamo pagando per la storia, e io ho detto che non si poteva pagare per nulla di più ragguardevole...

Dormirò probabilmente solo due o tre ore al massimo se continuerò a scrivere. Natacha si è addormentata e io ho la sensazione di essere solo a Londra... la pioggia cade... una Londra popolata dai fantasmi di tutti i personaggi famosi di Dickens e della storia... e amici... tutti amici miei... che sventolavano bandierine bianche, segnali di una

---

quindi, non riuscendo a comunicare coi londinesi delle periferie, decise di trasferirsi negli Stati Uniti. Valentino rispose, il primo di agosto 1923: *"Per favore correggete l'informazione che io abbia danzato a Londra con Gaby Deslys, non sono mai stato a Londra prima di adesso. L'uomo che ha danzato con Gaby era Jules Rancour, un belga che somiglia molto a me solo che lui è più bello."*

- Gaby Deslys, famosa per il suo fare trasgressivo e per il suo letto a forma di cigno, diventato, dopo la sua morte elemento di arredo in alcuni film, fu un'antesignana dell'attuale Madonna o Lady Gaga, e non poté confermare o smentire in quanto morì nel 1921.
Fonte sito web http://www.sheilaomalley.com/

bella tregua e per darmi il benvenuto... Al mattino la stampa londinese mi aspetterà, mi è stato detto... e nel pomeriggio uscirò a fare quel che potrò di Londra... la mia... Londra.

Cosa mi darà Londra?

Londra, primo giorno[19]

Ho vissuto il mio primo giorno a Londra. E non mi ha assolutamente deluso. Provo sempre un certo brivido quando un sogno è all'altezza delle mie aspettative. A molti non capita.

Si sogna una cosa, un luogo, un evento, per molto, molto tempo, e poi, poco prima che il sogno si avveri, si prova un certo timore. Certo che mi capita, sempre. Forse, in fondo, il sogno non sarà proprio come lo avevamo pensato, sperato. Forse ci attende una delusione. È così che mi sono sentito riguardo a Londra. Quella città dei miei sogni... popolata di figure intrise di storia e delle narrazioni di Dickens e Shakespeare... se dovesse deludermi...

Ma non è stato così. La Londra che ho visto era la Londra dei miei sogni. La Londra della storia, e dei grandi uomini che l'hanno immortalata con le loro parole.

Mi sono alzato alle nove del mattino per essere pronto per la stampa, per le interviste.

Questo primo giorno ho visto quarantacinque intervistatori e ognuno dei quarantacinque mi ha rivolto la stessa domanda iniziale: "Cosa ne pensi di Londra?"

Questa è, dopo tutto, una domanda enorme... soprattutto per me che alle dieci di questa mattina non avevo ancora *visto* Londra. E a ciascuno di loro ho risposto che non lo sapevo, perché non avevo ancora visitato la città.

Gli intervistatori svolgono il loro lavoro proprio come i giornalisti in America. La maggior parte di essi mi hanno fatto domande sulle donne, le mie opinioni sulle donne moderne, le mie idee sulla bellezza, le mie preferenze nei caratteri, le mie idee comparative sulla bellezza delle donne italiane rispetto alle donne americane e così via.

Dissi che per me i paragoni sulle donne erano odiosi. Come puoi fare confronti? In fondo la bellezza si trova ovunque, e se una è più bella di un'altra, questo poco ha a che fare con una nazione ma tutto con la persona.

Non ho detto quello che posso dire qui, nel mio diario, e cioè che nel complesso la ragazza americana è all'avanguardia nella bellezza, tutto

---
19 Mercoledì 1 agosto 1923

considerato. Potrei, forse, avere dei pregiudizi perché ho sposato una ragazza americana. Ma onestamente non la penso così. O forse perché l'America è un grande crogiolo di bellezze come di tutti i popoli. Può darsi che le bellezze di tutti i paesi e di tutte le etnie sia fluita in America e abbia fatto della donna americana uno splendido amalgama di tutte le persone belle. Ma certamente ho notato che le ragazze americane hanno tutte qualcosa di seducente. Possono anche non essere tutte ascrivibili a tipi classici, ma quasi ognuna di loro ha uno stile, un'eleganza, un'abilità nell'indossare vestiti, qualche segno di eccezionale avvenenza che la rende gradita a chi la guarda. Direi che in altri paesi una donna su cinquanta sarà bella, ma in America solo una su cinquanta sarà banale. Questo è, in privato, il modo in cui le immagino[20].

Le donne inglesi, ho notato oggi dalle brevi osservazioni che ho potuto fare, hanno carnagioni straordinariamente belle e un certo aspetto di robusta e raggiante salute che è molto affascinante.

Bene, ma per tornare ai miei intervistatori... questo primo giorno, come ho detto, ne ho visti quarantacinque. E quando il quarantacinquesimo si congedò ho scoperto che avevo appuntamenti per un numero simile per l'indomani, ho deciso che, se volevo davvero vedere Londra, avrei dovuto in qualche modo organizzare i miei giorni.

Dissi quindi al mio segretario che avrei dedicato le ore tra le dieci e le dodici agli intervistatori, ma da mezzogiorno in poi il mio tempo doveva essere solo mio, per le visite turistiche e le altre cose che volevo fare a Londra.

Una delle mie esperienze più divertenti ha avuto a che fare con i vestiti. Penso di aver detto che una volta ho dichiarato quanto mi piacesse la sartoria inglese. Quell'osservazione deve essere arrivata in ogni sartoria, in ogni merceria della vasta città di Londra, perché se ho visto quarantacinque intervistatori il primo giorno, non è niente di niente in confronto al numero di sarti, di negozi di accessori di abbigliamento e in

---

20 Peana dedicato all'avvenenza delle donne americane soprattutto perché, come ricorda Frank Romano nella sua introduzione, le ammiratrici di Valentino erano soprattutto le commesse e le ragazze di buona famiglia americana. Si tenga conto anche del fatto che il racconto del viaggio, pubblicato inizialmente su *Movie Weekly Magazine*, non prevedeva grandi distribuzioni al di fuori degli Stati Uniti e che si trattava di un periodico molto economico. Il prezzo del numero di febbraio 1924 di "Movie Weekly", un doppio numero speciale per l'uscita della prima puntata della "*Rudolph Valentino Own Story of his Trip Abroad*", era di $0,15 pari agli attuali $2,35 mentre il costo dei numeri normali era di $0,10 pari a $1,57 di oggi. Per confronto, il costo del numero normale del febbraio 1924 di "Photoplay" era di $0,25 pari a $3,92. "Movie Weekly" era la rivista più economica disponibile e alcuni dicevano che la sua carta era così sottile da ricordare quella delle sigarette. Per questo motivo trovare copie integre di "*Movie Weekly*" è praticamente impossibile. Ci sono collezionisti che, da anni, inseguono infelicemente le poche copie che non sono finite in un cestino dei rifiuti o a innescare l'accensione di una stufa.

generale di esperti di eleganza maschile, che esaltavano tutti l'eccellenza del loro particolare marchio di abbigliamento londinese.

È stato davvero molto divertente. Natacha disse che quella mia fugace osservazione riguardo ai vestiti inglesi era molto simile a un minuscolo sassolino gettato nell'acqua. Il mio piccolo "sassolino" aveva messo in agitazione un vero mare di stoffa nelle acque sartoriali di Londra. I flutti che ne seguirono cercarono di sommergermi completamente. Ho mandato a dire loro che stavo per comprare vestiti inglesi, proprio come promesso, ma che non potevo comprarli da tutti, per una semplice questione di mancanza di sufficienti tempo e denaro, e che pertanto, questi, tempo e denaro, dovevano essere contenuti.

Abbiamo trascorso questa prima mattina, quindi, tra intervistatori e sarti, e nel tardo pomeriggio siamo usciti per vedere qualcosa.

Mi sentivo come un bambino che si perde in un negozio pieno di corridoi affascinanti, ognuno carico di giocattoli sempre più invitanti. Dove andare prima? A quale, tra le tante meraviglie da visitare, doveva darsi la precedenza?

Ho detto a Natacha che volevo fare una mia prima incursione per le strade di Londra. Sentivo, in qualche modo, che questo avrebbe reso Londra più mia, più per una questione di mia personale, intima scoperta, se avessi camminato piuttosto che salire in macchina ed essere portato da qualche parte meccanicamente.

Le strade di Londra sarebbero state, ognuna, un'avventura per me. Avrei potuto stimolare i miei brividi mentre camminavo. Avrei potuto sentirmi parte della città come non sarebbe potuto accadere altrimenti. Natacha e io camminavamo quasi in silenzio.

Alla fine ho deciso che non avremmo fatto alcuna "visita guidata" già programmata questo primo pomeriggio. Non so, mentre rifletto su questo, se credo completamente nelle gite turistiche, comunque. Mi sembra che il solo girovagare in un certo paesaggio, l'immergersi nella sua temperie, assorbirne il colore, immagazzinare ricordi, per metà consciamente e per metà inconsciamente, al fine di *provare* l'emozione del luogo sotto la pelle, nel sangue e nelle vene è un modo di gran lunga migliore per conoscere una città o un paese, che andare in giro e sforzarsi diligentemente ad affastellare fatti, date, nomi.

Ho percepito, oggi, mentre camminavamo qua e là, a caso, come mi pareva, che Londra fosse la *mia* Londra, in un certo senso. Che io le parlavo a modo mio e lei mi rispondeva. Ci capivamo, Londra e io.

Abbiamo cenato insieme tranquillamente al Carlton, Natacha e io. Volevo essere solo questa prima sera.

Proprio mentre stavo scrivendo il paragrafo precedente, il signor

Benjamin Guinness[21] della birra scura Guinness, ci ha telefonato e ci ha invitati a cenare con lui ad Ascot domani sera. Abbiamo accettato con triplice piacere. Ci teniamo a incontrare il signor Guinness. Vedremo, nel corso del breve tragitto, un po' della campagna inglese che ho sempre desiderato rimirare, e così raggiungeremo Ascot.

Per quanto stanco io sia, prevedo quasi di non dormire stanotte. Mi sembra che le voci di Londra mi sussurrino costantemente, mi chiamino, mi invitino a stare in piedi. Natacha dice che nessun bambino si comporterebbe in un modo così appassionato come me quando visito un posto nuovo e sconosciuto. Forse è così, ma penso che se perdiamo la curiosità infantile, la fanciullesca convinzione che proprio dietro ogni angolo ci aspetta qualcosa di nuovo, affascinante e delizioso, perdiamo più della metà della gioia di vivere.

#3 - Non dovrò mai essere indifferente. Non dovrò mai voler perdere l'emozione dei nuovi contatti, dei nuovi posti. Se mi fossi trovato demotivato a Londra, sarei stato amaramente deluso di me stesso. Speravo che ci fosse in me qualche forte eco della grande poesia londinese, e c'è. Posso sentirne le potenti vibrazioni ora. E se non fosse per il fatto che l'Italia è la mia vera meta, questa volta, il mio luogo di nascita, la casa dei miei padri, se Natacha non desiderasse Parigi per le ragioni che ogni donna sa (o può immaginare) penso che dovrei restare dove mi piace indugiare: a Londra per tutta l'estate...

Secondo giorno a Londra[22]

Solo una breve nota prima di andare a letto. Natacha mi dice che mi stancherò più nel registrare ciò che faccio e vedo di quanto lo sarei nel solo incontrare le persone e visitare i luoghi. Ma voglio compilare questo diario, costi quel che costi. I ricordi scivolano via da me... Un rapido susseguirsi di brividi ed eventi che si cancellano a vicenda... non voglio dimenticare una sola impressione o un insieme delle sensazioni che ho provato in questo viaggio. Potrò fare, senza dubbio farò, molti altri viaggi prima di partire per sempre, nell'ultimo e più lungo viaggio di tutti, ma mai più mi sentirò come mi sento in questo primo giorno.

#4 - È come la quiete dopo la tempesta. È come la gioia ritrovata dopo un avvenimento difficile. È il riposo dopo le preoccupazioni.

---

21 Natacha Rambova, nel suo *Rudy: An Intimate Portrait of Rudolph Valentino by His Wife* ci racconta come i Guinness fossero cari amici di sua mamma e del suo padre adottivo il quale diede a Natacha una lettera di presentazione e che i Guinness fecero di tutto per rendere piacevole la loro permanenza a Londra.
22 Giovedì 2 Agosto 1923

È una preziosa pausa che deve essere guarnita col miele della memoria. È per raccogliere questa miscellanea di ricordi che sto scrivendo questo diario. Così, tra molti anni, quando avrò fatto crescere una lunga barba e zoppicherò appoggiandomi a un nodoso bastone, potrò sollevare il coperchio e, per così dire, dare la schiusa ai fantasmi che verranno fuori e vivranno di nuovo per me... Londra come l'ho *sentita* per la prima volta... gli amici che hanno contribuito a creare i miei ricordi di Londra... l'odore delle strade di Londra di notte... il profumo delle stradine della campagna inglese... la suite di stanze in cui dormiamo ora... popolata in passato da così tanti personaggi di gran lunga più importanti di noi...

Le prima occupazione della mia nuova giornata è avvenuta grazie al mio segretario che mi ha elencato i nomi di alcuni dei grandi personaggi che hanno abitato questa particolare suite prima di noi. Pershing e Foch... il re e la regina del Belgio... Clemenceau e Briand... il conte Forza... l'ammiraglio Sims... Paderewski... e il maharajah di Bikarer... il conte e la contessa Ishii[23]... molti altri.

Londra mi è sembrata più che mai ricca e carica di presagi... Mi guardo intorno nella stanza con un poco di soggezione... Quando Natacha ha detto che il nostro stupendo conto dell'hotel stava "pagando la storia", parlò molto meglio di quanto davvero potesse immaginare.

In linea con il mio programma, questa mattina ero pronto alle dieci per gli intervistatori, e questa volta ho potuto dire loro un po' di più su cosa significasse Londra per me... Forse pensavano che non avessi una conoscenza approfondita di questi luoghi, sino ad ora, perché ho raccontato loro qualcosa di quello che ho scritto qui nel mio Diario... e in sequenza sull'assorbire l'essenza della città... il lasciarmi conquistare dalla personalità di Londra nel sangue e poi nel cervello... credo che mi abbiano capito... sono stati molto gentili...

In effetti, e per altro, voglio registrare tutto anche se non lo dimenticherò mai... Sono profondamente impressionato dal garbo di tutti i londinesi. Soprattutto nei negozi. I commessi sono decisamente cortesi.

---

23 **John Joseph Pershing** detto Black Jack, generale e 10° Capo di stato maggiore dell'Esercito degli Stati Uniti, noto per le sue guerre contro Geronimo, Pancho Villa e molti altri. - **Ferdinand Foch** generale francese 26° Capo di stato maggiore dell'esercito di terra – **Re Alberto I del Belgio e Regina Elisabetta** - **Georges Clemenceau** uomo politico francese che ricoprì molti importanti incarichi - **Aristide Briand** diplomatico e uomo politico francese che ricoperse molti importanti incarichi - **Carlo Sforza**, erroneamente indicato come conte Forza, diplomatico e politico italiano. Fu Ministro degli esteri del Regno d'Italia e della Repubblica Italiana. - **William Sowden Sims** ammiraglio statunitense - **Ignacy Jan Paderewski** pianista, compositore, politico e diplomatico polacco. **Ganga Singh Maharajah** di Bikaner, una Divisione dello stato federato indiano del Rajasthan, erroneamente indicata come Bikarer - **ISHII Kikujiro** e consorte - Uomo politico giapponese che nel 1916 ricevette il titolo di visconte e gli fu assegnato un seggio alla Camera dei pari. Dei "molti altri" non so che dire ma, sicuramente, si trattava di personaggi importantissimi.

#5 - Non c'è l'insistenza che si trova in tanti altri posti. Ti senti, piuttosto, un ospite privilegiato per la cordiale ospitalità con la quale ti circondano e senza alcun obbligo di fare altro se non guardare e fare tutte le domande che vuoi. Mai ti aspetti lo sguardo di disprezzo che si scorge, ogni tanto, nei negozi americani quando ti avventuri per comprare e poi, alla fine, decidi di non fare acquisti.

Mi sono anche commosso, perché la maggior parte dei negozianti ha chiesto un mio autografo. Non importava se avessi comprato o meno, tutti volevano che scrivessi sull'abituale foglio di carta. Ovviamente mi ha fatto molto piacere.

E a proposito di autografi... Con la posta di stamattina, insieme ai conti dei sarti e compagnia bella, ho trovato un vassoio colmo di album per autografi. Qui a Londra, a quanto pare, gli ammiratori non vanno a caccia di semplici fotografie autografate come fanno in America. Preferiscono gli album autografati. Ho passato un'oretta a scrivere il mio nome nei vari libretti di pelle.

Dopo gli album, la stampa. Stamattina erano in trenta. E dopo la stampa e un pranzo leggero, Natacha e io ci siamo messi in viaggio per visitare la Torre di Londra.

Questo pomeriggio, sul tardi, abbiamo ricevuto diverse telefonate e anche una telefonata di Arliss che ci invitava a cena con lui e sua moglie, domani sera per poi andare a vedere Sir Gerald du Maurier in "The Dancers". Avevo sentito molto parlare di Sir Gerald ed entrambi abbiamo detto ad Arliss che la serata si presentava deliziosa e che ovviamente ci saremmo andati.

Poco dopo il signor Guinness ci chiamò e ci dirigemmo verso Ascot.

#6 - Era ancora giorno e da entrambi i lati la campagna inglese scorreva via da noi, proprio come me l'ero immaginata con gli occhi della mente tante, tante volte. Natacha e io viaggiamo in modo molto simile... Stiamo in silenzio quando ci meravigliamo. Ho sempre la sensazione di dover aprire la mia anima e la mia mente alle impressioni che si accalcano su di me. Abbiamo, d'altra parte, una sola differenza, un punto, immagino, su cui la maggior parte degli uomini e delle donne sono divisi. E cioè, a Natacha non piace viaggiare in un'auto scoperta. È la sua idea di miseria essere imbrattata dalla polvere soffiata da venti irritanti e uscirne disordinata e a disagio. Tutte le donne si sentono allo stesso modo, per quanto ne so. A un uomo non importa. Sporcizia, polvere e disagio sono tutte conseguenze della guida automobilistica. È una delle tante volte in cui un uomo ha un vantaggio su di una donna. E sono abbastanza femminista, almeno, da credere che le donne dovrebbero avere tutti i diritti, essendone dotate dalla Natura di così pochi, dovrei dire, privilegi?

Abbiamo partecipato a un'affascinante cena ad Ascot. Ho scoperto che tutti i convitati erano molto curiosi di sapere del cinema e seriamente interessati a conoscerne i modi di produzione e realizzazione dei film, non sono mai più felice di quando parlo dell'argomento che mi interessa, forse più di qualsiasi altro sulla terra.

Penso di essere, forse, un pedante in questo senso, sì molto attento, in confronto alla generalità degli attori cinematografici. Per molti, lo so, i film sono semplicemente una fonte di sostentamento.

#7 - Fanno il loro lavoro, ovviamente seriamente, e si sforzano di fare del loro meglio, ma non considerano il cinema con molto rispetto, come credo di apprezzarlo io. Spero di non essere frainteso. Il cinema è, forse, tanto per gli altri che ci lavorano quanto per me, una fonte di sostentamento.

Quello che procura a un uomo o a una donna il pane e burro quotidiano, è cosa molto importante, ma io guardo ai film molto responsabilmente e col distacco che si prova di fronte a un'arte per la quale si deve avere la più profonda soggezione e deferenza. Credo di essere un po' strano in questo senso, in quanto guardo al cinema con meraviglia e rispetto. Sento che quella dello schermo è un'importante arte, le cui meravigliose possibilità sono state solo timidamente intuite, e confesserò che è mia massima ambizione realizzare "*opere*" che faranno parte dell'arte cinematografica.

Stanotte una dolce aria estiva avvolge Londra. Ancora una volta mi appare evidente il fascino eterno dell'isola britannica. Ho conosciuto le grandi città del mondo[24], e ognuna di esse ha un fascino che riconosco tutto suo. Stanotte il fascino di Londra sembra adattarsi perfettamente al mio umore. Mi siedo vicino alla finestra della mia stanza al Carlton e guardo la miriade di luci, chiedendomi cosa porterà un altro giorno. È una città molto antica, questa Londra, e io sono catturato dal suo incantesimo e portato indietro negli anni a migliaia, ai primi giorni in cui i romani, con la loro aquila imperiale, sbarcarono sulle sue coste e portando la torcia della loro civiltà verso ovest.

Domani conferenza stampa all'ora solita e nel pomeriggio Natacha e io andremo a visitare il famoso allevamento della signora Ashton Cross

---

24 A quanto risulta Rodolfo Valentino era stato, allora diciassettenne, a Parigi, forse a Roma, Napoli, poi certamente a Venezia, a Perugia, a Genova e a Torino per passare un natale con il cugino Guglielmo Guglielmi. Non si sa quali altre città del mondo Valentino possa aver visitato, prima del viaggio in Europa nel 1923, questo senza considerare le molte città americane.

e vediamo se riusciamo a trovare qualche pechinese[25]. Natacha è appassionata di cani di piccola taglia e probabilmente torneremo dall'allevamento con una serie di nuovi venuti in famiglia!

È stato un giorno felice. E domani...

Il mio giorno ebbe due accadimenti eccezionali. Uno è stato scoprire l'ardente affetto per il Principe del Galles e l'altro, come prevedevo, il diventare l'orgoglioso papà di tre minuscoli cagnolini pechinesi.

Sulla prima questione, ovviamente lo sapevamo tutti in America che il valoroso giovane principe del Galles era oggetto di stima e tenerezza straordinari da parte del suo stesso popolo, così come da parte di tutti le altre nazioni. Ma dovevo venire a Londra per sentire il vero pulsare di questo sentimento. Devo dire che è considerato e tenuto nel cuore dei londinesi almeno quanto gli americani si sentirebbero di provare per una combinazione tra Charlie Chaplin e John Barrymore. Sorridono di lui con indulgente, amorosa allegria. Lo avvolgono in una romantica cappa. Lo venerano. Amano stare in sua compagnia. Lui tiene i loro cuori nelle sue giovani mani e non è uno sciupa cuori.

Ciò e interessante ed evidenzia il potente affetto per una personalità, indipendentemente dal fatto che provenga dalla regalità o da rulli di pellicola.

Ho visto altri intervistatori tutta la mattina, contandoli, questa volta erano venticinque. Più vedo gli intervistatori e la stampa in generale, maggiore è il mio rispetto per la loro ingegnosità. Come possono dire così tante cose di un uomo solo? Eppure lo fanno e trovano sempre qualcosa di originale da raccontare.

Questo pensiero mi porta a un altro aspetto che mi ha sempre incuriosito, ovvero che ognuno di noi presenta un'apparenza diversa all'uno e all'altro a seconda di chi lo vede. È raro, infatti, che due persone ci vedano allo stesso modo, o vedano le stesse cose in noi, forse dovrei dire.

Probabilmente il segreto della Fama, della popolarità, di quello che vuoi, riposa proprio in questa teoria. Quando un gran numero di persone vede uno stesso aspetto in noi, allora l'opinione condivisa si rinforza aumentando così la fama. Una nazione, più di una, ha visto l'adorabile fanciullezza di Mary Pickford. Popoli hanno visto, all'unisono, l'umorismo, l'arte di Charlie Chaplin. Ha toccato un accordo comune. Li ha fatti ridere. Con le lacrime nascoste dietro l'allegria lui diventò famoso.

È stato detto che io abbia toccato uno stato d'animo segreto, ma

---

25 Natacha amava soprattutto i piccoli pechinesi e, nel tempo, riuscì a metterne insieme una discreta, rumorosa orda. La passione per i pechinesi, chiamati familiarmente Peke dai Valentino inizio col regalo a sorpresa che Rodolfo fece a Natacha la notte del natale del 1921.

molto reale e profondo, quello dell'Innamorarsi. Questa è, come minimo, una definizione. La mia spiegazione.

Oggi abbiamo pranzato con i Guinness al Savoy. Tra gli ospiti c'erano Lord Glenconner, figlio di Lord e Lady Gray, Lord e Lady Birkenhead e la loro figlia, Lady Pamela Smith.

Lady Pamela ha dodici anni. Ed è una delle mie più dolci memorie londinesi. Una cosetta bella e graziosa, mi colpì da subito, come fanno tutte le bambine. Ma mi sono posto subito una domanda: che argomento avrei potuto trovare per parlare con lei e che l'avrebbe davvero potuta interessare. Con il suo garbato modo di comportarsi, quello che si riscontra in tutti i bambini inglesi ben educati, sapevo che avrebbe finto interesse, ma di suscitarne davvero e in modo vivace sarebbe stata, pensavo, un'altra cosa.

#8 - Mi piace sempre parlare con i bambini mettendomi al loro livello. Se non ho niente da dire che sia significativo per loro, preferisco tacere per rispetto nei loro confronti, di non parlar loro di sciocchezze che mi facciano mal considerare, nascostamente, se non apertamente, nelle orgogliose profondità delle loro piccole signorili anime.

Amo i bambini. E mi piacerebbe, un giorno, di avere numerosi in una grande famiglia. La gente parla bene di sentimenti, ma il cuore del romanticismo giace, come un bocciolo adorabile e palpitante, nel cuore di un bambino, nei cuori di tutti i bambini del mondo. I bambini sono il romanticismo. Loro sono l'inizio e sono la fine. Loro sono pathos, prima che le loro ali bianche vengano tarpate, prima che siano trascinati nell'arida polvere della disillusione.

Tutto questo è scaturito dal ricordo fragile e fresco della piccola lady Pamela, che ho scoperto guardarmi con occhi così intenti e discreti. A cosa stava pensando? Cosa si stava chiedendo di me? Lei sapeva chi io fossi? Anche solo per sentito dire?

Immaginate il mio stupore quando l'ho scoperta un'appassionata di cinema, con una "passione" decisa, come dicono gli americani, per la mia umile persona, e poi, nell'ordine, come preferito, John Bowers[26]. Il

---

26 John Bowers (Garrett. IN, 25 dicembre 1885–Santa Monica. CA, 17 novembre 1936) Nato da George e Ida Bowersox, studiò all'Huntington Business College di Huntington (Indiana). Durante gli studi cominciò a interessarsi alla recitazione. Fece parte di un gruppo e vi lavorò fino a quando si trasferì a New York nel 1912, per debuttare a Broadway. La sua carriera cinematografica iniziò nel 1914. In cinque anni, diventò uno degli attori più popolari dello schermo. Una delle sue partner preferite fu Marguerite De La Motte, che diventò poi sua moglie. Nella sua carriera, durata fino al 1931, Bowers interpretò 94 film. Fu diretto, tra gli altri, da King Vidor, Frank Lloyd, Maurice Tourneur, Victor Sjöström. Come molte stelle del cinema muto, Bowers vide crollare la sua carriera all'avvento del sonoro. Il 17 novembre 1936, dopo un lungo periodo di inattività come attore, si recò con un'imbarcazione all'Isola di Catalina, per contattare il suo vecchio amico Henry Hathaway. Il regista stava girando *Anime*

che dimostra certamente la varietà dei gusti della bambina! Mi disse, con grande compostezza, che le ero particolarmente piaciuto in "Sangue e arena" e ha continuato a discutere con me del mio lavoro e della mia carriera dimostrando profonda intelligenza e interesse. È stato uno dei colloqui più interessanti che io abbia avuto a Londra.

Dopo pranzo, Natacha ed io siamo andati in automobile all'allevamento della signora Ashton Cross[27]. È un allevamento famoso in tutto il mondo ed era una delle tante cose che Natacha era più desiderosa di vedere.

Non avevamo proprio pianificato di comprare un pechinese, anche se avevo la vaga idea che non ne avremmo comprato uno, e che, probabilmente, non ci saremmo fermati a uno. Ero già andato *in giro per allevamenti* con Natacha prima di allora.

Sono sicuro che la signora Ashton Cross non abbia mai avuto visitatori più entusiasti e potrei anche aggiungere, acquirenti. Natacha e io eravamo entusiasti di quelle belle piccole cose, abbiamo parlato con loro come a dei bimbetti, le abbiamo coccolate con l'immenso entusiasmo ed eccitazione di cui sono capaci i bambini in un negozio di giocattoli a lungo negati.

#9 - E, naturalmente, ne abbiamo comprati tre. Ho ceduto come sono entrato e sono riuscito solo, molto debolmente, a ricordare a Natacha che ci saremmo spostati in automobile e in aeroplano per il resto del nostro viaggio e che non avremmo potuto offrire ai Pechinesi uno spazio adatto per posare le loro testoline fino a quando non fossimo arrivati a Nizza, dove la madre e il padre di Natacha hanno il loro castello. Ma lasciare quell'allevamento senza i tre cagnolini che Natacha aveva trovato indispensabili per la sua felicità sarebbe stata pura crudeltà, e così, mentre scrivo qui stasera, sento nella "camera" affianco, per parafrasare, Natacha tubare con le tre aggiunte alla nostra famiglia.

Ora abbiamo quattro Pechinesi da portare con noi come compagni di viaggio. Ma il viaggio non è finito.

Quando tornammo dall'allevamento e i tre Peke, più quello che già avevamo con noi, furono nutriti con delicatezza e attenzione con succulente e attente leccornie, Natacha e io ci vestimmo quindi per andare a cena con George Arliss e consorte.

Abbiamo fatto una cena deliziosa e in compagnia di alcuni dei migliori londinesi rimasti in città "a fine stagione".

---

sul mare, un film interpretato da Gary Cooper e Bowers gli chiese un lavoro. Ma la risposta che ebbe fu quella che il cast ormai era al completo. Bowers non tornò mai indietro vivo: il suo corpo fu trovato sulla spiaggia di Santa Monica.

27 Clarice Ashton-Cross è stata un'importante allevatrice britannica di cani pechinesi.

Poi al teatro per vedere Sir Gerald du Maurier[28] in "The Dancers". Dopo il teatro siamo andati dietro le quinte e abbiamo incontrato Sir Gerald. L'ho trovato un uomo estremamente interessante, ricco di aneddoti, pieno di curiosità sul "cinema americano" come lo chiamano qui a Londra. Ha dei modi sorprendentemente cortesi e gioiosi.

Non so perché, ma me lo immaginavo con un animo malinconico. L'ho trovato esattamente l'opposto, amichevole e allegro. Siamo rimasti entrambi affascinati.

#10 - Domani sera[29] andremo a vedere Gladys Cooper[30] in "Kiki"[31]. Questo mi interesserà, perché ho visto "Kiki" con Miss Ulrich[32] in America, e il confronto potrebbe essere intrigante. È curioso notare come attori diversi possano tirar fuori risvolti nuovi da una interpretazione. Ecco perché i bei vecchi ruoli di Shakespeare e di altri drammaturghi, possono essere interpretati ancora e ancora, senza timore della monotonia. Ogni nuovo artista porta sangue nuovo, una nuova anima all'antico personaggio.

---

28 Sir Gerald Du Maurier è stato uno dei più grandi attori inglesi durante il primo terzo del XX secolo e grazie alla sua illustre carriera di attore-manager fu nominato baronetto dal re Giorgio V nel 1922. Nato a Hampstead, Londra il 26 marzo 1873. Sir Gerald era anche il padre della scrittrice Daphne du Maurier, il cui più grande successo fu il romanzo "Rebecca - La prima moglie".

29 Strana collocazione della data perché, stando alla *Pall Mall Gazete* di Londra, nel numero pubblicato il 3 agosto, risulta, nella rubrica di colore *Talk of the Town*, che Valentino abbia assistito a *Kiki*, sul quotidiano titolato "*Enter Kiki!*" la sera del 2 di Agosto, il giorno successivo al suo arrivo a Londra. Valentino era accomodato in un palco del Playhouse Theatre con Natacha e si comportò, così dice il reporter: *senza curarsi delle tante personalità presenti, si comportava da bravo ragazzo, seduto in posizione eretta, applaudendo con discrezione e muovendosi a malapena.* Forse era ancora stanco del viaggio o non era entusiasta della recitazione di Gladys Cooper.

30 Dame Gladys Cooper, nata Gladys Constance Cooper (Lewishamm,1888 – Hollywood,17 novembre 1971), è stata un'attrice teatrale e cinematografica britannica, apparve in oltre 40 film e numerose serie televisive. Fu candidata tre volte all'Oscar come migliore attrice non protagonista, per *Perdutamente tua* (1942) di Irving Rapper, *Bernadette* (1943) di Henry King e *My Fair Lady* (1964) di George Cukor.

31 "*Kiki*" è una commedia dell'autore francese André Picard nella quale si narra di una povera ragazza parigina, venditrice ambulante di giornali nelle vie di Parigi, la quale, grazie a forza di volontà, un po' di talento e qualche trucco, riesce finalmente a trovare amore e successo.

32 Lenore Ulric, (New Ulm, Minn 21 luglio 1894 – Orangeburg, N.Y. 30 dicembre 1970) detta comunemente Miss Ulrich, è stata un'attrice statunitense, star delle scene di Broadway e dei primi anni del cinema muto. Era famosa per i suoi ritratti di donne focose e dal sangue caldo, della tipica "femme fatale". Negli anni del suo più grande successo un "Ruolo alla Ulric" era una definizione ricorrente. Gli anni del suo maggior successo furono quelli in cui lavorò sotto la direzione di David Belasco, drammaturgo, impresario e regista teatrale statunitense, a cui viene invariabilmente attribuito di averla "scoperta".

Due giorni dopo

Il nostro tempo a Londra sta diventando davvero breve. E scopro di non avere nemmeno il tempo che mi serve per scrivere nel mio diario. Sono sicuro di non sapere cosa sarebbe successo se non avessimo predisposto questo viaggio con un discreto anticipo. Douglas Fairbanks una volta disse che un viaggio all'estero, per lui, era fatto da una serie infinita di strette di mano, e posso ben capire cosa volesse dire.

Questa mattina, è superfluo ricordarlo, è stata dedicata a venti membri della sbalorditiva stampa. Stanno diminuendo, ma sono ancora lì per me.

Questo pomeriggio Mr. Howard, responsabile del Museo Britannico, un critico d'arte, un tipo molto ben informato e persona piacevolissima, ci ha accompagnati a visitare Hampton Court[33].

Ero particolarmente interessato all'appartamento di Enrico VIII d'Inghilterra.

Da quando ho visto Emil Jannings impersonare il giocondo monarca sullo schermo, provo un intimo senso di familiarità con lui. Mi sono sentito come se lo conoscessi, davvero, come non l'ho mai percepito quando sono stato obbligato a leggere di lui nei miei libri di storia piuttosto noiosi.

Questo è un altro interesse che ho per lo schermo. La storia può vivere per noi nella celluloide. Davanti ai nostri occhi possono sfilare, in modo autentico e magnifico, i personaggi e gli eventi che abbiamo studiato, non troppo eccitati, da ragazzini in un'aula scolastica. Chi non preferirebbe vedere Enrico VIII rosicchiare una mostruosa bistecca piuttosto che memorizzare la data del suo matrimonio con la sua prima, seconda o terza moglie? Chi non preferirebbe vederlo baciare Anna Bolena sulla scalinata di corte, piuttosto che ricordare a memoria la data in cui fu celebrata la cerimonia ufficiale?

---

33 L'Hampton Court Palace (meglio conosciuto come, più semplicemente, Hampton) è un palazzo reale situato nel distretto londinese di Richmond upon Thames e nei pressi della vecchia contea di Middlesex, a circa 19 chilometri a sud-ovest della stazione di Charing Cross sulla riva del Tamigi. È aperto al pubblico ed è una delle maggiori attrazioni turistiche londinesi. Originariamente il palazzo era di proprietà dell'ordine dei Cavalieri Ospitalieri, fino a quando il cardinale Thomas Wolsey, arcivescovo di York, Primo Ministro e favorito del re d'Inghilterra Enrico VIII, lo prese come sua residenza nel 1514. Il palazzo divenne di proprietà di Enrico VIII nel 1528, dono del Cardinale Wolsey, anche se questi continuò ugualmente a vivere "ospite" nel palazzo fino al 1529. Enrico aggiunse la Sala Grande - che fu l'ultima aggiunta dalla monarchia inglese - e anche il campo da tennis della corona, che è attualmente il più antico campo da tennis del mondo ancora in uso. Con Enrico V d'Inghilterra il tennis era divenuto popolare anche fra i reali inglesi, ma fu Enrico VIII a rendere lo sport famoso nel suo paese, giocando a Hampton Court Palace, nel campo che aveva fatto costruire nel 1530 e in altri dispersi nel palazzo reale. Si ritiene che Anna Bolena stesse assistendo a un incontro di tennis quando venne fatta arrestare e che Enrico stava giocando quando gli giunse la notizia della sua esecuzione.

Ho detto che alle volte ho un modo infantile di pensare. E questa tendenza del pensiero mi fa venire la pelle d'oca per la gioia quando penso a quanto sarà vivace e solida la conoscenza per le generazioni dei fanciulli a venire.

Natacha disse che lei non poteva allontanarmi da quelle stanze del famigerato Henry. Dissi che mi sentivo come se fossi ospite nel famoso appartamento di un amico illustre.

E quello che non ho visto, sentito e pensato, me lo ha raccontato il signor Howard.

Ieri sera abbiamo cenato con amici e da lì abbiamo visto Miss Cooper come "*Kiki*". Tengo per me il mio commento. Penso che Lenore Ulrich fosse la "*Kiki*" per me. Dopo di lei nessun'altra. Nessuna "Kiki", voglio dire[34].

#11 - Questa sera pranziamo di nuovo con il signor Benjamin Guinness e tra due giorni si parte per la Francia.

Londra diventerà un ricordo, una strana mistura fatta di Torre di Londra e di Westminster, di Ascot e della signora Ashton Cross, dei teatri londinesi, dei bassifondi londinesi attraverso i quali mi sono infilato, sentendo chiaramente la voce di Dickens in quei meandri. Il Castello di Windsor, che abbiamo visto solo dall'esterno, essendo arrivati troppo tardi per entrare, lo Strand e Piccadilly, le botteghe con i loro commessi adusi alla gentilezza... un pot-pourri di ricordi, piacevoli da conservare.

Se la Francia e l'Italia mi daranno altrettanto, questo viaggio non sarà stato affatto invano.

Mi sento come se stessi mettendo da parte nuove riserve di coraggio per qualunque cosa possa essere in serbo per me quando tornerò in America. Se dovrò ripresentarmi per combattere di nuovo, avrò nuovi poteri che mi daranno forza. Se per caso tornerò a lavorare, allora, potrò dare al mio impegno una grande rinascita. Ho fatto sogni nuovi in un paese antico. Ho stretto rigogliosi contatti che mi hanno incoraggiato. Ho assorbito nuove tradizioni e pezzi di sogni che possono essere di ispirazione al mio lavoro.

Abbiamo intenzione di partire per la Francia in aereo. Natacha teme che i quattro Peke si ammalino, e devo ammettere che questa è una giusta premura. La mia prima preoccupazione, riguardo al viaggio aereo, è quella relativa ai cani.

---

34 Invece di Kiki ce ne furono ben altre che, purtroppo, Valentino non ha potuto apprezzare. Dal testo di "Kiki" di André Picard, dalla riduzione che ne fece David Belasco per Miss Ulrich, nel 1926 fu realizzato un film con l'interpretazione di Norma Talmage a cui seguì nel 1931 una versione con Mary Pickford mentre nel 1934 ne fu realizzata una versione italiana con la regia di Raffaello Matarazzo e con gli interpreti Lotte Menas, attrice e soubrette austriaca, Nino Besozzi, Arturo Falconi, Enrico Viarisio e Pina Renzi.

Tre giorni dopo, Francia[35]

Lasciando Londra ho provato quella "vaga, dolce malinconia" che ti pervade quando ti accomiati da un amico di vecchia data. Eravamo diventati "vecchi amici", Londra e io. Si era creato un legame. Molto, parecchio tempo fa, il sangue inglese si era, per pura casualità, infiltrato nelle mie vene. A un certo punto uno dei miei antenati calpestava il suolo inglese, per poi andare a fondersi in l'Italia. Ma ciononostante, ho sentito quello che gli studiosi dell'ereditarietà definirebbero un "tuffo nel passato"[36] vibrare nelle mie vene. Ci conoscevamo da lungo tempo Londra e io.

Il giorno prima della nostra partenza è stato in gran parte impegnato in saluti agli amici che avevano reso il nostro soggiorno così piacevole. "Un giorno, presto, torneremo", continuavamo a dire. Non col tono vuoto di una frase di circostanza, ma con il nostro cuore in ogni parola che dicevamo. Amavamo Londra.

Abbiamo lasciato Londra in macchina e ci siamo diretti verso Croydon, il campo dell'aviazione. Prima della guerra avevo praticato molto l'aviazione quindi, in un certo senso, non era una nuova esperienza per me. Solo che non avevo mai volato in un aereo chiuso, per così dire.

Voglio dire, mi piace stare seduto fuori accanto al pilota, i venti di tutti i cieli che soffiano su di te, libero, incorporeo, il più vicino possibile a un uccello in volo per come può esserlo un uomo. Sedersi come abbiamo fatto in questo viaggio, costretti in un soffocante spazio chiuso con un costante ondeggiare e con circa altre otto o dieci persone (per non parlare dei quattro cani) mi ha privato del lato sportivo del volo. Di tanto in tanto alcuni dei passeggeri accusavano stati febbrili, più o meno lievi, mal d'aria, e anche *questo* ha sminuito grandemente il versante romantico del viaggio[37].

---

35 Mercoledì 15 agosto 1923 - data corretta e verificata.
36 Nel testo originale si legge "throw-back" che, in questo caso, significa atavismo e contrassegna una tendenza al ritorno a caratteristiche presenti nell'antenato evolutivo di un individuo. L'atavismo indica il riaffiorare, in un individuo, di un tratto che era scomparso molte generazioni prima.
37 Riguardo alle precedenti esperienze aviatorie di Valentino c'è poco da dire se non che si tratta di una serie di invenzioni e questo per due ragioni. La prima sta nel fatto che Valentino non disponeva di sufficiente capacità visiva non solo per pilotare un aereo ma anche per frequentare una qualsiasi scuola di volo. Ulteriore conferma che quello fu il battesimo del volo di Valentino ci è offerta da un'intervista, raccolta il 17 agosto 1923, all'ora dell'aperitivo, nell'elegante e alla moda bar creato dal Clown Foottit, vicino al Rond Point dei Champs-Élysées, dal giornalista Paul Olivier e pubblicata sul quotidiano "L'Intransigeant – Le Journal de Paris" il sabato 18 agosto 1923. Nell'intervista, Valentino, candidamente, racconta:
"*Ma c'è una cosa* - mi ha detto Valentino - *che volevo provare da tempo: viaggiare in aereo. Io, ora sono soddisfatto!*
 - *Il tuo viaggio, l'altro ieri, è stato il tuo primo?*

Natacha e io ci eravamo chiesti come avrebbero potuto i piccoli Pekes compiere quella strana e insolita escursione, ma loro l'hanno presa con grande fatalismo, che è più forte negli animali di quanto non lo sia nell'uomo. Sembrava non si rendessero conto che stavano volando, e se lo sapevano, la loro compostezza e la loro propensione al sonno erano totali.

Nel complesso, abbiamo fatto un viaggio abbastanza piacevole e Natacha, per esempio, si è divertita di più, credo, di quanto avrebbe fatto in un aereo aperto. Questo era più gentile col suo cappello e con i suoi capelli.

Siamo atterrati, con grazia e senza incidenti, a Le Bourget. Ad essere sinceri, nessuno di noi ne era dispiaciuto.

Prima della nostra partenza, abbiamo ricevuto diversi telegrammi dalla Francia. Uno era di Jacques Hébertot, proprietario del Théâtre des Champs-Élysées [38] e direttore del Théâtre et Comédie Illustrée e di molte altre riviste e giornali. Ci comunicò che ci avrebbe dato il benvenuto e che era stata programmata una cena per noi la sera del nostro arrivo.

Atterrati a Le Bourget, trovammo lì circa quattrocento persone a darci il benvenuto.

In un certo senso mi sono commosso più di quanto non lo fossi quando arrivai a Londra. Perché, dopotutto, a Londra i miei film erano abbastanza famosi. A Londra ne sapevano di più di quello che facevo e, in genere, del cinema americano. Ma in Francia non immaginavo un riconoscimento di tale portata.

Credo sia stata quell'accoglienza a darmi, o comunque ad amplificare, la sensazione che ora provo di caldo amore per tutti i paesi del mondo. Finora nel mio viaggio ho vissuto, così piacevolmente, quello stato di beatitudine, di cui tanto si parla, la Fratellanza Umana. Tutti i popoli sono miei amici, e quale cosa più sconvolgente può accadere a un uomo se non questa?

Tutti sappiamo quanto sia preziosa l'amicizia. Tutti noi, o la maggior parte di noi, ci rendiamo conto di quanto sia rara, quando questa è reale. Quando è vera. Noi ci rendiamo conto che se un uomo ha un amico su cui poter fare affidamento, o, nel migliore dei casi, due o tre, è davvero il benedetto tra gli uomini.

Questi pensieri, sconnessi e poco dettagliati, l'essenza di queste riflessioni, si palesarono in me con gratitudine, mentre scendevo sul suolo francese, con Hébertot che mi prendeva per mano con quattrocento

---

-Sì, però avevo scelto il giorno sbagliato per il battesimo dell'aria. Che tempesta! Alla fine è andata benissimo, e né mia moglie né io ne abbiamo sofferto.- Abbiamo volato col vento alle spalle e ci sono volute solo due ore per fare la traversata."

38 Jacques Hébertot era il direttore artistico e non il proprietario del *Théâtre des Champs-Élysées* Il proprietario era Rolf de Maré un imprenditore e collezionista d'arte svedese, fondatore dei Ballets Suédois nel periodo 1920–1925 e che, nel 1933, aprì a Parigi il primo museo dedicato alla danza.

suoi connazionali, uomini e donne, intorno a me, i loro volti illuminati da una calorosa luce.

"Vive la France" è la frase più significativa con cui posso concludere questa prima pagina del mio diario scritta in Francia... domani, racconterò di più di quello che è successo in questo primo giorno!

Hôtel Plaza Athénée , 1 agosto[39]

La Francia, per me, è sempre stata rappresentata al meglio da una donna orgogliosa e bella. Una donna dal sorriso gentile; sì, forse, ma con un sangue perennemente fiero che scorre nelle sue vene. E la Francia depredata è per me come una bella donna, oltraggiata da mani devastatrici. Una profanazione.

Dissi a Natacha, prima di arrivare in Francia, che volevo evitare ciò che rischiavo di dover affrontare, sentivo che non m'importava vedere i campi di battaglia francesi e anche il seppur minimo numero di rovine. Per me, le ferite della terra, la spoliazione di tutta quella bellezza architettonica e ancestrale erano come sfregi nella carne viva. Devastazione.

#12 - Suppongo, e non so bene perché, ma immagino che tutti siamo un poco sentimentali con la Francia. Ci balza alla mente "La France Rose" quando pensiamo alla Francia. Immaginiamo tintinnante e spumeggiante giocosità, quando pensiamo a Parigi. Pensiamo allo champagne e un poco a tacchi rossi scintillanti, ai racconti di Maupassant, alle "chansons" della gaité, bellezza e prodezza - rossi squarci di ferite.

Tante persone mi hanno detto: "Rudy, la guerra è finita, così è Parigi. La Francia non sarà più la stessa".

Ero quasi superstiziosamente prevenuto prima di atterrare sul suolo francese. Sono sensibile a premonizioni come queste. La mia immaginazione corre più veloce del mio essere, creando fantasticherie, pensare a situazioni che, quasi sempre, per fortuna, non sono mai chiamato a vivere realmente.

Ho raccontato a Natacha alcuni di questi timori, e lei mi ha detto di non temere per la Francia, perché l'allegra spensieratezza del paese, nasconde, con variopinta eterogeneità, un coraggio adamantino e che mai avrebbe vacillato né, tanto meno, capitolato.

E così apparve a me quando, come un uccello in volo, mi posai sul suolo francese.

---

39 Giovedì 16 agosto 1923 – data corretta e verificata.

Quindi penso, forse in modo troppo poetico, come ci si *dovrebbe* posare sulla Francia. Non goffamente insozzato da lurido fumo pesante e con un orribile stridio di ruote, ma delicatamente, compostamente, fuori dall'ordinario, come un uccello che giunge dall'alto.

E c'erano le quattrocento persone che sventolavano i loro fazzoletti mentre si approcciava l'atterraggio. Natacha e io, guardando fuori, potevamo discernerli vagamente mentre ci dirigevamo verso est.

#13 - E quei fazzoletti mi apparivano come ali svolazzanti di uccellini bianchi, uccellini allegri, uccellini coraggiosi, uccellini francesi, che ci salutavano mentre prendevamo terra.

"Questo", ho detto a Natacha, rapito, "è sia il modo in cui si dovrebbe sbarcare in Francia sia il modo in cui si dovrebbe sempre essere accolti".

Come ho scritto, non mi aspettavo una tale ovazione, né in effetti, l'essere riconosciuto, in particolare, mentre ero a Parigi. Mi credevo uno sconosciuto sul suolo francese. Penso sia anche caratteristico del popolo francese il fatto che nessuno il quale abbia ottenuto successi, anche pochi, in qualsiasi campo, familiare o meno, sia sconosciuto. I loro cuori genuini, i loro cuori che sono come tante coppe desiderose di bellezza, si rivolgono a tutti noi che ci cimentiamo nelle Arti.

Hébertot, porgendomi la mano, mi salutò per primo. E poi ho stretto la mano a tutti quelli che potevano avvicinarsi a me prima di essere vorticosamente portati via con l'auto di Hébertot verso Hôtel Plaza Athénée, il migliore albergo di Parigi.

Durante il tragitto, Hébertot mi ha detto che per quella sera stessa era stata programmata per noi una gran cena, alla quale avrebbe partecipato la maggior parte dei registi, attori, autori e altre celebrità presenti a Parigi e dintorni in quel periodo dell'anno. Mi ha anche detto che sono tutti molto curiosi del cinema americano, a come lavoriamo, alle condizioni degli studi, ai modi di produzione e cose del genere.

#14 - Gli ho detto che non sono mai così felice come quando discuto con persone curiose e intelligenti, rispondere alle domande che mi stanno più a cuore, e che sono fin troppo felice di soddisfare le loro curiosità, spero con la stessa intelligenza con la quale le domande mi saranno poste.

E questa è la pura verità. Non sono mai così soddisfatto, nelle conversazioni con gli altri, come quando discuto del futuro del cinema, l'opportunità che esiste per renderlo una delle grandi arti del mondo d'oggi. Per me è una vera e propria passione. Mi piace discuterne e non credo che nessun impegno sia troppo gravoso, che il tempo investito sia eccessivo per cimentarsi a fare film migliori di quanto, in molti casi, si fa oggi.

La cena è stata un'occasione sfolgorante. Come la maggior parte degli eventi francesi, immagino, c'era una temperie luccicante e allegra che stimolava anche senza l'aiuto del vino.

#15 - Sta di fatto che i francesi, a differenza di quanto accade in America, non precedono i pasti con la bevuta di cocktail. Bevono vini e cordiali, ma i cocktail, che sono parte integrante di quasi tutte le cene americane, qua in Francia sono assenti. Il che, penso, crei un'atmosfera più chiara e vivace[40].

La maggior parte della conversazione era intorno al cinema. I registi e gli attori presenti, allo stesso modo, volevano sapere "tutto al riguardo".

#16 - Infatti, una delle cose che più mi ha colpito sia a Londra sia a Parigi, riguardo alle domande che mi sono state poste a proposito del cinema, è stata la loro intelligenza. Mi sono state fatte domande, sia personalmente sia tramite posta, perché i richiedenti volevano davvero informazioni; non per pura personale e talvolta indelicata curiosità nei miei confronti. Nessuno mi ha chiesto se ho mangiato costolette o uova a colazione, né che tipo di dentifricio io usi, né come tratto mia moglie, ma si occupano esclusivamente delle mie idee e dei miei ideali riguardo al cinema, il che dimostra, ritengo, buon gusto oltre che intelligenza.

Credo in un certo grado di visibilità. Non mi piace andare in giro come una figura distante, misteriosa e inaccessibile; c'è un limite, però, a tutti i comportamenti. Occasionalmente mi sono state poste domande che oltrepassano quel limite. Domande che avrebbero squarciato ogni velo di riservatezza e mi avrebbero lasciato senza una vita privata di qualsiasi genere. Può essere sbagliato da parte mia pensarlo, ma dopotutto sto solo pensando ad alta voce e potrei contraddirmi a breve, ma mi sembra davvero che certe domande, se avessero risposta, non sarebbero solo imbarazzanti per me come un individuo che conduce, dopotutto, una vita fuori dallo schermo, ma sarebbe anche un danno per me come artista.

---

40 A proposito di cocktail Bob Florey, sul numero del 15 dicembre 1922 della rivista Cinéa, ci parla di un'abitudine di casa Valentino riguardo ai cocktail: *Federico, il maggiordomo di Valentino ha una buona abitudine. Quella di preparare ogni sera alle 19, una dozzina di cocktail e qualche toast al caviale, ottimo per stuzzicare l'appetito. A seconda del numero di amici che Rudolph porta (e non ne porta mai più di 10 alla volta) c'è sempre un numero sufficiente di cocktail già preparati! È affascinante e pratico.*

Una volta che il pubblico in generale ha cominciato a entrare negli studi e a rendersi conto delle tecniche di produzione dei film, proprio da allora, una parte dell'illusione, per loro, è andata perduta. E come può l'uomo vivere di solo pane?

#17 - Sarebbe, per fare un semplice esempio, come se un ragazzino spogliasse il suo clown preferito, dipinto a colori vivaci, dell'abito da pagliaccio e del trucco sgargiante, e trovasse sotto solo un uomo molto umano con una famiglia e i problemi di tutti i giorni. Potrà mai, questo ragazzino, ridere di nuovo sonoramente? Avrebbe visto come vanno veramente le cose. E mentre alcuni artisti conducono appieno vite colorate e romantiche come i ruoli che rappresentano sugli schermi, nessuno di noi può essere perennemente "Julio" o "Amleto" o "Robin Hood".

La bellezza non è stata concepita per essere brutalmente esposta. L'illusione deve essere velata. L'arte deve nascondere se stessa se vuole piacere e sedurre.
E poi, andando oltre, sia a Parigi sia Londra, non solo sono stato interrogato in modo intelligente e attento, ma sono stato anche *citato correttamente*. Nessuno di quelli che mi hanno intervistato si è preso alcuna "licenza poetica" o qualsiasi altra libertà con quello che ho detto loro. È stata una soddisfazione enorme e della quale sono immensamente grato.

#18 - Alla cena e al successivo ricevimento, Hébertot mi ha accennato al fatto che potremmo avere diverse altre brillanti occasioni dello stesso tipo, ma gli ho detto che mentre le apprezzavo immensamente e ne godevo ogni istante, non avrei potuto prestarmi in modo intensivo. Gli spiegai che il nostro viaggio aveva davvero un duplice scopo; in prima istanza il riposo e, in secondo luogo, il ritorno alla mia terra natia per incontrare la mia gente e la "città nella quale nacqui". Per parafrasare una canzone americana[41].
Hébertot capì perfettamente. Il tatto dei francesi è impeccabile come la loro ospitalità.
Disse che dovevamo fare un giro turistico e, con quel piacevole pensiero, ci trovammo vivamente d'accordo.
È stata una serata meravigliosa, indimenticabile.

---

41 Il riferimento è alla canzone di Paul Dresser (22 aprile 1857-30 gennaio 1906) del 1905, *The Town Where I was Born*. Dresser è stato un cantante, cantautore e attore comico americano tra la fine del XIX e l'inizio del XX secolo.

Penso che questi giorni parigini debbano essere come sgargianti perline, infilate sul filo della memoria, una dopo l'altra. Ognuna di esse diafana scintillante. Tutte perfette e sfaccettate.

Natacha è d'accordo con me. Parigi è come un locale vino leggero per signore. Le colma di sentimentalismo e desiderio. Se mai mi fossero chiesti consigli da una candida donna, le suggerirei di trascorrere un po' di tempo a Parigi. Anche questa Parigi del dopo guerra. Lei poggia sulle spalle femminili un delicato poetico pizzo.

Parigi, 5 agosto[42]

La prima cosa che dovevo fare qui a Parigi era procurarmi un'automobile, perché il resto del nostro percorso sarebbe stato tutto motorizzato.

#19 - Da qui abbiamo intenzione di raggiungere Nizza, dove la madre e il padre di Natacha, i coniugi Hudnut, hanno acquistato lo Château Juan Les Pins.
Stanno facendo del castello la loro dimora permanente e si divertono a ristrutturarlo e a decorarlo secondo i propri gusti.
Mi sono informato su ben diciassette diverse marche di auto e alla fine ho optato per la Voisin e ho ordinato da loro due auto. Ho intenzione di tenerle qui per usarle quando tornerò, come un giorno farò tra un film e l'altro. Ho ordinato un'auto aperta per me e un'auto chiusa per Natacha. I Voisin sono stati molto disponibili con noi e hanno messo un'auto a mia disposizione per il viaggio in Italia e un'altra da usare mentre rimango a Parigi.

Natacha è stata gentile, dimostrando un meraviglioso grado di forza d'animo, durante "le doglie del parto delle macchine", come lo chiamavamo, così, una volta sistemata la faccenda Voisin, lei sospirò: "Adesso da Poiret!".

Mi lusinga che Natacha, con il suo squisito e impeccabile buon gusto e la sua capacità di scelta, non sarebbe andata a Poiret senza di me. "No, Rudy", mi ha detto "voglio che sia tu a scegliere i miei abiti".

Quando ha detto questo, ho pensato, tra me e me, che ciò dimostra abbastanza bene il fatto, spesso discusso, che le donne si vestono per gli uomini o per altre donne. Se le donne sono veramente femminili, credo si vestano per gli uomini.

#20 - Finalmente eravamo pronti per visitare il signor Poiret. È lui lo stilista più adatto all'eleganza e anche al temperamento di Natacha.

---
42 Data esatta non identificabile, presumibilmente il 20 agosto 1923

Siamo andati in uno o due altri posti e abbiamo valutato i loro modelli, ma per la maggior parte erano cose sbiadite di tonalità pastello, con fiori qua e là.

Natacha non può indossare quel genere di cose. Lei non ne è affatto il tipo. Ha un aspetto migliore con colori vividi, nessun colore sopra un altro, ma tutti colori violenti e definiti. Scarlatti. Vermigli. Blu forti. Verdi enfatici. Gialli altisonanti. Viola blasonati. Pastelli e sfumature opache non le stanno addosso. Oppure, se non indossa i colori violenti, allora deve avere qualcosa di più severo nella forma, nel taglio, nero oppure uno smorto bianco gardenia. Semplicità di linea. Arditezza. Chic. Poiret è l'unico che può farlo.

Non rivelerò nemmeno nella pagina privata del mio diario quanto tempo, con Natacha, ho passato da Poiret. Ma devo ammettere che è stato affascinante per me come sapevo lo fosse per lei. Forse parte del fascino per me consisteva nella luce degli occhi di Natacha quando qualcosa colpiva la sua attenzione, come si dice in America[43], e sapeva, infallibilmente, che quel qualcosa le apparteneva. Poiret ci ha encomiati entrambi per le nostre preferenze e ci ha detto che avrebbe fatto le stesse nostre scelte, se la questione fosse stata lasciata interamente nelle sue mani.

Per me è come vedere un'incantevole donna in un giardino di bei fiori, quando ne osservo una che sceglie gli abiti in un atelier come quello di Poiret. Indugiano sul tessuto, sui colori, con delicato soppesare, abilità consumata, l'istinto profumato di una donna che si china sui fiori, emettendo morbide esclamazioni di dolce delizia quando un particolare colpisce e incanta il suo sguardo.

È un talento, un estro, ovvero la cura di un istinto che tutte le donne che desiderano essere belle (e quale donna vivente non lo desidera?) dovrebbero avere.

Tante volte nelle lettere dei miei fan mi chiedono cosa consiglierei a titolo di "suggerimenti di bellezza". Sorrido un po' a queste richieste. Cose così bizzarre da chiedere a un uomo. Però non completamente fuori luogo, perché dopotutto è vero che un uomo, nella mia professione, deve allenare il proprio occhio e gusto per distinguere ciò che di bello c'è o non c'è nelle donne. Deve sapere, devo sapere, se una donna è adeguatamente vestita o meno. Un'inquadratura potrebbe, come minimo, andare fuori fuoco, artisticamente e poeticamente, se in essa ci fossero donne inappropriatamente abbigliate. Non ho mai risposto a nessuna di queste domande sulla bellezza, richieste di suggerimenti o altro, perché pensavo che, dopo tutto, ci sono molti altri molto meglio preparati di me per

---

43 Nel testo originale viene riportata la frase idiomatica "*hit upon something*" che significa essere colpiti da un'idea quando non te lo aspettavi o non volevi, specialmente una che risolve un problema.

esprimere un parere. Ma unicamente dal punto di vista di un uomo, un uomo che ha osservato le donne da vicino e a lungo, mi sarebbe lecito dire che almeno i quattro quinti della bellicosa truppa, se posso usare questo termine per indicare le coraggiose contendenti, sa come vestirsi. Sa cosa comprare. E sa come portare l'abito dopo l'acquisto. Per me non è tanto una questione di soldi. Badate bene, io non sono uno di quegli uomini sconsiderati che dicono: "Oh, una donna non ha bisogno di molti soldi per avere un bell'aspetto". Lo so che ci vogliono soldi per le donne di oggi per "stare al passo con la moda". Gli abiti sono più elaborati di un tempo, durano molto meno a lungo, anche rispetto a dieci anni fa. Al giorno d'oggi, ci sono cappelli e scarpe e calze, borse, veli, guanti e monili adeguati per accompagnare ogni abito. Non è solo una questione di cosa indossi una donna è anche questione degli accessori che vengono abbinati. Ma io dico che tutti i soldi a disposizione servono a ben poco se non ci sono alle spalle capacità di scelta e buon gusto a fare da guida...

Ogni donna è un tipo a sé. Una delle cose che i film hanno fatto è aiutare le donne nella scelta del tipo di vestiti che dovrebbero indossare. Una donna del tipo di Nita Naldi, diciamo, vedrà Nita Naldi in un particolare abito da sera o abito da passeggio, e le verrà in mente un'idea che forse non le sarebbe mai venuta prima. Lo stesso criterio si può applicare a donne tipo Mary Pickford, Bebe Daniels, Claire Windsor[44] e così via.

Naturalmente, c'è un pericolo in tutto ciò, ed è che alcune donne non siano consapevoli del proprio tipo. O se lo conoscono, in fondo, a loro piace illudersi di essere un qualcosa di completamente all'opposto. Ad esempio, una ragazza con la sagoma generale di Elsie Ferguson potrebbe voler assomigliare ad Alla Nazimova[45] e, imitando il tipo sbagliato, potrebbe fare di se stessa, beh, un niente assoluto. Ecco perché dico che la cosa fondamentale che una donna deve sapere, o imparare, se non lo sa, è COME vestirsi. E ciò include, si basa, in effetti, sulla familiarità col proprio tipo.

Bene, Natacha mi ha detto che scrivo da oltre un'ora e alcuni dei suoi abiti sono appena arrivati da Poiret. Chi sono io che dovrei scrivere se posso vedere Natacha "fare la modella" per me nei nuovi e affascinanti abiti di Poiret?

---

44 Nita Naldi la tipica *"Femme fatale"*, Mary Pickford l'acqua e sapone "*Fidanzatina d'America*", Bebe Daniels, "S*empre Verde*", iniziò come ragazza prodigio con un primo ruolo all'età di nove anni per poi, passando attraverso *"Monsieur Beaucaire"* con Rodolfo Valentino, approdare, negli anni 60 a sitcom televisive, Claire Windsor specializzata in ruoli di *"Principesse e Signore dell'alta società"*. Il suo modo di vestire venne molto imitato.

45 Elsie Ferguson soprannominata *"L'aristocratica del cinema muto"*, Alla Nazimova l'eclettica *"Diva Assoluta"*.

Più di questo domani.

Hébertot ha telefonato oggi e ci ha invitati al Gran Premio di Deauville[46]. Ha prenotato un'intera Villa per tre giorni, ha detto, perché ci sarà una gran folla. Stanze piccole e soffocanti costano anche seicento franchi al giorno. Qualcosa di fantastico mi sembra. Natacha e io abbiamo accettato con piacere e molto interessati.

Ho detto: "Spero che non piova, mi piacerebbe fare il bagno".

E Natacha ha detto: "Sono così felice di avere gli abiti di Poiret".

Eccoci a Deauville[47]

Fuori dalla mia finestra la pioggia cade alla grande. Una pioggia come quella che mi aspettavo a Londra e non è arrivata, e che mai mi sarei sognata a Deauville, ma eccola qui! Viaggiare è un'attività volubile. Una faccenda dai molti stati d'animo.

Quando ho fatto questa osservazione filosofica (?) a Natacha, lei ha detto che senza dubbio ho fatto questo paragone pensando alle donne... ma le ho detto che non ho mai paragonato nulla alle donne... niente, ovvero, salvo i fiori e la Francia e le canzoni...

Abbiamo fatto un viaggio piuttosto spassoso. Suppongo che sia stato più divertente per me che per Natacha.

Al mattino, Jacques Hébertot è venuto al nostro Hotel con la sua macchina e, con un po' di trambusto e piacevole agitazione, Natacha ed io siamo saliti nell'auto aperta, quella chiusa carica dei bagagli come previsto[48].

---

46 Il Gran Premio di Deauville è una corsa al galoppo di cavalli purosangue, di oltre tre anni, che si corre ogni agosto all'ippodromo Deauville-La Touques. Non era, come riporta Emily Leider, un Gran premio automobilistico che fu cancellato causa tempo inclemente.
47 24 agosto 1923
48 Il 27 agosto 1923 apparve sul quotidiano *La Dépêche*, di Tolosa, un pezzo di colore sull'arrivo di Valentino nel quale si raccontava del corteo di auto e dei molti bagagli al seguito: *Deauville, 26 agosto - I re dello schermo sono come i capi dei popoli: quando si spostano lo fanno solo con l'ausilio di bagagli, accessori e, naturalmente, automobili. Dignità e pubblicità obbligano. Il grande protagonista del momento, il Sig. Rodolfo Valentino, che attualmente è nostro ospite, è arrivato a Deauville nel bel mezzo di un corteo di tre auto, pesantemente ma variamente cariche. Nella prima c'erano i tre cani della stella e un "cane poliziotto", che il signor Valentino acquistò a Parigi: nella seconda c'erano il giovane divo, sua moglie, la signora Natacha Rambova, e due loro amici; il terzo veicolo trasportava i bagagli e in particolare tutto l'armamentario destinato a fare scalpore sulla Plage Fleurie (Spiaggia alla moda facente parte della Côte Fleurie, una sorta di contraltare normanno della Côte d'Azur) con: abiti di flanella, panama autentici e scarpe bianche di tutte le forme, in innumerevoli quantità... per un dandy europeo, ma appena sufficiente, sembra, per un campione dello schermo. È senza dubbio questo lusso sartoriale che procura, al giovane asso dello schermo, tante dichiarazioni d'amore che ha bisogno di quattro segretarie per rispondere a tutte.*

#21 - Ci godevamo la campagna con vere e proprie sorsate di felicità tanto che non abbiamo badato alla segnaletica e la prima cosa della quale ci rendemmo conto è che stavamo viaggiando sotto una pioggia battente. Ci fosse stato qualcuno a guardare, si sarebbe divertito nel vedere il nostro mini corteo di tre auto (tre persone propriamente parlando) che procedeva in un modo insensato facendo disperate giravolte, senza sapere se andare avanti, cambiare auto o cosa fare.

Alla fine Natacha mise il punto fermo che non voleva più viaggiare con me nell'auto aperta, sostenendo che la creazione di Poiret, da lei indossata, era una ragione più che sufficiente per il cambiamento.

Il risultato fu che Natacha scese dall'auto scoperta, si spostò nell'auto chiusa con i bagagli, Hébertot cambiò auto e salì con me - quando ci raggiunse, lasciò la sua auto in mano al solo autista.

Alla fine è stata apportata un'ulteriore modifica e Natacha è salita sull'auto di Hébertot mentre la terza macchina viaggiò con i soli bagagli come passeggeri.

Siamo finalmente arrivati qui, a Deauville, alle undici di sera.

Per tutto il viaggio, Hébertot mi tranquillizzava riguardo alla pioggia e al disagio generale. Ribadiva che la villa da lui affittata era un gioiellino di calore, comfort e serenità e che sia Natacha sia io avremmo rapidamente dimenticato la polvere, la sopravvenuta pioggia e la scomodità generale del viaggio, una volta arrivati.

"Pauvre Monsieur Hébertot!

Aveva buone intenzioni con la sua villa, ma quando siamo arrivati, umidi, sconsolati, stanchi e desiderosi di comodità come probabilmente mai prima di allora, abbiamo trovato "il gioiellino" senza telefono, i caminetti spenti e un custode privo di entusiasmo al nostro arrivo.

Bene, siamo riusciti ad andare a letto. Deve essere stato il nostro senso dell'umorismo a salvarci, perché all'inizio ci siamo arrabbiati quando abbiamo scoperto che i caminetti erano spenti. Poi siamo rimasti sbalorditi quando, dopo aver cercato di telefonare a qualcuno che ci aiutasse, abbiamo scoperto che il telefono brillava per la sua assenza e poi una donna è scesa dalle scale e si è presentata come la nostra governante e ci ha chiesto se fossimo stanchi, scoppiammo in simultanee e irrefrenabili risate alle quali la donna si unì allegramente.

"Bene," dissi ottimisticamente a Natacha "dopotutto, è un bene che oggi sia piovuto, perché domani sarà bello e noi potremo fare un bel bagno. Sono contento di aver portato i miei costumi da bagno e asciugamani e cose del genere. È davvero quello per cui sono venuto a Deauville".

Mi sono svegliato la mattina dopo, sentendo Natacha dire maliziosamente: "Per quale ragione sei venuto a Deauville, Rudy?"

Ho aperto gli occhi su di un mondo che tremava sotto coltri di nebbia fredda e gelo opprimente. Nebbioso. Piovoso. Freddo.

Avevo il vantaggio del ridere. Ma è stato uno sforzo. Suppongo di comportarmi come un bambino riguardo alle piccole delusioni. Credo di poter affrontare, sorridendo, grandi shock, considerevoli problemi, rilevanti prove e tribolazioni; ma mi piace che i piccoli affari della mia vita, i piccoli eventi dei miei giorni e delle mie notti scorrano senza intoppi, così come li ho programmati e previsti. Avevo programmato il sole e il bagno a Deauville, e mi sono sentito irragionevolmente ingannato e privato quando ho visto che almeno per un giorno non ne avrei goduto.

«Avrei dovuto portare un costume da bagno foderato di pelliccia», dissi a Natacha, «e tu avresti dovuto lasciare i tuoi completi bianchi di Poiret, gli occhiali da sole e molto altro al sicuro a Parigi».

Posso aggiungere che qui, stasera, l'ultimo giorno del nostro soggiorno a Deauville, non sono stato in acqua, né ho sentito il desiderio di entrarci.

Quella prima mattina abbiamo fatto colazione tardi e verso le dieci un sole sottile e acquoso è spuntato con riluttanza come per dire: "Beh, sono qui, ma solo per prenderti in giro, non per farti piacere".

Hébertot ha suggerito di fare un giro per vedere parte del paese, ed è quello che è avvenuto.

Abbiamo fatto un viaggio meraviglioso attraverso quell'incomparabile, pittoresca, storica campagna della Normandia, così altamente e variamente inneggiata in poesia e prosa dai molti e dai grandi che l'hanno conosciuta e amata.

A mezzogiorno raggiungemmo un'osteria in cima a una montagna, da cui potemmo vedere l'intero panorama della costa e quel punto particolare dove il conquistatore Rouen il Nordico arrivò in Normandia e dal quale Guglielmo il Conquistatore partì[49].

Abbiamo pranzato lì, prendendocela comoda, con vino locale e cibo delizioso, particolarmente prelibato per noi, perché eravamo stanchi della cucina degli hotel e poi siamo tornati in macchina per arrivare, in tempo per la cena, al celebre Casinò.

Penso che mi fermerò qui per stasera, fiducioso che questo piacevole momento, di pausa, ci porterà bel tempo per domani. Sto ancora gemendo per il mio tuffo perso nelle onde.

Scriverò del Casinò e di cosa ne abbiamo pensato domani.

---

49 Il nome del capobanda vichingo era Rollone al quale, nel 911 il re Carlo III il Semplice decise, col trattato di Saint-Clair-sur-Epte, di cedere Rouen e i distretti vicini. Fu questo il primo nucleo dello stato normanno. Guglielmo il Conquistatore era un discendente di quinta generazione di Rollone. Di invasori nordici dal nome Rouen non v'è traccia.

Deauville, 9 agosto[50]

Natacha ed io eravamo davvero entusiasti di andare al Casinò.

Natacha ha indossato la sua creazione di Poiret più bella. I "paradossi Poiret", li chiamo, perché la loro semplicità è così ben miscelata con la loro qualità e capacità seduttiva. Questo è il più elevato grado di perfezione a cui può arrivare l'abito di una donna - o un qualsiasi complemento.

#22 - Attirare, sedurre, senza dare l'impressione di farlo, senza ricorrere a quella parola americana preferita, l'"Ovvio", quale Arte più grande c'è? La moda Poiret, il fascino delle trame e dei colori. Fa chimere di concretezza. Dona l'anima alla seta. E fa l'ultima, consumata magia ovvero rendere belle donne ancora più avvenenti di quanto non lo fossero prima che andassero da lui. Questa non è solo Arte. È una cortesia al Genere Femminile.

Bene, e così, così bardati, ci siamo recati al Casinò, pensando di restare abbagliati da belle donne e da uomini squisitamente eleganti.

Era molto poco interessante!

Le persone erano molto poco attraenti!

Non c'erano donne chic. Letteralmente nessuna. Non c'erano uomini eleganti. Non c'era nemmeno quell'aura, quella temperie di ultra-sofisticato, di ultra-brillante che, con immensa fiducia, non vedevamo l'ora di trovare.

Erano per lo più turisti, che si trovavano lì, senza dubbio, spinti dalla stessa curiosità che aveva portato noi e che è rimasta delusa. Parlavano e ridevano ad alta voce, cercando di ricreare da soli l'allegria e la spensieratezza che avevano pensato fossero lì ad attenderli, belle pronte per loro. Ogni giorno, sulla Quinta Strada, ogni sera in un qualsiasi caffè di Londra, Parigi o New York, passeggiando senza meta, ho incrociato donne dall'aspetto più elegante e uomini dal portamento più beneducato e "spontaneo".

E la cucina era peggiore rispetto alle persone. Il povero Hébertot sembrava sentirsi in qualche modo responsabile delle donne mal vestite e del cibo mal servito. Spiegò che la maggior parte delle persone davvero intelligenti se ne stavano alla larga e che, comunque, Deauville non era più quella di una volta.

Senza dubbio, Deauville è molto simile a ritrovi di New York. Un inverno il Ritz sarà il luogo dove, all'ora del tè e a cena, si riunirà il fior fiore newyorchese. Un altro inverno sarà il Biltmore, l'Ambassador, o

---
50 Domenica 26 agosto 1923

locali più intimi come il Pierre e l'Avignon e così via. Le persone sono molto simili alle pecore. Uno va e gli altri seguono. Ciò è stato detto prima riguardo a un certo numero di situazioni diverse, ma è ugualmente vero per i posti, dove le persone si vestono per mangiare e mangiano per vestirsi.

#23 - A volte mi chiedo, questa è una digressione leggera ma non irrilevante, perché ci sono persone che non dovrebbero pensare così tanto all'abbigliamento e che non ottengono risultati quando si vestono e che spendono così tanto straziante tempo e denaro per tutto ciò. Così tanti uomini, brave persone, si sono indebitati e sono andati in rovina per compiacere una donna che sarebbe apparsa molto più affascinante con un semplice abitino di percalle che con le sete e i gioielli che la sua vanità fuori luogo le faceva desiderare.

C'è valore in un filo d'erba tanto quanto in un'orchidea. E c'è bellezza anche in un'erbaccia, se cresce, si ingrandisce fitta e vigorosa, nel suo ambiente e non cerca di insediarsi in qualche Cloisonné[51] dall'inestimabile valore, dove dovrebbe essere disposta un'orchidea. Se sei nato nel Cloisonné, bene e meglio, se lo abiterai con grazia e diritto, assolvendo al tuo destino nel luogo che ti è stato assegnato. Ma se sei nato sul ciglio di una strada di campagna e le circostanze non ti hanno collocato diversamente, perché spezzarti il cuore per questo, con il risultato che non sei né l'erbaccia profumata del giardino, nemmeno l'aristocratica orchidea?

A volte, quando ho passato una serata in un posto come il casinò, qui a Deauville, quando ho visto i volti esauriti, stanchi e tragici degli uomini, le facce indurite, dipinte, pietosamente tese delle donne, penso quanto sia davvero meglio essere l'umile filo d'erba che gode del pulsare della terra, del calore e nutrimento dell'ambiente naturale, che chiede così poco e dà così tanto, piuttosto che un fiore trapiantato che sta crescendo malamente lontano dal suo suolo natio.

Decisamente la vita, penso, piuttosto che una parvenza di vita!

Decisamente la povertà graziosamente accettata, anziché la ricchezza a prezzo della salute e della felicità!

#24 - Perché, dopo tutto, il denaro è una cosa vuota, a meno che non si stia tentando di comprare un sogno. Ma i sogni sono così inestimabili che quando se ne vive uno, il denaro non è più importante. I sogni non si possono comprare.

---

51 Il Cloisonné, detto anche lustro di Bisanzio, è una tecnica di raffinata decorazione artistica a smalto, una sorta di mosaico le cui tessere sono circoscritte esattamente da listelli metallici per ornare vasi, gioielli, oggetti religiosi quali calici o decorazioni d'altare.

La maggior parte di questo pensiero errante mi viene in mente mentre mi siedo qui e penso ai volti che ho visto al casinò.

I volti di alcune donne, dipinti e induriti, che fingono innaturali risate. Donne che sarebbero state molto più felici, se solo l'avessero saputo, fossero rimaste a casa loro, in un posto semplice, a curare le proprie piante e fiori, a vedere i figli che crescono, a ciarlare con le vicine per il gusto del pettegolezzo. Donne che non appartenevano a Deauville e che si sforzavano disperatamente di far credere che lo fossero, e di far credere agli altri che lo fossero, semplicemente patetiche.

Forse alcune di loro si comportavano così per piacere a un uomo. O perché pensavano di piacere a qualche uomo. Alcuni di loro avevano soldi e nessun sogno. E pensavano, gli era stato detto che questa era la cosa giusta da fare, quando uno ha dei soldi. Se solo si potesse insegnare alle persone a leggere nel proprio cuore. Per capire cosa c'è nei loro cuori. Uno dei pianti più tristi e veri in tutto il mondo è il grido dell'Arabo quando dice: "Solo Dio ed io sappiamo cosa c'è nel mio cuore!"

E gli uomini lì. Sogni morti stampati nei loro occhi vuoti, come tanti fantasmi devastati. Uomini stanchi. Uomini disperati. Uomini che, in quel preciso momento, contemplavano il suicidio. Uomini per i quali la vita avrebbe potuto essere sana e dolce, che l'avevano inacidita e amareggiata per la brama dell'oro.

Un uomo lì stasera mi è stato segnalato per aver perso 60.000.000 di franchi durante la stagione.

Nella mezz'ora che ero lì, mentre lo osservavo, ne ha persi 3.000.000 in più. Il suo viso mi sembrava come se avesse perso l'anima immortale. E tutto, ho pensato guardandolo, per amore della febbre delirante che gli scorreva nelle vene e che non sarebbe stato salvato dall'oro. Oro che lo ha lasciato dopo tutto lo sforzo frenetico che gli ha dedicato.

#25 - Per tutto quello che ha dato alla sua vita. Oro vuoto e beffardo!
Non sono rimasto abbastanza a lungo per saperlo. Non credo che dovrei volerlo sapere, ma senza dubbio quella povera anima se ne è andata ora, di sua stessa mano, nel luogo dove non c'è il tesoro che corrompe. Dove, se non può ottenerlo, non può nemmeno perderlo, ed è una cosa misericordiosa.

Sono rimasto uno spettatore più interessato, in realtà, alla tragica panoramica delle umane pantomime che venivano rappresentate, inconsciamente, per me più di quanto fossi interessato al gioco stesso. Non ho giocato, per la ragione principale che il gioco d'azzardo non mi interessa. Mai mi ha attirato e, oserei dire ora, che non lo farà mai. È una delle febbri umane a cui sono felicemente sfuggito.

#26 - Non mi ha mai attratto nemmeno in forma lieve e suppongo che dovrei esserne grato. Mi è sempre sembrata una faccenda così pietosa vedere un uomo dominato da una situazione, piuttosto che essere il dominatore degli eventi. Sicuramente nessun uomo darebbe la sua vita, le sue speranze, senza dubbio il suo amore, per la corsa all'oro sui tavoli da gioco, se fosse in grado di controllarsi. Dev'esserci una tara nel suo sventurato sangue e ciò è innegabile. E che così tanti di questi grandi giocatori muoiano suicidi, evidenzia chiaramente la tragedia che si nasconde dietro a tutto ciò.

Natacha ha il mio stesso interesse nelle sale da gioco; dove si dipana quel dramma umano. Uomini senza maschere. Donne con maschere di vernice e polvere troppo miserevolmente trasparenti. Giocattoli. Vittime. Zimbelli del denaro. Tragedie...

Deauville, 10 agosto[52]

Oggi l'abbiamo trascorso girando per la campagna in auto con Hébertot. Sono state le ore più piacevoli da quando abbiamo lasciato le coste americane.

#27 - Visitare la Normandia, così variamente descritta e, suppongo, ancora molto da descrivere più e più volte, ha fatto parte, a lungo, dei miei sogni,. I Racconti di Normandia[53] hanno sempre esercitato su di me un fascino inspiegabile, anche se non c'è, per quanto ne sappia, sangue normanno nelle mie vene... ma come faccio a saperlo? Proprio questo argomento è un'altra idea con cui ho spesso giocherellato nella mia mente. La gente mi chiede, l'un per l'altro: "Cos'è un artista?" Che cos'è che rende un uomo o una donna un artista? Non lo è certo per nascita o per come sia stato cresciuto, perché spesso scaturiscono, questi artisti, questi geni, da desolati poveri petti; da tuguri e non case, da crudeltà, bruttezze e miseria. Non è il paese di nascita, perché l'artista può nascere nell'Africa più nera o nella raffinata India. In Inghilterra o in Francia. In Germania o in Italia. Ovunque. Non è il risultato di istruzione e di pratica, perché molti artisti lavorano alla cieca con le mani e con quello

---

52 Lunedì 27 agosto 1923
53 Racconti di Normandia - Durante la sua carriera di scrittore, Guy de Maupassant (1850 – 1893) è tornato incessantemente sul tema della Normandia che fa da sfondo a una sessantina delle sue "nouvelles" (racconti). Questa lealtà duratura ci dà motivo di attribuire all'autore la dichiarazione di uno dei suoi personaggi: "Io amo questa terra. Le mie radici sono qui"

che percepiscono, se non, grazie a Dio, col loro istinto. Non è lusso e non è qualcosa dovuto a circostanze. Non è nemmeno un'inattesa fortuna. Allora cos'è? Di quale argilla è fatto l'artista? Qual è la scintilla che accende in lui una fiamma alla quale il mondo può scaldarsi?

Può darsi che l'artista sia accidentalmente, stranamente, composto da tutti i succhi vitali. Può darsi che l'artista, andando indietro nel tempo, raccolga nelle proprie vene l'infusione di tutte le tradizioni; miti di tutte le terre, eredità di una discendenza composita, in modo che non sia semplicemente un uomo, un'entità, un individuo, con poche ascendenze e poche tradizioni sparse, ma l'essenza derivata di tutte le terre e tutti i popoli, ascoltando, allo stesso tempo, il selvaggio tam-tam dell'africano mentre il suo sangue registra le sinfonie di Boston[54]. È in tutto il mondo, questo artista, forse; è il figlio dei secoli e in lui e attraverso di lui parlano i secoli, e tutti gli uomini capiscono.

Una fantasia, o un fatto. È semplicemente un pensiero casuale da prendere o lasciare a seconda del piacimento.

Ma mentre si viaggiava serenamente per le strade pianeggianti della Normandia e si osservavano le pittoresche case, si intravedevano contadini normanni, il vecchio marinaio tipico popolano normanno, mi sono sentito molto simile a loro, molto vicino... e curiosamente reattivo. Volevo agitare il mio cappello, gridare loro "Come va lì... eccomi... sono tornato... dopo... quanto tempo... non importa ...eccomi qui!"

Credo di aver agitato un po' troppo la mano e Hébertot avrà pensato avessi scorto qualche conoscente. L'avevo fatto, ma non avrebbe potuto capirmi senza un'adeguata spiegazione, e io volevo ubriacarmi di sensazioni, non esporre una mia astratta teoria.

La parte più interessante della gita, in realtà, è stata un'antica fattoria presso la quale mi ha portato Hébertot. Quell'antico, delizioso luogo tradizionale era appartenuto alla sua famiglia, un'antichissima famiglia normanna e lo è stato, tra l'altro, per generazioni e generazioni, nell'antico edificio ci ha mostrato la camera da letto in cui Guglielmo il Conquistatore dormì prima di andare in Inghilterra.

Tornando a casa, ho scattato alcune foto, qua e là lungo la strada, fotografando alcuni vecchi normanni. È stato molto divertente, Natacha mi prendeva in giro come fotografo e disse, mentre davvero si tornava a casa e dopo che avessi dichiarato di aver fatto il pieno di fotografie per quel giorno, che non sapeva che tipo di personaggi sarebbero apparsi

---

54 Riferimento alla Boston Symphony Orchestra è un'orchestra americana con sede a Boston, Massachusetts. È la seconda più antica delle cinque maggiori orchestre sinfoniche americane comunemente chiamate "Big Five".

nelle mie immagini, dato che, senza dubbio, avevo scattato tre o quattro foto sullo stesso negativo...

Dopo le ho dimostrato, con orgoglio, che si sbagliava... in alcuni casi.

Natacha stasera mi ha chiesto se mi preoccupavo dei miei interessi a casa, dei miei affari cinematografici, intendeva. Sappiamo entrambi che quando torneremo ci troveremo di nuovo ad affrontare procedure legali. Delle quali siamo entrambi esausti. Ma le dissi di no, che per il momento non me ne preoccupavo. In qualche modo la vastità del mare e dell'aria e il cambiamento attraverso il quale sono passato, mi hanno procurato una prospettiva diversa e più fresca della quale ho bisogno se voglio tornare indietro e riprendere in mano la situazione.

La vita per me, laggiù, era diventata una serie pressante di impegni. Ma ora dopo aver messo il mare tra me e i miei affari, ora che ho visto Londra con tutte le sue antiche attenzioni e dolori, così meravigliosamente logora e vissuta, ora che ho visto la Francia sorridere, con l'antica spensieratezza, alle sue ferite sanguinanti... mi sento diverso. Le faccende contano ancora. Anche io sono importante. Ho impugnato le redini e, come ho detto a Natacha, ora so, sono consapevole con rinnovato vigore e rinnovato ardore, che guiderò il destriero del successo verso la vittoria finale.

Più di questo domani.

Deauville, 11 agosto[55]

Oggi più giringiro automobilistico. Pranzo in un'affascinante locanda affacciata sul mare. Vino di campagna. Donne normanne che ci servono. Profumo di latte e burro, uova fresche e una gran quantità di pane dolcemente fragrante. Benessere. Riposo. Tranquillità. Appagamento. Un contadino normanno... con la deliziosa campagna che si distende dietro di lui e il mare che gli bagna i piedi... cosa può desiderare di più il cuore di un uomo? Perché andare lontano per trovare il Nirvana?

Stasera, di nuovo il Casinò.

#28 - La Normandia, per me, non è il Casinò; no, nemmeno il Gran Premio, che dovrebbe essere l'evento degli eventi. La Normandia, per me, è la campagna, l'atmosfera di coloro che ci hanno preceduto, la semplicità profumata, un respiro raffinato di vecchi modi di vita... questo è la Normandia.

---

55 Martedì 28 agosto 1923

Stasera, notte del Gran Premio, al Casinò[56], avrebbe dovuto essere il più interessante di tutti gli eventi in programma. Potrebbe mancare un certo senso di apprezzamento in me, ma non è stato più interessante di nessuna delle serate precedenti e so di essere davvero abbastanza facile da divertire. Abbastanza semplice da interessare e acchiappare.

Alcuni nostri amici parigini, il proprietario del balletto svedese e un regista cinematografico[57], si sono uniti a noi e con loro siamo riusciti a stare svegli fino alle due o alle tre del mattino.

Oh, mi dimenticavo di dire che durante la nostra escursione automobilistica di questa mattina, abbiamo visitato un antico monastero in puro stile gotico. Ora è una fattoria, come è successo a tante antiche costruzioni religiose e simili. Prima di diventare un monastero era un castello e ora per la sua ristrutturazione (è stato poi stato risistemato?) l'enorme corpo di guardia sotterranea o Salle des Guardes, è utilizzata come ovile notturno. Così il Tempo trasforma tutte le cose e tutti i luoghi e l'alchimia originale con la punta delle sue spettrali e beffarde dita. Gli archi sono ancora in piedi, e poco distante da lì ci sono le rovine dell'antica camera mortuaria e la cappella dove si dice sia sepolta la madre di Guglielmo il Conquistatore. Ci è stata raccontata la leggenda secondo la quale quella dama si ritirò in convento nella sua tarda età e che lì fu successivamente sepolta.

#29 - Domani torneremo a Parigi, e ne sarò in parte dispiaciuto, in parte molto contento. Non è il Casinò e tutte le sue cosiddette allegrezze che mi pentirò di aver lasciato, ma il mare che questa volta non ha ricevuto il mio ansioso essere, il delizioso vino di campagna, le frittate che servono, una specialità del paese, il pane caldo appena sfornato e le facce sorridenti della Normandia, diventate reali per me dopo tanti anni passati a leggerne e a sognarle.

Parigi, 14 agosto[58]

#30 - Siamo stati in pochissimi teatri qui. E per quanto riguarda la nota e tanto pubblicizzata "vita notturna di Parigi", ne abbiamo vista poco o niente.

---

56 Il Gran Premio di Deauville si tenne il 26 agosto 1923.
57 Gli amici parigini erano Rolf de Maré, proprietario del Théâtre des Champs-Élysées e dei Ballets Suédois e il regista cinematografico René Clair. Di quella visita a Deauville esiste una molto diffusa immagine nella quale René Clair è spesso, erroneamente, confuso con André Daven. L'architettura tipica normanna detta "à colombage" è prova inconfutabile che lo foto fu scattata a Deauville tra il 25 e il 27 agosto 1923.
58 Venerdì 31 agosto 1923

Prima che lasciassi l'America, molti dei miei amici più giovani mi picchiettavano sulla spalla, e alzando gli occhi maligni e saputelli mi dicevano: "Ah, Rudy, aspetta di arrivare a Parigi... che notti... che ragazze!...Oh là là là là!"

Ebbene, ma le belle francesine che si vedono nelle pagine de "La Parisienne"[59] non esistono. Semplicemente non esistono nella realtà di carne e ossa. Questo è tutto. Sono miti. Fantasie fluttuanti. Finte apparenze di houris generate dal cervello di un banale Baudelaire.

E per le ragazze dei balletti di fila di Parigi valgono le stesse considerazioni, a mio avviso.

Siamo andati alle "Folies Bergère" per esempio, e tutto era completamente fuori moda. La produzione, il balletto che ho menzionato, l'intero insieme era paurosamente deludente. Le ballerine francesi non possono tentare di competere con le ballerine americane. Dopotutto, semplicemente non hanno la stessa classe. I costumi delle Folies sono stupendi... ma, dopo tutto, chi si preoccupa di guardare e concentrarsi su di un costume, se la ragazza all'interno non è degna di uno sguardo. Non ne valeva la pena alle Folies.

Anche, i palcoscenici sono minuscoli. Niente, niente nel teatro francese, dalle ragazze in su (o in giù, come si potrebbe ben dire), è creato ai lussuosi livelli americani. Certo, sarò stato un giudice esigente, essendo arrivato fresco dalla vita teatrale di New York, con la sua munificenza, la sua spettacolarità, il suo lusso, il grande impiego di tempo, denaro, spazio e bellezza. La mia ultima impressione sugli spettacoli, quando sono stato in Europa dieci anni fa, era stata meravigliosa. Ma questo prima che andassi in America. Dopo aver visto come sono realizzati gli spettacoli in America, tutto il resto, al contrario, sembra povero e inadeguato.

La maggior parte delle ragazze, per esempio, sono grasse. Questo mi ha sorpreso, e penso che sorprenderebbe moltissime persone che, come me, senza dubbio immaginano le ragazze delle Folies francesi come silfidi snelle e vivaci, con membra simili a fiori e gole di porcellana. Ero sorpreso. Queste ragazze erano grasse e seminude.

La nudità, la nudità, è la cosa più bella del mondo, quando è bella. Ma quando noti rotoli di grasso... brutte forme... allora vedi solo la parodia del buongusto.

Non si può eliminare il brutto in quanto legittima il bello. È come si facesse una brutta copia di un bel dipinto, di un'incisione, di una stampa. Si può sospirare e ammirare l'originale, ma ti rendi conto che quella altro

---

59 In verità la rivista era titolata "La Vie Parisienne" e fu pubblicata per oltre 100 anni, dal 1863 fino al 1970. Era un'antesignana di Play Boy con illustrazioni, vere opere d'arte, di maliziose donnine discinte e ammiccanti.

non ne è se non una caricatura, della quale, malauguratamente, puoi solo riderne.

Penso, forse dovrei dire più umilmente che spero di vedere la bellezza quando e dove essa si trova. E certamente so che dove e quando trovo la bellezza la venero. Che sia la bellezza della donna, la bellezza della natura, la bellezza della mente e dell'anima. Ma non sono un sentimentale. Solo perché un tramonto è un tramonto, non lo trovo sempre bello. Non vado sempre in estasi per questo. Solo perché una poesia è una poesia o una canzone una canzone, non uso incrociare le mani sul petto sospirando: "Che meraviglia!" E solo perché una donna è una donna non la celebro, col cuore che va a mille, come fosse un capolavoro di Dio, una celestiale seguace di Venere, un loto d'amore. Quando una donna è bella è un miracolo. Quando non è bella, è una donna. Quella mancanza è la sua sfortuna. La compatisco e la rispetto, ma non canto Osanna al suo fascino insuperabile. Anche l'autenticità, direi, ha la sua bellezza. Obiettività nel vedere, Oggettività dell'ascoltare. Franchezza del pensiero.

Bene, siamo andati alle Folies Bergère e poi ci siamo spostati a Montmartre. Ho registrato le mie impressioni sulle Folies e le mie impressioni sui turisti di Montmartre. E turisti della varietà più virulenta. Suppongo anime povere e ben determinate a riempirsi di Parigi; volevano tornare a casa a Oskaloosa, a Kankakee[60], o da qualsiasi luogo venissero, e dire a quelli "della porta accanto" che avevano visto la "vita". La vita notturna di Parigi. Il modo per farlo, pensavano fosse andare a Montmartre, di cui avevano letto così tante maliziose e oscene storie, in così tante provocanti e licenziose riviste. Mi chiedo se, sotto le loro maschere compiaciute e scherzose, fossero segretamente delusi come noi! E non mi piaceva darlo a intendere. Non pensavo, forse, che sarebbe stata veramente la "cosa da fare".

Erano i tipici turisti. Ed erano tutti disgustosamente ubriachi. Cosa che, probabilmente, sentivano necessaria nel loro gruppo e nel loro giro di visite turistiche. Se a Montmartre, perché non ubriacarsi? Sicuramente, avrebbero potuto ribattere, è LA cosa delle cose da fare!

Gridavano rumorosamente dappertutto ed erano generalmente inqualificabili. Non c'era nessuno dei simpatici americani lì, né abbiamo visto nessuno dei simpatici francesi. Compratori, venditori ambulanti tutto lì. Abbiamo giurato che non saremmo mai più tornati a Montmartre. E non l'abbiamo fatto. E non lo faremo.

Siamo andati da Ciro[61], ma era un mortorio.

---

60 Oskaloosa, cittadina dell'Iowa e Kankakee, Illinois vengono portate a simbolo della profonda provincia americana.
61 Nell'alta società europea Ciro divenne un'istituzione e forse la prima catena di ristoranti di

Quello di Ciro è il posto dove vanno le persone migliori, quando sono in città. È l'appuntamento dell'élite. Ma visto che eravamo a fine estate e non c'era quasi nessuno a Parigi, il posto somigliava a un fiore abbandonato e appassito in attesa di mani gioiose e amiche che lo raccogliessero di nuovo e lo ravvivassero.

Visto che a Parigi non c'era bella gente, ma così tante del genere opposto, non siamo andati molto in giro la notte. Ciò che ho registrato nel mio diario è una trascrizione fedele della vita notturna che ho visto a Parigi, e mentre il nostro soggiorno sta volgendo al termine, probabilmente ne vedrò un po' di più. Senza dubbio sarà una delusione per alcuni dei miei giovani amici a casa che mi hanno detto che se non riesco io a "scoprire Parigi", allora chi può farlo?

Mi chiedo se ho sbagliato... o se sono maturato e mi sono liberato da qualcosa, un non so che, che avrebbe potuto darmi un brivido momentaneo dieci anni fa, ma che non mi eccita adesso. È come quando ci stanchiamo di giocattoli scadenti e dozzinali, quando lasciamo la prima infanzia che sa fare solo scelte superficiali. Dobbiamo arrivare a capire che quei gingilli da quattro soldi sono solo legno cattivo e vernice scadente e che vanno rifiutati per cose di maggior pregio, più attentamente scelte e valutate. Mi piace pensare di essere stato semplicemente "folgorato dall'evoluzione del buon gusto".

E poi, avevamo molte commissioni da sbrigare, di un tipo o dell'altro, alcune abbastanza noiose da fare e troppo uggiose per preoccuparmi di riportarle tutte qui.

Non mi interessa particolarmente ricordare le commissioni. Queste faccende sono le piccole seccature dei nostri giorni. I minuti fastidi che danneggiano un insieme perfetto.

La signora Valentino aveva molto da fare da Poiret. Io ho passato parecchio tempo con la gente di Voisin e ora, domani, l'ultimo e la visita a Parigi sarà giunta al termine.

Stamattina è successo uno splendido avvenimento. Una delle tante cose che Hébertot ha fatto per me da quando sono arrivato a Parigi. Avevo ammirato moltissimo un suo meraviglioso dauberman-pincher[62] e stamattina mi ha mandato il suo autista con un ramo della stessa pianta, un esemplare altrettanto bello. È venuto di persona poco dopo e mi ha chiesto quanto mi piacesse. Gli ho detto che ero entusiasta dell'animale e che avrei voluto comprarlo. Hébertot mi ha detto che dovevo accettarlo "come un regalo, un souvenir" e ora sono l'orgoglioso possessore di Kabar. Natacha e io l'abbiamo chiamato così dopo una lunga, animata

---

classe in Europa con sedi principali a Monte Carlo, Parigi, Londra e Biarritz. Ogni locale era considerato molto più di un ristorante, era il vero centro della vita mondana.
62 "dauberman-pincher", denominazione errata e da sostituire con "dobermann".

discussione. Avreste potuto credere si trattasse di decidere il nome di battesimo di un bambino, quindi, in particolare, cercavamo il nomignolo più adeguato all'animale. Un nuovo membro della nostra famiglia che viaggerà con noi![63]

E domani riprendiamo il nostro viaggio. Abbiamo programmato di fare la nostra prima tappa di viaggio verso Nizza e i genitori di Natacha, ad Avignone[64].

Lasciamo Parigi. Partiamo lungo la strada sulla quale arrivammo in aereo! Avevo lasciato Londra con una specie di cupo giubilo del rimpianto, se riesco a essere abbastanza chiaro. Una pesante malinconia accompagnata dalla ricca gioia per aver camminato sui marciapiedi di Londra e respirato l'aria londinese... Lascerò Parigi disinvoltamente, con un sorriso e un cenno della mano, proprio come, sbarazzina e felice, Parigi mi salutò al mio arrivo. Anche perché ha reso la mia visita memorabile con doni graziosi e delicati atti di cortesia, ospitalità, interesse e accoglienza. La lascerò con un'ammirazione ancora più grande di quella che avevo quando sono arrivato.

Parigi dieci anni fa era una città di sfarzo e bellezza. Parigi aveva pieno diritto di portare fiori intrecciati ai capelli e braccialetti alle braccia. Oggi, ora, porta ancora fiori tra i capelli, anche se sono stati strappati da mani impietose e da migliaia e migliaia di tombe. Indossa ancora braccialetti alle braccia, anche se è risuonata la marcia funebre. Non è solo bella quanto coraggiosa, ma è tanto coraggiosa quanto bella, e questo dice molto.

In tutto si possono cogliere difetti qua e là. Come con tutti, se proprio si vuole. La perfezione non ha ancora mostrato il suo volto splendente e miracoloso in nessun uomo, in nessuna forma, luogo o circostanza. Ma, in fondo, è lo spirito dietro a un persona, una città, un libro, un canto, che lo immortala e ti lascia la sua essenza. Lo spirito di Parigi è giovane e trionfante sulla sofferenza e sulla disperazione.

Vive la France! Vive la France!

---

63 Un'altra incongruenza temporale; qui lo pseudo-Valentino ci racconta di come, il primo di settembre 1923, il giorno prima della sua partenza per la Costa Azzurra e quindi l'Italia, Hébertot gli avrebbe regalato Kabar mentre, sul quotidiano *L'Œuvre*, edizione parigina, del sabato 25 agosto 1923, è riportato che il 21 di agosto, Rodolfo Valentino, prima di partire per Deauville, aveva visitato il set del film di René Clair "*Paris qui dort*" e di essersi fatto fotografare con gli attori, con René Clair e, serenamente adagiato a terra, il dobermann Kabar, quindi è impossibile che Kabar sia stato un regalo dell'ultimo momento. Arrivò ben prima del viaggio a Deauville. Nel pezzo di colore pubblicato il 27 agosto 1923 sul quotidiano *La Dépêche*, di Tolosa, sull'arrivo di Valentino a Deauville Kabar viene citato come "*cane poliziotto che il signor Valentino acquistò a Parigi*"

64 È molto improbabile che Avignone fosse una buona scelta come prima tappa in quanto si trova, con le strade di oggi, a circa 690 km da Parigi quando Juan Les Pins dista da Avignone solo 245 km. Si tenga anche conto che al tempo non esistevano autostrade e viadotti e c'erano diversi passi montani da superare.

E domani guardiamo verso sud[65]!

Nizza, 18 agosto[66]

La nostra prima notte a Nizza, allo Château Juan Les Pins, è stata meravigliosamente riposante, dopo la fatica del viaggio in macchina da Parigi. Eravamo entrambi contenti di arrivarci.

Abbiamo lasciato Parigi con un cane in più, il "dauberman-pincher" che ci ha regalato Hébertot; con bagagli extra contenenti, per lo più, gli abiti Poiret di Natacha, e con il cuore pieno di tristezza e con tanti auguri e inviti a tornare quanti ne potevamo ricevere. Siamo arrivati corteggiando Parigi da timidi estranei. L'abbiamo lasciata come un'affettuosa amica presso la quale speriamo di tornare presto.

La nostra prima tappa è stata ad Avignone[67]. Ci siamo fermati lì e abbiamo fatto un pranzo delizioso. Le locande in Francia sono i posti dove si ottiene il miglior cibo. Piccole città. Piccole locande. Luoghi indimenticabili, il vino della regione è lo Chablis e viene servito in caraffa invece che in bottiglia. Da quando abbiamo lasciato l'America non abbiamo bevuto un cocktail. Ho già detto in precedenza che i francesi non apprezzano ciò che è comunemente noto come "bevanda forte". Il bere forte di cui si sente parlare a Parigi non è proprio dei francesi ma dei turisti che hanno i loro shaker e li scuotono se ne vogliono uno come piace a loro![68]

Il paesaggio che abbiamo attraversato, andando verso Nizza, era un territorio ricco di bellissimi castelli. Stavano qua, là e dappertutto, come giganteschi fiori di pietra, fiori di un'epoca passata, ma mai dimenticati. Quasi ogni collina, che si staglia contro un cielo basso, ha il suo castello, e amene località agresti. Luoghi in cui ti senti che dovresti

---

65 Sabato 1 settembre 1923; Data partenza il 2 settembre 1923 come dal registro "arrivi e partenze" dell'Hotel Plaza Athénée.
66 Martedì 4 settembre 1923
67 Strana affermazione. Secondo me si trattava di Digione in quanto si trova a circa trecentocinquanta chilometri da Parigi e può essere, logicamente, considerata una prima tappa, mentre la distanza tra Parigi e Avignone, all'epoca, era di ben oltre 800 km. Riguardo al vino c'è da fare un commento, lo Chablis è un vino bianco tipico della Borgogna della quale Digione è la capitale mentre Avignone è città della Provenza, nel sud-est della Francia ed è famosa per il vino Châteauneuf-du-pape sia rosso sia bianco.
68 Che non ci siano bevande "forti" in Francia è davvero discutibile, Valentino non cita, prima di tutti, il *Calvados*, proveniente dalle mele dalla sua amata Normandia, un liquore forte che, come da tradizione locale, viene bevuto in una sorsata a metà di una lauta cena per fare il tradizionale "*Trou Normand*" e così serenamente poter riattaccare il generoso pasto. Non dimentichiamo poi il "*Pastis de Marseille*", un forte liquore all'anice o "*l'alcool de vipère*", un tipico liquore savoiardo, proibito nel 1979 in quanto prevedeva l'annegamento di una vipera viva in una bottiglia di acquavite. Questo solo per citarne alcuni.

indugiare, così da poterli fare tuoi, a tal punto che, procedendo nel viaggio, sicuramente non li dimenticherai[69].

Abbiamo trascorso la notte a Bourges e la mattina dopo abbiamo ripreso la strada verso Nizza.

La maggior parte del nostro percorso l'avevo programmata con cura e per tempo, decidendo dove mangiare e riposare senza allontanarci troppo. Ma, di tanto in tanto, ritardavo o anticipavo andando alla ventura per scoprire dove riposare le nostre stanche membra. Era piuttosto divertente, non sapere dove avremmo dormito o pranzato. Chiedendoci se la prossima svolta della strada ci avrebbe rivelato qualche luogo incantato dove riposare, correvamo liberi per le strade. Avventura.

A me, più o meno è piaciuto tutto, ma penso che sia stato forse un po' egoistico da parte mia. Perché fu davvero troppo per Natacha.

Il salire e scendere incessantemente su sentieri di montagna tortuosi. Il fatto che abbiamo percorso circa 850 chilometri in breve tempo, e l'ulteriore fatto, gioioso per me, ma non così gioioso per lei, in quanto qui non ci sono limiti di velocità. Puoi andare veloce quanto vuoi e la responsabilità è solo tua e di nessun altro. Naturalmente, in città, devi rallentare un po', ma sulle strade di campagna puoi spingere la tua auto fino al limite consentito dalla cilindrata. La resa del mio motore, posso dire, era estremamente buona[70].

#31 - Naturalmente, se hai un incidente, ti arrestano, e questo è un reato molto grave, ma, in realtà, ci sono pochissimi incidenti. Non così tanti quanti ce ne sono a Westchester o Long Island, nei dintorni di New York. Può essere perché ogni automobilista è molto responsabile, si tratta di una questione d'onore, lo sa e ne è all'altezza. O potrebbe anche essere perché non c'è molto traffico stradale, in gran parte, credo, dal fatto che ci sono pochissime auto. Scarse, davvero. La maggior parte delle auto sono quelle costose e di alta cilindrata, e non ce ne sono molte.

Comunque correvo troppo per Natacha e la combinazione tra velocità e distanza stava iniziando a essere fuori misura per lei. Per non parlare dalla scomodità dovuta alla polvere e al trambusto, che sono di poco incomodo per gli uomini i quali, spesso, dimenticano o se ne infischiano di quanto infastidiscano le donne.

Bourges, devo dire, è dove Filippo il Bello e sua moglie italiana, una "Este" o una "Medici", dimentico quale, giacciono sepolti[71]. La

---

69 Chiaro riferimento ai Castelli della Loira.
70 In Francia dal 1893 al 1921 i limiti di velocità erano di 12 km/h per Parigi e i luoghi abitati mentre era di 20 km/h in aperta campagna, poi dal 1921 al 1962 furono aboliti tutti i limiti di velocità e il controllo dei veicoli era affidato al buon senso dei guidatori.
71 Di Filippo il Bello ce ne sono stati due il primo Filippo IV di Francia (Fontainebleau, aprile/giugno 1268 – Fontainebleau, 29 novembre 1314) detto il Bello sposò Giovanna prima

Cattedrale era chiusa quando arrivammo correndo e, poiché volevamo arrivare a Nizza per la sera, abbiamo continuato a viaggiare.

Dovevamo passare per Grenoble. Ci sono due strade per Nizza. Si passa per Lione; l'altra passa per Grenoble e Digione[72]. Via questa che può essere utilizzata solo in estate. In inverno è coperta di neve e decisamente impraticabile. Rendendomi conto che avevo una bella tirata davanti a me, sono andato giù "senza pietà", come, senza dubbio, mi descriverebbe Natacha, se dovesse mettere nero su bianco nel mio diario.

Ho fatto, lo ammetto a mio discapito, una serie di sterzate da far rizzare i capelli, curvate su due ruote e talvolta su una sola. Mi sono dichiarato immune dalla febbre del gioco, ma devo ammettere che ho una spiccata "*attitudine*" per la velocità. Tanto che ho portato Natacha quasi al collasso nervoso. Mi disse che si aspettava che ogni sterzata sarebbe stata l'ultima, per le ruote, per lei e per me.

Ma, siccome gli dei ci proteggono, siamo finalmente arrivati a Nizza alle nove di sera - e non grazie a me, mi ha detto Natacha con accenti piuttosto sconnessi.

Forse aveva ragione. In effetti, non solo gli dei, ma le strade erano con me nel mio viaggio a Nizza. Le carrozzabili erano eccezionalmente buone e in ogni città c'erano fenomenali segnaletiche dove si potevano leggere i nomi e le indicazioni senza dover rallentare e chiedere indicazioni qua e là, là e ovunque. Le scritte sui cartelli sono alte ben quindici centimetri, quindi facilmente leggibili anche andando ai centocinquanta all'ora, il che è praticamente, se non letteralmente, quello che ho fatto.

Oh, sì, e ho avuto anche un altro aiuto, molto grande. Mi lusingo per il mio senso dell'orientamento, ma forse dovrei prima di tutto ringraziare il Royal Auto Club di Parigi[73]; questa lodevole organizzazione mi ha procurato carte delle città e delle strade. Ogni strada ha una sua propria numerazione. Ogni città è segnalata da una pietra rossa con il suo numero in nero su di essa, segnandola così in modo chiaro e decisivo,

---

di Navarra, e nessuna "Este" o "Medici"; alla sua morte non fu sepolto a Bourges bensì nella Basilica di Saint-Denis nella periferia parigina. Il secondo: Filippo d'Asburgo, detto il Bello (Bruges, 22 luglio 1478 – Burgos, 25 settembre 1506), fu duca di Borgogna dal 1482 al 1506 e il primo membro del casato d'Asburgo a essere re di Castiglia con l'appellativo di Filippo I, sposò Giovanna di Aragona e Castiglia, conosciuta anche come Giovanna la Pazza, fu sepolto nella Cappella Reale a Granada.

72 Anche qui c'è un po' di confusione viaria in quanto la prima città che si incontra andando da Parigi verso Nizza è Digione, poi si attraversa Lione e quindi Valence per arrivare ad Avignone e, alla fine, ad Antibes – Juan Les Pins, mentre Bourges è decisamente fuori strada, sicuramente sono stati fatti giri turistici non correttamente riportati nel diario.

73 Un'altra piccola incongruenza in quanto il Royal Automobile Club, fondato nel 1897, era ed è inglese mentre l'automobile club di Francia, il primo al mondo, fondato nel 1895 è l'ACF ovvero l'Automobile Club de France.

anche le strade puntano sul "Rosso e il Nero!". Ad esempio, le città di Bourges e Grenoble sono collegate dalla RN n. 6[74]. Quindi, anche se passi il cartello senza vederlo, se prendi la strada sbagliata, imbocchi la n. 7 e controlli la tabella, ti accorgi che sbagli e sei ricondotto all'incrocio giusto.

Quando mi concedo un po' di vanagloria per il modo insigne e abile con cui ho navigato e circumnavigato le strade, se posso usare un termine nautico per indicare l'automobilismo, mi vengono in mente affettuosamente e chiaramente le segnaletiche poste lungo la strada per impedire a "un novellino di sbagliare". E l'onestà mi obbliga ad ammettere che non meritavo tutto quel credito. Solo per il fatto che non sono stato io a tenere l'auto in strada, quando sembrava dovesse abbandonarla, sterzata dopo sterzata.

Natacha è piuttosto nervosa. Tutte le donne, tutte le belle donne, sono indubbiamente organizzate in modo molto garbato e parecchio ben ordinato. Sono accordate come un inestimabile Stradivarius. Reagiscono come un melo risponde alle brezze di aprile. Ma se Natacha non avesse avuto anche l'impressionante capacità di restare calma con un così genuino apprezzamento per tutto ciò che poteva ammirare del panorama mentre lo attraversavamo, senza dubbio sarebbe stata molto più sfinita di quanto non lo fosse.

#32 - Al solo pensare che ogni sterzata avrebbe potuto essere l'ultima. Lo so, suppongo di aver sempre pensato, di essere più o meno particolarmente protetto dagli Dei. Salvato, per così dire, dalle loro ali, perché molte e molte volte ho preso la vita tra le mie negligenti mani e l'ho lanciata verso terra, verso il cielo, verso il mare, solo per poi vederla tornare a me, ilare, intatta e imperterrita.

Natacha dice che pensa che gli dei non abbiano nulla a che fare con l'automobilismo e meno ancora con i piloti del mio particolare genere, o specie, o come tu voglia chiamarli[75].

---

[74] La Route Nationale 6, fu creata nel 1824 ed era una cosiddetta "camionale" con un fondo stradale di ottimo livello che, fino al 1949, partiva dalla città di Joigny, a circa 150 km a sud di Parigi, e si trovava nell'itinerario Parigi, Lione, Ventimiglia. Le città importanti che si attraversavano erano, prima di tutto Digione poi Mâcon quindi Lione da dove era abbastanza semplice raggiungere Avignone e quindi Antibes, Juan les Pins.

[75] A questo proposito Natacha Rambova nel suo *Rudy: An Intimate Portrait of Rudolph Valentino by His Wife* racconta di quel viaggio, per lei da incubo, da Parigi a Nizza tanto che, a un certo punto, in un doppio tornante di montagna stavano per uscire di strada. Valentino riuscì a evitare il peggio grazie, lui affermò, a un miracoloso intervento del suo spirito guida Black Feather. Natacha aggiunge anche che "sfortunatamente" le strade erano in ottime condizioni, davvero sventuratamente perché lo stato delle carreggiate consentiva a Valentino di far ruggire al massimo il motore della Voisin e chiude dicendo che lei rischiò un attacco isterico e che mai più avrebbe fatto un simile viaggio nel vento, nella polvere e nel fracasso.

Ma il punto centrale di quanto scrivo questa notte è che siamo finalmente arrivati sani e salvi allo Château Juan Les Pins stasera alle nove. L'eccitazione e l'accoglienza, il raccontare e il chiedere del nostro viaggio, l'attenzione, i dialoghi e l'euforia reciproci, li racconterò domani quando scriverò il mio diario.

Quello che ho messo su carta questa notte è tutto quanto potessi scrivere. Natacha dice che le sembro posseduto per e da questo mio diario tanto che, senza dubbio, esalando il mio ultimo respiro, scriverei di una qualche teoria, di un certa filosofia o di un minuto dettaglio del viaggio che starei per intraprendere. Perché ho scritto queste mie note, stasera non e non solo, letteralmente con dolore. Le mie mani in realtà categoricamente si rifiutano di chiudersi, i miei indici sono quasi paralizzati. Natacha mi ha punto la mano con uno spillo e giuro che non lo sentivo... tutto per aver domato il volante da quando l'ho afferrato durante il nostro viaggio da Avignone e da Parigi.

#33 - Ho calli su entrambe le mani, i muscoli della spalla e del braccio sono orribilmente fuori uso per il terribile impegno e l'andare su e giù lungo gli stretti passi di montagna. Comunque, non me ne lamento, il viaggio è valso gioiosamente il dolore, che ora provo scrivendo in questo diario.

Ogni volta che arrivo in un posto nuovo, o quando un viaggio è giunto al suo termine, sono posseduto da un furioso desiderio di mettere tutto nero su bianco. Devo essere stato azzannato dall'invasamento demoniaco dell'autobiografo. Penso che questo derivi in parte dal mio amore per il viaggio e dal mio desiderio di immortalarlo, di dargli stabilità e vita duratura. Come se, scrivendo tutto, senza dimenticare nemmeno un pensiero, potessi distillarne una speciale essenza per poterla rievocare in giorni futuri. È come se prendessi Parigi e Deauville, Londra e Normandia, Avignone e Juan Les Pins e li portassi tutti con me, ovunque io sia, dovunque io vada, concreti, intatti, miei così come li ho trovati.

Ma ora vado a letto. E sicuramente, indubbiamente, dormirò stanotte come se mai avessi dormito prima. Riesco a sentire il sonno che si prende cura dei miei occhi stanchi, tanto che le palpebre si chiudono da sole e se voglio riaprirle devo farlo con pura forza di volontà. Riesco a sentire il sonno arrampicarsi su, verso l'alto, coprirmi le membra, le braccia, la testa stanca, come se un manto caldo si stendesse su di me, dolcemente, quasi impercettibilmente, sino a nascondermi.

Juan Les Pins, Nizza, 19 agosto[76]

Abbiamo trascorso un delizioso primo giorno.

Una delle emozioni davvero piacevoli della vita è il ritrovarsi di un gruppo familiare dopo che è stato separato e disperso per un lungo periodo di tempo.

La madre e il padre di Natacha, "Muzzie" e "Uncle Dick" (il signore e la signora Hudnut), sono venuti a Nizza un anno fa per ripristinare e ristrutturare il castello che lo zio Dick aveva aveva messo a disposizione del governo come ospedale di guerra. Quando si ritirò dagli affari, vennero a Nizza per stabilirsi lì in gran parte perché era stato a lungo un loro sogno fare proprio questo.

Avevano vissuto, a tempi alterni, per anni in Riviera.

#34 - e dicevano sempre che quando lo zio Dick si ritirava dagli affari, avrebbero fatto di Nizza la loro dimora permanente.

Mi sembra un'idea affascinante, anzi, molto soddisfacente, soprattutto appagante, l'aver saputo realizzare così bene, come hanno fatto loro, quanto volevano costruire, dove volevano andare per poi vedere quel desiderio prendere corpo sotto i loro occhi, un sogno scolpito nel granito e diventato realtà per tutti quelli che passano ad ammirarlo.

Lo zio Dick comprò la villa da un principe russo che giocava a Montecarlo e aveva perso tutto. Natacha e io sostenevamo, mentre passeggiavano per quei dolci e sereni pendii, che quell'evento incombeva ancora sul castello. Si poteva in qualche modo pensare che lì siano state vissute tragedie, rese un po' più leggere, un po' più facili da sopportare grazie all'assoluta bellezza del luogo. Un giardino meraviglioso, il sole e l'aria, il senso di pace e l'incanto devono aver, credo, calmato il macabro terrore e lo stravolgimento nei cuori devastati di molti poveretti. Mi piace pensarlo, in ogni caso.

Finita la guerra, Muzzie e lo zio Dick hanno restaurato la proprietà. Ovviamente erano necessarie molte modifiche e riparazioni dopo cinque anni e, per di più, anni spossanti.

A Muzzie non piacevano gli interni e così hanno deciso di rifarli a nuovo. In origine era in uno stile vagamente moresco, che va bene per un principe russo, ma che non si adatta così bene al gusto americano. Muzzie predilige, in particolare, lo stile Luigi XVI e ci è voluto un anno intero per trasformare il castello in un palazzo Luigi XVI. A dire il vero, hanno ancora due o tre stanze da sistemare.

---

76 Mercoledì 5 settembre 1923

Beh, ovviamente, dovevano sentire dalle nostre labbra tutto quello che ci era successo durante l'anno passato, nonostante le nostre lettere e i giornali avessero portato delle vere e proprie valanghe di questi importanti avvenimenti avanti e indietro tra di noi. È molto più eccitante dire "questo è accaduto in quel giorno" e poi sentire i cari che esclamano "Oh" e "Ah" davanti a te.

Abbiamo dovuto raccontare loro dove vivevamo, con chi ci vedevamo, cosa stavamo pianificando e come ci sentivamo al riguardo a "questo" e riguardo a "quello". Abbiamo risposto a numerose domande su amici e amici di amici e su tutto ciò che sapevamo su questa o quella nascita, morte o scandalo. Tutti i consueti pettegolezzi di famiglia furono mutualmente scambiati.

Abbiamo descritto tutti i dettagli del nostro viaggio con gli annessi e connessi. È stato molto divertente. Un ripetersi costante di: "Natacha, raccontami a proposito di questo..." o "Rudy, ho sentito così e così, dimmi è vero?"

Dissi a Natacha che mentre Muzzie e zio Dick potevano ben vivere in Europa, una parte inamovibile dei loro cuori e dei loro interessi non avrebbe mai abbandonato il suolo americano. Dubito che qualcuno possa letteralmente trasmigrare. Una parte del tuo Paese rimane con te per sempre, anche se i segni più esterni non sono più visibili. Io, per esempio si vede che sono italiano, ovviamente. Questo è vero. Ma ho molti più tratti caratteristici italiani oltre a quello. Non mi piace particolarmente il freddo, per esempio. Per me, brividi di freddo e tremiti saranno, se mai accadrà, qualcosa che riuscirò ad apprezzare nel tempo. Questo perché, credo, sono nato in un clima tropicale[77]. Per generazioni, soli caldi e impietosi sono penetrati nel sangue dei miei antenati che ho ereditato, ecco perché non amo il freddo.

Domani faremo visita alla campagna.

E così anche questo giorno è passato. Avevamo chiesto in anticipo, implorandoli, di non organizzare intrattenimenti in nostro onore, supplicando che volevamo stare e parlare solo con loro per avere un po' di intimità prima di continuare il nostro viaggio.

Questo primo giorno è passato in seno alla famiglia, abbiamo parlato di argomenti e persone di casa, raccontando alla zia, con la quale ci siamo riuniti con "molto piacere", come d'abitudine, tutto ciò che era accaduto da quando ci ha lasciati a Cherbourg e il nostro arrivo qui, abbiamo rimarcato gli aspetti esclusivi e belli della nostra numerosa famiglia di cani, comprendente, alla data del nostro arrivo qui, sei

---

77 Il clima italiano è Mediterraneo Temperato, in particolare sulle coste liguri, tirreniche e ioniche e quindi anche in Puglia. Mentre il clima Tropicale è il tipico della zona torrida della Terra, ovvero la fascia latitudinale compresa tra i tropici del Cancro e del Capricorno.

pechinesi oltre al mio dobermann. Dato che siamo tutti amanti dei cani, ci siamo divertiti moltissimo con la famiglia e lo zoo canino durante la nostra permanenza al castello.

#35 - Le mie mani sono ancora rigide e i muscoli delle spalle si rifiutano di muoversi con la loro vecchia flessibilità. Natacha dice che è un bene per me essere in vacanza e non lavorare. A oggi sarei un soggetto rigido e poco maneggevole nelle mani di un regista.

Tuttavia, penso di essere in miglioramento, perché quando questa sera Natacha ha suggerito, con un certo entusiasmo, prima di andare o letto, di rifare la prova "puntura di spillo", ho acconsentito: i suoi sforzi sono stati ricompensati da un mio debole ululato di dolore.

Le ho detto che questa sua volontà ha richiamato in me la teoria, sulla quale spesso meditai, sul fatto se le donne siano, più o meno intrinsecamente, crudeli o per loro natura gentili.

Si sente molto parlare di una mano che dondola una culla, ma si sente anche molto a proposito di una mano che distrugge una casa.

Mi sembra che la maternità che è insita nelle donne sia gentile, ma esiste anche la femmina tigre, che si diletta con sottili crudeltà, che mette alla prova, per vedere il genere opposto soffrire per causa sua.

Perché è ben noto che se manca nella donna il dono della maternità, il risultato è una sorta di anomalia. Le donne possono non avere figli propri, forse no... ma questo impulso naturale... la componente mamma può essere in loro molto tenera e molto consistente. D'altra parte ho visto donne che hanno avuto figli propri nelle quali mancava questa propensione. Le donne non sono affascinanti se non sono dotate dell'istinto materno. Se, per qualche ragione, ne siano stranamente e disgraziatamente prive. In loro manca quell'essenza vitale, questo è l'unico modo in cui posso esprimere ciò che intendo...

Le donne che non sanno essere tenere, sono donne da evitare, ne sono convinto... Possono essere gentili con te nel momento del successo, o mentre si prendono cura di te, ma una volta che l'afflato emotivo si è attenuato si rivolteranno ringhiando e si rivarranno su di te... Perché quando manca la tenerezza,... il fuoco non è protetto in un benevolo focolare.

Mi piace vedere la Madonna nelle donne... le più belle donne d'Italia sono Madonne... visi sereni calmi, occhi dolci... pacifici, rivolti a qualcosa di più profondo e potente... donne-madri che procedono sulla loro strada di bellezza e di luce... Forse il mio subconscio, come dicono gli psicologi, ha ricevuto una sorta di influsso nella prima infanzia a vedere il tipo di bellezza della Madonna nella mia stessa terra e ci ripenso ogni volta che discuto di bellezza... tutte le volte che penso alle donne d'Italia. Un'altra notte di sonno profondo e benedetto. Dormo così bene qui, quasi senza sognare.

Juan Les Pins, Nizza 20 Agosto[78]

Terza giornata di sole benevolo. Ospiti a pranzo. Conversare. È bello accorgersi che così tante persone sono interessate a quello che faccio, a quello che penso. Non mi riprenderò mai, credo, dallo stupore che tante persone vogliano sapere cosa penso, cosa pianifico, cosa faccio di giorno in giorno, di settimana in settimana... È la lusinga più stimolante al mondo.

Per quanto riguarda la Riviera, qui non c'è praticamente nessuno. In estate è assolutamente esanime.

La stessa vecchia idea di "siccheria", un termine che sto cominciando a detestare particolarmente perché, significa fare tante piccole cose compiaciute e spesso con grande sacrificio di bellezza, piacere e comodità.

#36 - Per esempio, qui in riviera, è assolutamente bellissimo durante i mesi estivi. Rose. Cielo blu oltremare. Mare abbinato e impareggiabile. Aria che fluttua con sottili veli di bellezza su tutto.

Ma le persone super alla moda che cercano di essere originali, forse, vanno in Riviera durante l'inverno, quando fa freddo e piove, e quando il bel tempo arriva qui salgono a Chamonix per praticare gli sport invernali durante l'estate.

È una perversione di stagioni e di luoghi che non riesco a capire bene, posso giustificare che pochi vadano al seguito di alcuni, perché in fondo si vuole essere dove vanno gli amici, ma non riesco a immaginare il modo di ragionare di quelli che, come pecorelle, trascinano i molti in un cammino che porta nella direzione sbagliata al momento sbagliato.

Durante l'inverno in riviera c'è freddo, clima mite, misto a qualche giorno di sole qua e là, ma per la maggior parte del tempo la riviera è esattamente come NON dovrebbe essere. Ogni tanto capita lo chiarisco a me stesso e, comunque, spero anche a voi.

Personalmente, penso che la cosa da fare sia avere una casa tutto l'anno da qualche parte, il più vicino possibile ai tuoi ideali e che puoi trovare in qualsiasi posto. Mi piacerebbe possedere un luogo del genere, fatto un po' in stile medievale. Non sono particolarmente appassionato della modernità, né in casa, né negli abiti, né nella donna.

Mi piace un tocco del Vecchio Mondo. Un sapore di tradizione. Un accenno di altre terre e di altri tempi... vecchi ori... rossi cupi... sbiaditi

---
[78] Giovedì 6 settembre 1923

blu... grigi come sbuffi di fumo... e mi piacerebbe vivere in un posto del genere, anno dopo anno, stagione dopo stagione, in modo da poter sentire il luogo, assorbirlo in me stesso ed esserne, a mia volta, assorbito.

Non ho alcun desiderio di svolazzare di casa in casa, di proprietà in proprietà, senza mai costruire davvero un nido, fare di ognuna di esse solo dimora. Mai creare una tradizione.
Vorrei percepire la mia casa, farne un santuario, dove tutte le cose belle che posso raccogliere dai quattro angoli del globo possano trovare degno albergo. Dove i miei amici possano venire a ricordarmi in una, finalmente definitiva, "scenografia", nella quale io possa morire, infine, dopo le burrasche e le urgenze.
Natacha e io abbiamo avuto il grande piacere di girovagare per il castello e nell'ammirare, discutere e fare domande che si possono porre solo ai membri della famiglia. Muzzie era molto esperta nello stile Luigi XVI e Natacha si godeva le decorazioni e i progetti.
È stato un intermezzo gioioso.
Domani ci occuperemo di pianificare il nostro procedere.

Juan Les Pins, Nizza, 21 agosto[79]

Stamattina Natacha leggeva il mio diario, mentre facevamo colazione a letto, il sole ci inondava, il profumo dei fiori nell'aria, gli uccelli che chiacchieravano fuori dalle finestre semiaperte. Estate in un mondo estivo... sembrava difficile credere che fosse mai stata una terra con pioggia, disagio e malumore...
Mi è venuto in mente allora, in uno di quei momenti struggenti a cui tutti, di tanto in tanto, suppongo, siamo inclini, quanto sia triste che la razza umana viva come vive. Con un mondo inondato dal sole e profumato dai fiori, con sereni giardini e ciò che gli angloamericani chiamano "i grandi spazi aperti" che si estendono come Eden intorno a noi, perché ci stringiamo e lottiamo nelle città, logorando anima e corpo in una lotta senza fine per il pane, l'affitto, i vestiti e piaceri che, alla fine, altro non sono se non fugaci smanie?
Suppongo che questo accada perché siamo tutti, più o meno, socievoli. Ciò fa tornare in mente i tempi antichi, quando c'erano i nomadi e poi, sempre più frequentemente, le tribù che si univano e formavano i primi villaggi, gli ancora più antichi cavernicoli. All'uomo piace dimorare accanto all'uomo e da quelle affinità, da quel desiderio, sono nate le città.

---
[79] Venerdì 7 Settembre 1923

Anche io, suppongo, prima o poi mi sveglierò dal sogno e vorrò tornare nella mischia coi miei simili, lottando con forza, e senza dubbio a dismisura, per il mio posticino al sole.

E forse ancora una volta è l'apice della saggezza lottare in tal senso. Quando ci capitano, questi intermezzi di sole, aria e fiori ci offrono una felicità ancora più struggente. Li amiamo ancora di più perché sono effimeri. L'aria è come il vino per noi, ci inebria. Il sole diventa un manto d'oro, che ci copre con un tocco autorevole. I fiori soffiano fragranze intense perché rare.

Ma se mai la fiducia in me stesso dovesse abbandonarmi, se arrivasse il giorno in cui la lotta per i miei diritti dovesse diventare logorante per i nuovi sforzi, allora dovrei poter riparare in un eden dove il cielo sia sempre blu sopra di me, dove i miei piedi possano calpestare un suolo primaverile e intatto come lo posso trovare, laggiù, più in basso, ai piedi delle bianche scogliere, lì il mare potrebbe cantarmi la sua eterna ninna nanna.

Penso che ci siano stati, in un tempo o in un altro, dei marinai nella mia famiglia. Perché il mare pulsa nelle mie vene con una melodia a me nota... e so che non è un ricordo di questa vita.

Una delle considerazioni filosofiche più affascinanti che ho scoperto è che nessuno di noi eredita direttamente dai propri genitori. Ecco perché così spesso un bambino o una bambina, nati in una certa famiglia, sembrano non avere alcuna relazione, sia diretta sia indiretta, con quel nucleo familiare. Mentre, nelle loro vene scorre il sangue di un lontano, remoto antenato. Potrebbe essere il sangue mescolato di molti antenati che ritrova nuovo impeto in quel virgulto. Stranieri nelle loro famiglie d'origine, rivendicano l'essere imparentati con un qualche vecchio bucaniere, un certo poeta sognatore, una particolare dama solitaria o un nobile cavaliere del quale, probabilmente, mai hanno mai sentito parlare, ma la cui vita, comunque, rivivono.

Un giorno, quando avrò tempo, studierò l'"Albero" di famiglia, credo che così lo chiamino, e vedrò se riuscirò a trovare l'antenato al quale mi sento più intimamente legato. Allora, senza dubbio, capirò me stesso come non sono stato in grado di fare finora. Conoscere se stessi, fino in fondo, definitivamente, comunque, quale conoscenza di sé più completa si può desiderare?

Ma devo ravvedermi. Dopotutto, dovrei registrare gli eventi e non i pensieri casuali che mi vengono in mente di tanto in tanto. Tuttavia, i pensieri sono spesso più affascinanti delle azioni. I pensieri danno vita al nostro comportamento e sono, a loro volta, l'origine del nostro operato.

Natacha leggeva il mio diario... ogni tanto un sorriso le

attraversava il volto... sapevo che ben conosceva cosa stessi pensando quando scrivevo quei pensieri... le donne hanno un'intima conoscenza dei pensieri degli uomini... ci leggono come libri aperti, ognuno rilegato a modo suo... siamo come bambini per le donne... per le donne che ci amano... ci assecondano... ci rimproverano... e sempre, sembra, che per loro noi si sia trasparenti...

"Ho omesso qualcosa?" Ho chiesto a Natacha: "Ho tralasciato fuori qualcosa secondo te?"

"Dalla quantità di scarabocchi che hai buttato giù da quando siamo partiti, Rudy," Natacha sorrise, "mi sembra impossibile che tu abbia potuto omettere qualcosa. Potresti aver tralasciato un pensiero qua e là, ma..." Natacha fece un cenno della mano che enfatizzava l'improbabilità del caso.

"...ma", ha ripetuto, "hai omesso qualsiasi accenno all'incontro con André Daven[80] a Parigi. Non pensi di doverlo inserire in un prossimo brano che scrivi nel tuo diario? Potrebbe apparire in eventi successivi, lo sai, e poi vorrai ben dare nota del suo - lancio- devo dire?"

Ho detto a Natacha che aveva ragione. Strano che abbia potuto omettere uno degli eventi più interessanti del nostro soggiorno a Parigi.

Mentre eravamo a Parigi, tra gli intervistatori venuti a trovarmi c'era un giovane di nome André Daven.

Nel momento in cui è entrato nella stanza, l'ho notato come un "tipo". Sono costantemente alla ricerca di tipi particolari, perché so che sono molto importanti per lo schermo, per ogni singolo film.

Il giovane Daven è un tipo straordinariamente bello, del mio stesso paese[81], con occhi fantastici, bel fisico, portamento fuori dall'ordinario ed estremamente attraente.

Natacha dice che questo è un mio tratto non usuale negli uomini. Quasi tutti gli uomini possono "individuare" una bella donna o una donna straordinaria. Unica. Di grande personalità. Insolita. Ma pochissimi uomini, così mi dice Natacha, possono riconoscere l'insolito o l'attraente in un altro uomo. Forse è perché noi uomini non cogliamo lo charme negli altri maschi. Gli uomini danno per scontati gli altri umani, io credo. "Ciao amico, benvenuto" e se quell'elemento è presente, l'aspetto personale non conta un gran che. Ma io, al riguardo, sono diverso. Forse è perché mi interesso da così tanto tempo della distribuzione delle parti in un film nel quale gli uomini hanno un ruolo

---

80 André Daven (Parigi 16 marzo 1900 – Parigi 17 novembre 1981) non ha mai sviluppato rapporti affettivi e o sessuali di alcun tipo con Rodolfo Valentino. Sia Valentino sia Daven erano apertamente eterosessuali e non esiste evidenza alcuna che non lo fossero. Daven era un protégé sia di Rodolfo sia di Natacha e, approfittando dell'amicizia dei coniugi Valentino, se ne tornò a Parigi lasciando, a carico dei suoi mentori, un debito di circa 35.000 dollari.

81 Strana affermazione, Daven non era di Castellaneta né tantomeno italiano. Il redattore del testo finale, di certo, ha letto male gli appunti e ha preso una bella cantonata.

di primo piano come le donne. Ho visto altri uomini diventare famosi sullo schermo; Barthelmess, Novarro, Glenn Hunter[82], tipi del genere e, naturalmente, ho ragionato sulle parti da loro recitate nei loro film di successo.

Per quanto mi riguarda, ad esempio, so che il mio essere straniero, cosa che salta fuori sia dal mio viso sia dal mio portamento, ha molto contribuito alla gentile accoglienza che ho ricevuto da parte del pubblico americano. L'anglosassone ha una particolare "predilezione" per il tipo latino. È il richiamo della particolarità. Il fascino dell'esotico. Il richiamo dell'ignoto. L'interesse per il diverso da noi.

Riflettere su tutto questo mi ha reso perspicace nell'osservazione sia dei miei simili sia delle mie simili. Tanto che, ora, è diventata una reazione quasi involontaria per me. La mia mente scarta sistematicamente i poco adatti allo schermo, come automaticamente e istantaneamente riconosce e afferra il potenziale materiale da film. "carne da celluloide" invece di "carne da cannone", se posso usare un paragone poco elegante.

Forse l'essere stato giudice in tanti concorsi ha contribuito alla mia formazione. Sarei un ottimo direttore di selezione per le audizioni se non fossi un attore e se non avessi una moglie con capacità ancora più brillanti e raffinate delle mie in questo particolare settore.

Ad ogni modo, quel giorno a Parigi, tempo fa, ero seduto nella nostra suite in attesa degli intervistatori. Sei o sette di loro sono entrati ed erano principalmente dei fotografi con due o tre accompagnatori.

Subito dopo entrò André Daven, l'ho immediatamente "notato", come si dice a New York. E non mi sbagliavo, ne ho avuto conferma dal fatto che gli occhi di Natacha si sono incontrati subito coi miei e annuimmo come per dire: "Ah, anche tu lo hai notato?"

Ho iniziato a intervistarlo, invece di esserne intervistato.

Gli chiesi il suo nome, della sua occupazione, delle sue ambizioni e varie altre domande simili, un interrogatorio, senza dubbio, che lo colse davvero di sorpresa, visto che era lì per fare la stessa cosa con me.

---

82 **Richard Barthelmess**, all'anagrafe Richard Semler Barthelmess (New York, 9 maggio 1895 – Southampton, 17 agosto 1963), è stato un attore statunitense. È stato uno dei promotori dell'Academy of Motion Picture Arts and Sciences (AMPAS) che fu fondata l'11 maggio 1927, un'organizzazione per il miglioramento e la promozione mondiale dell'arte cinematografica. L'accademia, nel 1929, creò il Premio Oscar e, in quell'anno, Barthelmess fu candidato al Premio Oscar quale miglior attore.
Ramón Novarro nome d'arte di Juan Ramón Gil Samaniego (Victoria de Durango, 6 febbraio 1899 – Hollywood, 30 ottobre 1968), è stato un attore e regista messicano. Appartiene alla schiera degli attori che, nel decennio 1920-1930, furono lanciati prima come rivali, poi come eredi di Rodolfo Valentino.
Glenn Hunter (New York, 26 settembre 1894 – New York, 30 dicembre 1945) è stato un attore statunitense. Attore cinematografico e teatrale nella sua carriera girò diciassette film.

Mi ha detto il suo nome e ha aggiunto che scriveva per "Bonsoir", "Théâtre et Comédie Illustrée" e "Paris Journal".

Immediatamente gli ho suggerito di lavorare nel cinema.

Rispose che era inverosimile, che non riusciva a pensarci, che era gentile da parte mia interessarmi, ma che non poteva vederla affatto in quel modo.

La mia ostinazione è stata appassionata, insieme alla mia crescente fiducia nel giovane Daven come possibilità dello schermo. Ho deciso di convincerlo a rinunciare all'arte della scrittura per l'arte dello schermo.

Gli ho raccontato dei miei piani e gli ho assicurato che se mi avesse accompagnato negli Stati Uniti al mio ritorno, gli avrei dato una parte nel mio prossimo film, qualunque esso fosse. Gli ho detto che speravo di fare "Monsieur Beaucaire" e che se l'avessi fatto, ci sarebbe stata sicuramente una buona parte per lui. Almeno, una che lo avrebbe messo in vista e non lo avrebbe abbandonato al desolato destino delle comparse.

#37 - Ho dovuto parlare a lungo. Suppongo che nessun altro debuttante dello schermo, negli annali del cinema, abbia mai dovuto subire così tanta pressione come è successo allo "svagato" Monsieur Daven. Ma alla fine mi ha dato la sua parola che sarebbe stato con me quando avrei dovuto salpare di nuovo per l'America e, anche prima che partisse, ha iniziato a dirsi entusiasta di una possibile carriera cinematografica. Mi ha fatto così tante domande che se ne è andato bene informato sulla tecnica e le arti collegate, come ho potuto trasmettergli grazie a quanto ne sapevo.

L'ho lasciato dicendogli di studiare l'inglese, e anche che si informasse bene su tutti gli aspetti dell'arte cinematografica, con la stessa passione con la quale prima la rifiutava. Questo è un vantaggio che lo studente ha rispetto ai dilettanti. Impareranno una materia o un'arte, gli studenti sì, voglio dire. E un *maestro è sempre al di sopra*. Tiene il coltello dalla parte del manico.

#38 - Natacha ha detto che pensava avessi tralasciato ben poco altro, a parte la descrizione di uno o due spettacoli teatrali, ma se non mi hanno impressionato, perché avrei dovuto scriverne? Dopotutto, voglio segnare le ore di luce (come fanno le meridiane) e i momenti di noia possono anche essere consegnati al benedetto oblio della mente. Freud afferma che nulla è dimenticato; che tutto quanto finisce nel cestino dei rifiuti della mente subconscia e che, alla fine, tornano alla luce. Soprattutto se uno è psicoanalizzato. Ma penso che non sarò mai psicoanalizzato. Non ho inibizioni di cui io sia a conoscenza. Non ho nevrosi né complessi. E se ne ho non ne soffro. Sufficiente fino al giorno... Abbastanza del regno del pensiero....Mi libero con qualche difficoltà da questo fantasticare sul sole...un posto al sole...un posto al sole...un posto al sole. Ho sempre amato il suono di quella frase: mi sembra riassumere in poche parole la filosofia definitiva della felicità e della pace. Cosa potrebbe, dopo tutto, essere più desiderabile? Non le mura del castello, né le dimore turrite, né i costumi di velluto dei ricchi... un posto al sole è il basilare diritto di ogni uomo e di ogni donna... è l'eredità dell'umanità... e ognuno di noi dovrebbe poterlo ottenere se volesse, ma tieni presente che la speranza è un mito e un obiettivo....

Oggi abbiamo fatto di nuovo i bagagli per continuare il viaggio.

#39 - È stato un piacevole intermezzo. Natacha si è riposata di nuovo, penso, e, anche se non lo dico, sono di nuovo pronto per la gara di giravolte su una, due o tre ruote, visto che le leggi sulla velocità lo permetteranno.

Natacha, gli Hudnut e la zia, che ancora una volta ci accompagnerà per il resto del nostro viaggio, mi hanno, ciascuno di loro, fatto assicurare di avere un po' di rispetto per il nostro collo, se non per le leggi della gravitazione, e io ho fatto quelle serissime promesse, labbra serrate, sopracciglia tirate e massima solennità. Ma cosa deve fare un uomo quando il desiderio della velocità lo possiede... ah, allora...

Domani saremo in viaggio. Avevamo programmato di andarcene oggi, ma tra il sonnecchiare al sole e la supplica del signor Hudnut di rimanere per un altro giorno... e non essendo riluttanti a farlo... siamo ancora qui stasera...domani si parte...l'Italia!

24 agosto [83]

Un'altra notte genovese per scrivere nel mio diario. Mi aspettavo di andare avanti col viaggio, ma Natacha si sente piuttosto male. Comincio a temere che non sarà in grado di completare il cammino con noi fino in fondo.

La zia e io minimizziamo la situazione e le diciamo che dovrebbe avere la *nostra* stessa forza e coraggio, ma quando si tratta della, già più su menzionata, sporcizia, della polvere e del disordine, PIÙ la mia guida, che sono certo Natacha definirebbe "deprecabile", è un un po' troppo per il suo senso dell'umorismo.

#40 - Suppongo che ognuno di noi abbia qualcosa di particolare che non può sopportare. La proverbiale pagliuzza in grado di spezzare la schiena a un cammello. Questo tipo di viaggio è quella pagliuzza per Natacha. Non che io pensi che non lo sarebbe se avesse affrontato il viaggio con grinta, ma gli ultimi due anni sono stati difficili e complicati per lei. E poiché li ha affrontati con grande coraggio, calma e sincera convinzione nella definitiva ineccepibilità della nostra causa, tutto questo molto dice della sua capacità di sopportazione.

So di donne che possono resistere alle peggiori avversità, alle calamità più devastanti e che poi cedono per qualche piccolo inciampo, come viaggiare su una sola ruota, per esempio!

Mia madre, una delle donne più coraggiose che abbia mai conosciuto, è stata un esempio a questo riguardo.

#41 - Ho ricordato oggi, molto nitidamente, l'ora della morte di mio padre.

C'era qualcosa di molto vicino e bello, molto caro e intimo tra mia madre e mio padre. Penso che sia stato uno degli autentici amori di questo mondo, uno dei più solidi amori coniugali che sia mai stato mio privilegio vedere. In effetti, se ho qualche ideale riguardo al matrimonio e all'unico, grande e duraturo amore (e l'ho), lo devo a quel primo esempio dell'esistenza di una realtà del genere.

#42 - Se mi fosse stato detto in anticipo che mio padre sarebbe morto, avrei profetizzato che ciò avrebbe spezzato, ucciso, annientato mia madre. Avrei affermato che lei mai sarebbe sopravvissuta, non si sarebbe mai ripresa a causa della perdita.

---

83 Lunedì 10 Settembre 1923

Sarebbe stato il non sopportabile dolore devastante. Ma mio padre morì, e quando mancò mia madre si comportò come le donne spartane, senza lacrime e a schiena dritta. Dolore, ne provava, naturalmente. Ma nell'affrontare il suo dolore ho avuto la sensazione che fosse sostenuta da un qualcosa di profondo che nessun conosceva. Una qualche segreta e bella consapevolezza dell'esistenza di un legame tra lei e mio padre che nemmeno la morte aveva il potere di recidere. Loro erano ancora uniti - e lei lo sapeva.

Ci sono pochi matrimoni come quello. Due individualità si uniscono, pur restando separate, ma se hanno lo spirito giusto, mentre la loro vita scorre, si fondono, diventano una cosa sola e non sono mai più divisibili, anche quando la morte sembra farli a pezzi.

È stato, credo, questo spirito squisito, tenero e mistico che ha dato a mia madre la forza orgogliosa e bella che aveva quando la presenza terrena di mio padre scomparve. *Lei sapeva quello che sapeva.*

Il santo coraggio della donna mi si è stato rivelato, per la prima volta, in mia madre. Lo vidi inizialmente sul letto di morte di mio padre, così come vidi la sua parte in essa quando lei chiamò me e mio fratello Alberto al suo letto, lui voltò il viso, già pallido e fisso negli estremi lineamenti della morte, tenendo tra le mani un crocifisso, ci disse: "Ragazzi miei, amate vostra madre e soprattutto amate la vostra patria".

#43 - L'ho visto più tardi, all'emozionante funerale italiano, con le solenni bardature della carrozza funebre trainata da sei cavalli neri, il cocchiere nella sua uniforme da Caronte, argento e nera, i quattro amici più intimi di mio padre che camminavano accanto al carro funebre, tenendo nelle mani gli austeri cordoni neri che da quello pendevano. L'alta cattedrale! candele... i fiori arrangiati in simboliche composizioni... mia sorella che singhiozza sommessamente al mio fianco... mio fratello pallido e con le labbra serrate... anch'io singhiozzando, pur cercando di trattenermi... e, al centro di tutto quello... la figura pallida, fragile, silenziosa e impenetrabile di mia madre, che sopportava il suo dolore come un chierichetto sopporta gli obblighi dei suoi doveri sacramentali.

Più tardi, dopo che il funerale diventò parte di un importante passato, la ricordo inginocchiata davanti ai ceri dell'altare della cattedrale, non tanto in preghiera quanto in comunione con colui che l'aveva preceduta. Amandolo ancora. Continuando a provare quel senso di unione.

Per me l'amore non sarà mai cosa da poco con tali ricordi. Il mio cuore fanciullesco fu così, presto marchiato, sigillato, dalla tenacia dell'amore. Non lo dimenticherò mai. Mai mi sottrarrò all'effetto di quell'amore profondo e serio, tra l'uomo giusto e la donna giusta e viceversa.

Penso spesso che la tenacia che si è manifestata nei miei recenti processi, nei miei giorni di fame e privazioni a New York, mi sia stata infusa direttamente da quella piccola figura coraggiosa e valorosa di mia madre. Perché aveva imparato una dura lezione nell'aula del coraggio e della forza d'animo. Anche i suoi primi anni di vita furono una preparazione, poiché aveva vissuto i terrori e le privazioni dell'assedio di Parigi. Era la figlia di Pierre Filibert Barbin, che era un erudito medico parigino e si era innamorata di Giovanni Guglielmi, allora una figura affascinante della cavalleria italiana. Un capitano, appunto[84]. Lo sposò in piena marea di romanticismo, e lui la portò a vivere nella sua città natale[85], il piccolo villaggio di Castellaneta. Ma ci arriverò più avanti. Lì, proprio nel luogo della mia nascita e della mia infanzia, si affollano minuti ricordi che ora posso percepire come momenti del passato.

#44 - Dopotutto, ovunque noi si possa andare, per quanti altri luoghi siano associati a dolci o amari o avventurosi ricordi, il luogo della propria nascita è sempre il santuario verso il quale sempre si torna. Si torna indietro... e non si può andare oltre il luogo in cui si è visto per la prima volta il sole... destato al mondo dei suoni e dei sentimenti, grazie all'ascolto della voce di una madre gentile che ti canta la ninna nanna... io sto tornando...

Questa mia digressione è iniziata a causa della mia preoccupazione per Natacha. Temo che non sia così forte come pensavo fosse e che forse questo viaggio sarà troppo per lei. All'inizio avevo sperato (cercavo di credere) che il suo nervosismo fosse una condizione puramente femminile, un capriccio causato dalle scomodità, ma ora sento che avrei dovuto conoscere meglio Natacha prima di supporre che si sarebbe abbandonata a bizzarre fantasie. Mi curerò di lei con più attenzione da questo momento in poi.

Si conoscono mai le donne? Si imparano le vie dei loro cuori e si scopre che, dopo tutto, se ne è capita solo una parte. Credo che confesserò la mia ignoranza il che sarà, senza dubbio, l'inizio della mia vera conoscenza. L'ignoranza che così spesso si palesa, quando la riconosciamo...

---

84 Qui ci sono due clamorosi errori, il primo è che il padre di Gabrielle non era un medico parigino bensì un ingegnere specializzato in strutture ferroviarie e Giovanni Guglielmi non è mai stato capitano di cavalleria, certo è che per un certo periodo si occupò di meno nobili quadrupedi in quanto, avendo ottenuto grado di sottotenente veterinario di complemento d'artiglieria, si occupava della salute dei muli.

85 La città natale di Giovanni Guglielmi era Martina Franca e si trasferì a Castellaneta quando vinse il concorso quale veterinario comunale e direttore del civico mattatoio.

Ma per tornare indietro e riprendere la mia storia dove l'avevo lasciata ieri sera, a quel primo tavolo da pranzo italiano. Stavo per raccontare un avvenimento divertente che ci è accaduto laggiù.

Vedi, ero stato via dieci anni. Non sapevo se le sigarette fossero buone come una volta. Ed erano, pensai, molto buone, davvero. Da quando sono approdato a Cherbourg, ho capito quante cose americane siano superiori a quelle europee: le ragazze dei balletti di fila, le donne in "toto", il teatro, il cibo, ecc. Avevo chiaro il concetto di disillusione. Sono venuto preparato alla frustrazione. E questa filosofia del disinganno includeva le sigarette, che tanto fanno parte dei piccoli piaceri della mia vita quotidiana[86].

Bene, avevamo portato con noi delle sigarette. Quando ho varcato la frontiera, ovviamente, le ho dichiarate - e il dovere è qualcosa di spaventoso. Ho pagato 600 lire per 600 sigarette, una lira al pezzo. Al cambio di 24 lire per un dollaro, sarebbe come dire circa cinque centesimi l'una[87].

Certo il tabacco macedone venduto in Italia è meraviglioso. Il miglior tabacco in Francia è quello egiziano o del Maryland o della Virginia. Il Maryland è straordinariamente forte. Per le persone non abituate, tutto bene, ma ti soffoca. Molto forte. L'Italia però ha il suo meraviglioso tabacco turco. È un monopolio statale e, come per tutti i monopoli americani per gioielli e abiti, per fare un esempio, è tassato.

Ebbene, a pranzo ho ordinato delle sigarette italiane solo per curiosità, e quando ho iniziato a fumarle le ho trovate anche più buone di prima. Oh, molto meglio! Davvero molto meglio della mia sigaretta preferita che mi ero procurata così sconsideratamente e a caro prezzo per il mio consumo. Natacha si è divertita moltissimo a prendermi in giro sul fatto che le avessi portate con me in Italia.

Un altro incidente divertente si è verificato quando attraversammo la frontiera. Al confine la prima cosa che dovevo fare era far controllare il mio passaporto da un carabiniere, poi dalla Guardia di Dogana, che in Italia appartiene ad un reparto della Milizia Regolare. Quando il carabiniere ebbe dato un'occhiata alle mie carte, mi chiese in italiano da quanto tempo non fossi in Italia. Gli ho detto dieci anni. "Hai sposato un'americana..." disse con uno sguardo molto d'intesa, come se fosse abbastanza abituato e un po' divertito a quest'ordine delle cose, "hai fatto fortuna e ora torni a casa!"

---

86 Definire la passione per il fumo di Valentino "parte dei piccoli piaceri della vita quotidiana" è, perlomeno limitativo in quanto lui fumava quotidianamente circa 100 sigarette britanniche Abdulla fatte con tabacco egiziano che venivano acquistate direttamente nel negozio ufficiale in Bond Street a Londra.

87 Stando ai cambi attuali Valentino avrebbe pagato circa 390€ per portare le sue amatissime 600 sigarette dalla Francia all'Italia.

"No," dissi interrompendolo. "Non proprio come pensi, amico mio. Ho lavorato per i miei soldi."

Era gentile ma poco convinto. Natacha non era forse seduta accanto a me, splendidamente vestita, un'americana? Non ero stato via per dieci anni? Non stavo forse tornando in maniera in parte trionfante e lussuosa? Cos'altro aveva bisogno di sapere? Non aveva mai visto "questo genere di cose" prima?

Il mio nome non significava niente per lui, meno di niente. Un carabiniere campagnolo[88].

Non avrà mai visto le mie foto. Quasi nessuna delle mie immagini è stata diffusa in Italia. Lo sapevo da molto prima che arrivassi qui, la pubblicità per immagini è così sviluppata e diffusa in America, sì, e anche a Londra, tanto che sebbene ne fossi al corrente mi riusciva difficile credere che nemmeno un cenno avesse raggiunto l'Italia.

#45 - Sapevo, dalle lettere di mia sorella, che non aveva nemmeno visto "I quattro cavalieri dall'apocalisse", e ho deciso che quando raggiungerò Milano, provvederò a farglielo vedere. Anche lei deve avere un'idea approssimativa di quello che ho fatto e cosa significhi... per me, almeno. Le comunicazioni epistolari sono strumenti imperfetti per trasmettere questo particolare tipo di successi. Sono faccende che vanno viste per poter assere credute.

Tuttavia, il non essere riconosciuto non mi preoccupa molto. Al contrario, mi fa immensamente piacere che nessuno mi conosca. Perché, dopotutto, torno a casa per riposarmi e non per apparire. In questa, per me, strana situazione posso osservare meglio e non essere io l'osservato.

Bene, erano ormai le diciotto quando abbiamo finito con le formalità di frontiera. Il ritardo sulla tabella di marcia aumentava. Era ancora più tardi quando finimmo di cenare ed eravamo pronti per riprendere la nostra strada.

Eravamo abbastanza vicini a Genova; restavano solo 250 chilometri ancora da percorrere. Ma i 250 chilometri erano su una strada tortuosa

---

88 Un altro episodio di frontiera ci è raccontato da Natacha nel suo libro "RUDY An Intimate Portrait of Rudolph Valentino" dove a pagina 79 ci racconta che appena arrivati alla barriera doganale dei Balzi Rossi, a Ventimiglia, fu loro detto che l'ufficio doganale stava chiudendo per "pausa pranzo" e che loro avrebbero potuto espletare i controlli di frontiera solo dopo le 14, erano solo le 11:55. Finalmente, dopo una lunga attesa sotto il sole cocente della riviera, la barriera riaprì alle 14:15 e loro poterono procedere nel controllo passaporti e a pagare i noli doganali per le sigarette.

che serpeggiava lungo la costa[89]. Un tragitto di panorami mozzafiato, ma terribile da percorrere.

Si avvicina settembre[90]. L'estate sta morendo in una prolungata estasi di splendore. E lo scenario italiano sembrava quasi consapevole di questa splendida morte che, così magnificamente, si dispiegava davanti a noi.

La strada sembrava essere l'unico elemento del paesaggio ignaro della gloria della stagione. Sporco! Sporco! Sporco! Prima pensavamo di dover affrontare polvere e sporcizia, ma ora che siamo in Italia, ci rendiamo conto che eravamo solo degli ingenui.

#46 - Palate di terra si levavano dalla strada mentre noi si procedeva. Anche sassi! Il governo italiano, vedete, non ha soldi per mantenere le strade in buone condizioni dopo la guerra. La gente sul ciglio delle strade spacca i sassi. Quindi lanciano questi sassi frantumati sulle strade e lasciano che le automobili e i carri li sbriciolino e la pioggia li levighi e li riduca di dimensione. Nessun rullo a vapore. Un'economia ingegnosa - per il governo ma non così buona per gli sfortunati automobilisti, che forse non sono così bramosi di migliorare le strade del governo a spese dei loro pneumatici. Per non parlare dei loro volti, dei loro vestiti e dei loro nervi.

E quando aggiungi agli elementi di cui sopra, il fatto che la strada si snoda come tanti serpenti che si contorcono, provi uno stordimento totale, tale da poter spaventare anche i più ardimentosi automobilisti.

Quando finalmente arrivammo a Genova, era mezzanotte.

E qui a Genova, a mezzanotte, Natacha ha avuto un attacco di nervi. Tra la polvere, il rombo del motore, il senso di incombente, immediato pericolo, era distrutta. La tensione che l'aveva perseguitata era giunta al colmo. Un crollo. Era solo l'ultima goccia. Per questo ci siamo fermati un giorno in più.

Vedere Natacha così è stato uno shock anche per me. Perché non l'ho mai vista in questo stato prima. Singhiozzava e piangeva come una bambina, e non poteva essere calmata. Sono stato sveglio con lei per la maggior parte della notte, facendo tutto il possibile per rasserenarla. Verso l'alba si è addormentata e si è svegliata stamattina, più verso

---

89 Si tratta della moderna Strada Statale n.1 Via Aurelia, che collega Roma alla Francia e che ricalca l'antico percorso di un'antica strada consolare romana che, costeggiando il mar Tirreno e il mar Ligure, conduceva in Gallia collegando Roma ad Arles, in Provenza oltre Marsiglia.
90 Era già settembre inoltrato.

mezzogiorno che al mattino presto, si sentiva ravvivata e tranquilla e insisteva sul fatto che stava bene per proseguire il viaggio come avevamo programmato.

Poco dopo il pranzo, che ho insistito Natacha consumasse tranquilla in camera, siamo usciti e abbiamo visitato un po' Genova. Non tanto quanto avremmo potuto se Natacha non avesse avuto il collasso la sera prima. Malgrado ciò abbiamo trascorso circa un'ora gironzolando. Poi ho fatto riposare Natacha per una mezz'ora, dopodiché siamo partiti per il Collegio Agrario[91] dove avevo trascorso parte della mia giovinezza.

La maggior parte dei miei vecchi professori era via per le vacanze e non ho avuto l'opportunità di risvegliare ricordi come avrei potuto in un'altra stagione dell'anno. Ma il vecchio gentiluomo addetto al controllo del bestiame ai miei tempi era ancora lì... e ancora al comando. Era responsabile della "Suisserie", come chiamavamo le stalle dei (tori) purosangue. Luigi è il suo nome. Lo chiamavamo Gigi. E si è ricordato subito di me.

Gli ho detto che lavoravo nel cinema e ho scoperto che non sapeva nulla sia di me sia del cinema. Ma mi fece un complimento notando, con un tono sferzante me lo disse, che dai miei tempi i ragazzi che frequentavano l'istituto erano diventati "un branco di vigliacchi e di sciocchi" e che spesso diceva loro "se ci fosse Guglielmi, a mostrarti come si tratta un toro! Sapeva come trattarlo per bene e non ne ha mai avuto paura."

Ero piuttosto lusingato per questo suo complimento. C'è ancora abbastanza del fanciullino in me, tanto da farmi provare grande gioia, un senso di spavalderia grazie a questa particolare forma di lusinga.

È vero che ero, sono sempre stato e sono tuttora matto per il bestiame. Un giorno o l'altro... ma questa è un'altra storia!

#47 - Tuttavia, ed ecco qualcosa che penso Gigi non sapesse, avevo un altro motivo oltre al bestiame per gironzolare così vicino alle stalle come facevo ai tempi della scuola. E questo motivo non era un toro, ma una ragazza!

La cuoca della scuola aveva, ai miei tempi, una figlia molto carina. Almeno, pensavo fosse carina. A quella languida età, ero in grado di elevare poeticamente una lattaia a una Lorelia[92], con poco o nessun sforzo di immaginazione. Era per questo che mi aggiravo presso le stalle, sopra

---

91 Si trattava della "Regia Scuola Pratica di Agricoltura" fondata nel 1882 dal filantropo genovese Bernardo Marsano. La scuola è ancora oggi in funzione come istituto d'Istruzione Secondaria Superiore con il corso di Tecnico Agrario. L'Istituto di trova a Sant'Ilario, quartiere di Genova tra Nervi e Bogliasco.

92 Sicuramente l'autore si riferisce alla bellissima ondina del fiume Reno, Lorelei, che attirava a sé gli uomini col suo canto e con il suo aspetto, causando naufragi e sciagure.

le quali viveva la ragazza, anche se, come pretesto indubbiamente debole, fingevo d'interessarmi a un toro svizzero, razza molto pregiata e allevata dallo Stato. Lì la gente di campagna produce olio d'oliva, coltiva fiori e vende il latte munto dalle mucche di montagna, è un ottimo latte, in effetti. Queste sono le attività della campagna. Naturalmente, non possono permettersi di acquistare (tori) purosangue e così si avvalgono di quelli della scuola per fare incroci con le razze locali e ottenere una qualità migliore di bestiame. Ma per tornare alla ragazza... la prima fanciulla che ha infiammato la mia fantasia adolescenziale. Forse, per non screditare la senza dubbio affascinante signora, perché è stata la prima a incrociare il mio percorso amoroso da quando mi ero iscritto come studente alla Regia Accademia di Agraria. Inoltre, prima di allora, ero un po' troppo giovane per incontri romantici.

Anche se ho avuto una storia d'amore all'età di sei anni. Ma quel dolce episodio appartiene ai miei giorni di Castellaneta e sarà ricordato a tempo e luogo opportuno.

Ho fatto qualche accenno alla cuoca, e, molto casualmente, alla sua graziosa figlia, e ho scoperto che Gigi, a conti fatti, ne era a conoscenza. Sapeva proprio TUTTO su quanto a quel tempo successo. Così i giovani si illudono sempre vanamente della loro smisurata furbizia. Giocano con ingenuità, una specie di gioco dello struzzo e sono sempre stupiti quando vengono scoperti.

Gigi, infatti, non solo ricordava tutto della mia passione, ma, parlando con lui, era in grado di ricostruire molto di più del mio incidente giovanile di quanto potessi io. Mi ha ricordato di quella notte nella quale sono uscito dal dormitorio, sono entrato nell'aula studio, sono poi uscito dalla finestra alla luce di un'enorme lanterna e mi sono calato giù nell'atrio principale. Il grande portone era circondato da pilastri in pietra con delle scanalature orizzontali.

Ci ho messo i piedi nudi (tocco romantico!) come se fossero stati pioli di scale e ho camminato in punta di piedi verso la finestra del mio amore!

In una posizione piuttosto precaria sotto la finestra della mia Amarillide[93], gorgheggiai un'aria napoletana bassa e dolce, un sonetto d'amore, finché ella apparve al mio sguardo innamorato. Mentre Gigi parlava mi vedevo mentre cercavo di mantenere la mia posizione con la grazia sbarazzina che immaginavo richiedesse l'occasione, guardando in alto con grandi occhi di luna, canticchiando la mia lenta melodia.

Stavo andando alla grande, quando ho sentito un terribile frastuono provenire dalla stalla. Un rumore spaventoso e fragoroso, non riuscivo a immaginare cosa fosse, ma all'improvviso la porta della stalla si spalancò e... un giovane vitello corse fuori!

---

93 Citazione colta della Bucolica prima, Ecloga n.1 di Virgilio nella quale il famoso poeta racconta della bellezza di Amarillide cantata dal suo innamorato Titiro.

Io, ovviamente, gli corsi dietro, perché sapevo cosa sarebbe successo se se ne fosse andato libero. Anche allora l'agricoltura possedeva il mio amore. Non potevo pensare che, trascorsi molti anni, sarei stato ancora così appassionato. Quindi cosa farei oggi se dovessi scegliere tra la signora delle mie emozioni e un vitello!

Ma quella notte sono caduto dal mio sostegno e gli ho dato la caccia a piedi nudi. Mi sono trovato i piedi sanguinanti, ma ho preso il vitello farabutto e l'ho rinchiuso di nuovo nella stalla, da dove era uscito in un momento non opportuno...

A questo punto i miei ardori romantici erano, in qualche modo, raffreddati. Tornai di corsa al dormitorio guardandomi alle spalle e riuscii a tornare nel mio letto. E ricordo anche che mi addormentai subito per sognare... non la fanciulla frettolosamente abbandonata ma orde di vitelli, tutti inseguiti da un Lotario[94] malato d'amore coi piedi nudi e sanguinanti.

Mi sono svegliato il giorno dopo con il desiderio di rimediare al mio fallimento della notte prima. Alla prima occasione mi arrampicai su di un albero sotto la finestra della mia disiata e rimasi lì a braccia conserte, impensierito, guardando in alto... All'improvviso udii una voce burbera che mi diceva: "Cosa ci fai lì?"

Era uno dei professori!

Dopodiché potevo andare nelle stalle solo una volta alla settimana. E alla cuoca fu richiesto di dire alla figlia di tenere ben chiusa la finestra e di non osare di uscire, altrimenti ci sarebbero state delle grane. Ho trovato una soluzione a tutto questo. Sopra alla mangiatoia, alla quale era attaccato il famoso toro, c'era una finestrella con una grata di ferro. Entravo di lato per evitare le corna del toro e cercavo di farmelo amico con dei bocconcini da mangiucchiare. Dopo averlo fatto sgranocchiare e guardare dall'altra parte, saltavo sul davanzale della finestra, mi accovacciavo lì, leggermente scomoda come posizione, ma niente di più, e parlavo per tutto il pomeriggio. Parlavo con la mia Elisa[95], che, ben ricordo, era il suo nome. Era una ragazza minuta, ma in quel momento mi sembrava incarnasse tutta la poetica bellezza della donna di cui fino a quel momento avevo solo vagheggiato e letto.

Dopo quell'episodio, posso anche aggiungere. Ero costantemente e sempre innamorato, alla maniera della mia gente. L'Italia è la vera terra dell'amore, dove ogni zefiro è una carezza e ogni tono cromatico del mare

---

94 Lotario è un personaggio del romanzo di Nicholas Rowe *The Fair Penitent*, il termine Lotario ha assunto, dal 1750 circa, il significato di "seduttore" ovvero di "donnaiolo di successo".

95 Stando a un'intervista, pubblicata il 10 marzo del 1959 su La Stampa di Torino, il nome della figlia della cuoca era Felicita e non Elisa. Felicita, per ammissione generale, era la più bella delle tre figlie della cuoca, Caterina Marsano sposata Sessarego, ed era descritta: alta, bruna con un vitino sottile e un volto che ispirava serenità e fiducia.

e della terra la raffigurazione simbolica dei capelli di un'adorabile donna o delle gemme dei suoi occhi.

È di una certa soddisfazione per me, guardando indietro e ricordando in quale fase della mia vita mi trovassi quando ero malato d'amore, quell'età quando l'infermità d'amore contagia ogni giovane. Direi che vale la pena ricordare che ho davvero ottenuto un certo successo nella scuola di agricoltura e mi sono diplomato con il massimo dei voti consentiti dal mio grado scolastico. Questo significava così tanto per mia madre! E significava, se possibile, anche di più per me, perché non avevo ottenuto quei risultati nei miei precedenti sforzi educativi[96].

Luigi ed io abbiamo parlato senza sosta. Ho chiesto anche di questo e quel compagno di classe, ottenendo come succede, una varietà di storie, alcune felici e con grandi risultati, alcune amare e deludenti, una morte o due, alcune tragedie che molto mi hanno rattristato, così come abbiamo ricordato la spensieratezza, le ambizioni di ragazzi gioiosi come si è a quell'età, nonostante ci credessimo così maturi. Così tanto uomini! Ma anche tanto, uomini di mondo!

#48 - Riguardo a Elisa e alla sua mirabile madre, la cuoca, Luigi mi ha detto che lei è ancora lì, anche se in quel momento era in vacanza, senza dubbio una sacrosanta pausa. Ben meritata, certo, se i ragazzi di oggi mangiano squisitezze come i ragazzi dei miei tempi.

Quanto a Elisa, ho saputo che è sposata con uno dei suoi compaesani[97], ha due figli, e Luigi mi ha detto che ora è una matrona incline al paffutello e che non ricorda in alcun modo la ragazza magra e dagli occhi sognanti che mi ha causato tante palpitazioni in gioventù!

Vale, Elisa! Hai fatto per me più di quanto tu e io potessimo immaginare a quel tempo. Ti auguro ogni bene sin qui tu sei un ricordo, giovane e profumato. Il vederti ora distruggerebbe uno dei miei più delicati e

---

96 Gabriella cercava sempre di stimolare Rodolfo allo studio e non perdeva occasione per aggiornarlo sui successi scolastici e non solo, di suoi cugini; in una lettera inviata a Rodolfo il 20 giugno 1917, gli comunica che suo cugino Giulio Galeone era stato nominato sottotenente mentre la cugina "*Anna Guglielmi mi ha mandato un annuncio della sua laurea in Scienze Naturali. Amalia si è laureata in Matematica. Che grandi posizioni!! Invia loro le tue congratulazioni.*" Amalia era due anni più grande di Rodolfo mentre Anna era nata nel 1894, Rodolfo fu ospite dei Guglielmi, residenti a Torino, per le vacanze natalizie del 1911. Anna e Amalia Guglielmi erano zie paterne di Chicca Guglielmi Morone, promotrice del premio letterario *"Rodolfo Valentino – Sogni ad occhi aperti"*.

97 Felicita aveva sposato il ferroviere torinese Luigi Giudice che si era trasferito a Genova per stare vicino a sua madre, maestra elementare a Sant'Ilario. Felicita e Luigi ebbero una figlia, Lucia Clara, che divenne un'ottima pianista che interpretò, tra l'altro, due film "Mater dolorosa" e "L'angelo bianco".

preziosi ricordi, quelli che rendono la giovinezza il periodo della vita delicato e prezioso che dovrebbe essere.

Non so per quanto tempo io e Luigi risvegliammo ricordi lì, sul familiare piazzale del collegio.

Dopo aver superato il passato, gli ho raccontato tutto quello che stavo facendo, le mie lotte, i miei successi e le mie speranze per il futuro, e ho trovato nel caro uomo, uno degli ascoltatori più interessati con i quali abbia mai parlato. Mi ha fatto rendere conto di molto di più di quanto non avessi saputo sino ad allora, ero, davvero, tornato a casa.

Senza dubbio, non era molto interessante per Natacha e zia, considerando il fatto che non riuscivano a capire una parola del dialetto di Gigi. E il freddo della notte italiana che arrivava rapido, quasi le gelava.[98]

Penso che dovrò alzarmi presto domattina per finire di registrare questi ricordi. Non posso tenere sveglia Natacha con i miei scarabocchi, mi vengono in mente così tante cose da dire che potrei continuare all'infinito. Di più alle prime luci dell'alba, quando mi alzerò in silenzio e mi siederò col sole d'oro d'Italia che sorge e scriverò...

Genova, 25 agosto[99]

Ogni giorno si volta una pagina nuova con sempre la possibilità di trovare il dominio di qualche novità, qualche rarità, qualcosa di bello.

O, forse, qualcosa di terrificante. Ma allora? La mia filosofia: ho sempre cercato di contare su me stesso e di vivere secondo il principio di non temere nulla nella vita, di accettare tutte le cose che fanno parte del vivere. Se non soffriamo, se non conosciamo mai il dolore del corpo, il tormento del cuore, della mente e dell'anima, se non abbiamo mai pianto su di una bara o mai lanciato sospiri amari per una speranza perduta, allora non abbiamo mai vissuto davvero. Abbiamo semplicemente giocato per tutta la vita. Ne abbiamo fatto un carnevale perpetuo. Non

---

98 Luigi si ricorda anche della generosità di Rodolfo, come riportato in un'intervista a lui fatta da Ermanno D'Ercole e pubblicata sul numero 290 de la NUOVA STAMPA SERA (Torino) - Venerdì 8 - Sabato 9 Dicembre 1950:

"Andiamo a prendere un caffè, Luigino. Il Direttore ormai non dice più niente...

Ma Luigino era vestito di stracci per la campagna e non si sentiva di andare con quello splendido giovane signore nei locali dove la gente si sarebbe accalcata per vederlo. Rispose come si risponde all'amico che si incontra al mercato o in treno:

- *Grazie sarà per un'altra volta."*

Allora Rodolfo gli infilò in tasca un biglietto da cinquecento lire. (Valore al 2022 $641.80)

-*Lo berrai da solo — disse, e partì".*

99 Martedì 11 settembre 1923

abbiamo mai lacerato le maschere variopinte e guardato le facce tese e pietose che dietro a esse si nascondono.

#49 - Credo nell'accettare la sofferenza come parte integrante del vivere. Come scheggia, anche necessaria, di questo viaggio attraverso il vasto territorio della vita.

Se mai diventerò l'artista che spero, non lo dovrò tanto alle mie ore di canto e danza, quanto alle molte, tante ore in cui sono stato seduto da solo, senza amici, senza speranza, famelico nello spirito come Dio ben sa, quanto affamato nel corpo.

#50 - Credo che ogni nuvola sia coperta d'argento. Ma dobbiamo prima vedere la nuvola di piombo, calante, per poter essere più gioiosamente abbagliati dall'argento splendente che sotto di essa si nasconde.
Se potessimo renderci tutti conto e comprendere davvero la sofferenza come non un qualcosa a parte, una situazione da evitare e da cui fuggire come un evento a sé stante, una piaga pestilenziale, potremmo non solo sopportare il dolore più stoicamente, ma ci evolveremmo in modo naturale sia mentalmente sia spiritualmente.
La vita è una grande fatica. Come i fiori che si fanno strada valorosamente nella terra opprimente, spesso rovinati, spesso, oso dire, disperati, per raggiungere finalmente la perfezione e la dolcezza sotto il sole di giorno e la luna d'argento di notte, così la maggior parte degli umani che si danno da fare e battono diverse vie nelle loro ore buie e monotone prima che possano raggiungere la loro maturazione all'ultimo momento...

Filosofeggio al mattino...
Forse dovrei attenermi alla massima: "Dai il mattino alla meditazione, dai la notte alla gioia"!
Per tornare al racconto...

Sulla via del ritorno dalla Scuola di Agraria, che lasciai con gli occhi umidi, e con la promessa di tornare un giorno quando i professori e alcuni dei nuovi alunni saranno presenti, ci siamo messi in cammino. Natacha disse: "Ti sei divertito moltissimo, vero, Rudy?"
Ho riso e ho detto che solo in momenti come quelli che avevo appena vissuto, si poteva tornare all'infanzia. Rievocare un evento nel luogo in cui è avvenuto è cosa buona per la mente che lo immagina quasi quanto il riviverlo veramente.
Meglio, forse, tornando al passato, gettare un filo di luce su situazioni che erano oscure, forse non così fulgenti quando accaddero. Il

guardare indietro è privo dei timori e del senso di inadeguatezza che si prova quando, per forza di cose, si deve guardare avanti. Il passato ci è noto. Non nasconde ulteriori ansie. Ha fatto del suo meglio, o del suo peggio. Ma qualunque esso sia, è comunque passato. Ma il futuro... ah, quello è davvero un Pozzo Senza Fondo che solo un filosofico ponte come quello che ho timidamente abbozzato può rendere sopportabile.

Sulla via del ritorno suggerii, ottimisticamente, come facevo capire, di fermarci al Lido d'Albaro per un po' di cena.

Mentre attraversavamo la cittadina, cos'altro avrei potuto vedere se non un annuncio pubblicitario del film *The Conquering Power* che qui è intitolato *La commedia umana*. Come si sa *La commedia umana* è il titolo di una serie di racconti di Balzac da uno dei quali, *Eugenie Grandet*, è stato tratto il film *The Conquering Power*. Ma nella mente del pubblico non c'è alcun collegamento tra i due, e quando chiedevo in giro se avessero visto *The Conquering Power*, invariabilmente rispondevano di no.

#51 - Come ulteriore esempio del traballante regime cinematografico in questa parte dell'Italia, quando siamo passati davanti alla più pretenziosa sala cinematografica d'Italia, abbiamo visto la seguente pubblicità: "Per la prima volta in Italia: "Joan the Woman". Il film con Geraldine Farrar [100].

Poi, da un'altra parte, in un cinematografo meno pretenzioso, vedemmo una pubblicità di Bill Hart[101] in qualcosa che doveva aver fatto Dio sa quanto tempo fa!

Penso si trattasse di un film della Triangle[102]. E queste erano sale di prima visione.

E ho detto a me stesso, tranquillamente ma con grande enfasi interiore, "Tra dieci anni sarò popolare in Italia, *forse, MA per adesso non mi conoscono.*"

---

100 Giovanna d'Arco (Joan the Woman) è un film del 1916 diretto da Cecil B. DeMille. Un soldato francese sogna la storia di Giovanna d'Arco mentre si trova al fronte durante la Prima Guerra Mondiale. La parte centrale del film ricostruisce la vicenda della Pulzella, incorniciata da un prologo e un epilogo ambientato ai tempi della Grande Guerra. Geraldine Farrar (Melmose, 28 febbraio 1882 – Ridgefield, 11 marzo 1967) è stata un soprano e attrice statunitense. Ebbe un largo seguito fra le sua giovanissime ammiratrici che erano dette "Gerry-flappers". Si può ben dire che le "prime" visioni di film americani arrivavano in Italia senza fretta.
101 Bill Hart, meglio noto come William S. Hart fu il più famoso interprete di film western del cinema muto. "Westerner" solitario che arrotolava sigarette con una sola mano e accendeva cerini con le dita, un vero antesignano di John Wayne.
102 La "Triangle Film Corporation" era un importante studio cinematografico americano, fondato nel luglio 1915 a Culver City, in California, e chiuso 7 anni dopo nel 1922. Quindi non si trattava certo di un film di prima visione.

Questo era certo. Per chi andava in giro tra cinematografi di prima e seconda visione, io ero ancora com'ero quando ho lasciato l'Italia, sconosciuto ai film quanto i film erano sconosciuti e inattesi da me.
E così siamo tornati al nostro albergo.

Milano, 28 agosto [103]

Ah, ora credo che dovrei stare qui seduto per tante settimane quante probabilmente saranno le ore che impiegherò per registrare tutto quello che ci è successo.

Il viaggio a Milano con i suoi ritardi e complicazioni!

L'incontro con mia sorella, le effusioni! Le lacrime di gioia! I ricordi che racconterò più avanti nella debita sequenza degli eventi, come un narratore coscienzioso ed esperto. La grande emozione di rivedere una persona cara... dopo tanti anni!

#52 - Sono stato colto dalle profonde emozioni che si presentano, quando a volte si può dubitare di quanto possano essere intense, dopo tutto, anche se il tempo e gli oceani si mettono di mezzo, il sangue non è acqua!

Avevo telegrafato a Milano, perché mia sorella mi aspettava a inizio settimana, comunicandole che saremmo arrivati in ritardo.

Ma il servizio telegrafico in Italia è il peggiore che il mondo abbia mai visto, e credo, nell'interesse di tutti i viaggiatori e dei messaggi in arrivo, sia il peggiore che il mondo possa mai vedere.

Oggi invii, ad esempio, un telegramma. Sei fortunato, più che fortunato, sei benedetto dagli Dei se il telegramma arriva a destinazione in ventiquattro ore.

Ne ho mandato uno a mia sorella, e poi, sapendo di come vanno queste cose, ne ho mandato un altro, e poi un altro ancora. Il secondo invio è stato ricevuto prima del primo, ma troppo tardi per servire a qualcosa.

Il mio valletto, che avevo mandato avanti, era già in albergo con mia sorella. Non avevano ancora saputo del ritardo, e stettero lì ad aspettarci dalle undici del mattino fino alle dieci di sera.

#53 - Probabilmente non c'è patimento peggiore per la razza umana del soffrire per una lunga attesa. Soprattutto quando aspetti qualcuno per lungo tempo e molto sospirato, una persona che vuoi davvero incontrare. Ogni minuto dura un'ora. Ogni ora un giorno. Ogni giorno una piccola eternità.

---

[103] 14 settembre 1923

Le apprensioni rendono irritanti le ore che non passano mai. Che sia successo questo, o quest'altro.. o quello... quando l'attesa è al suo acme, chi aspetta, crede che la persona desiderata sia morta e sepolta, e si sente già avvolto dagli austeri abiti del lutto.

Intanto, ovviamente, eravamo in viaggio da Genova a Milano.
Pioveva a dirotto, con grigia ostinazione, e non siamo riusciti a fare in fretta.
Quando arrivarono le nove e mezzo o le dieci, la mia povera sorella confusa non sapeva cosa diavolo fare.
A quel punto immaginava i peggiori accidenti. Non poteva sopportare di starsene lì immobile. Seduta con le mani giunte, il cuore che batteva per l'impazienza e la paura, un istante di troppo.

#54 - Come ho detto e come tutti ben sanno, gli italiani sono emotivi. Si possono immaginare i più catastrofici eventi quando accade qualcosa che inneschi la loro apprensione .

Mia sorella faceva di tutto per controllare l'ansia che sentiva crescere dentro di sé.

Era così nervosa che il fare nulla alla fine le divenne insopportabile e ha detto: "Vado a Genova a vedere cosa è successo!"
Ha saputo che un treno sarebbe partito in venti minuti e su quel treno è saltata ed è andata a Genova.

Arrivò lì due ore dopo, ancora agitata per le apprensioni.
In quel momento eravamo a Milano.
Alla fine l'ho raggiunta con una telefonata interurbana e le ho detto dove eravamo, cosa ci era successo, come ero riuscito a contattarla e che, per farla breve, eravamo sani e salvi e in buona salute, che soffrivamo solo per la delusione di non averla raggiunta a tempo debito.
La poveretta il mattino dopo prese un treno delle sei, arrivando a Milano alle dieci.

#55 - Stavamo facendo colazione quando bussò alla porta.
Ah, beh, non abbiamo detto niente!
Dopotutto, in quel momento, cosa c'è da dire? Appaiono parole, ma sono biascicate, svuotate di significato, cose dette e ridette come spesso si fa nelle situazioni più banali.
Ma ognuno sapeva come si sentiva l'altro, e questo, dopo tutto, è quello che conta.

Ci siamo subito abbracciati e poi ci siamo abbracciati di nuovo. Piangevamo e anche tutti gli altri piangevano. Era un po' come il giorno in cui ho attraversato la frontiera. Erano emozioni simili. Perché, ancora una volta, avevo varcato una barriera. Un limite di tipo diverso, ma comunque un confine. La frontiera dell'emozione umana. La parte estrema di una relazione rimasta in sospeso.

#56 - Qualsiasi uomo, o qualsiasi donna, che sia stato a lungo lontano da qualcuno molto prossimo e molto caro nell'infanzia, sa certamente quello che provavo.

C'è qualcosa nei legami della prima infanzia che toccano le corde del cuore come nessuna altra relazione ha il potere di fare. Perché non è solo la persona, ma anche l'intero scenario dei giorni condivisi in famiglia che si riaffacciano per confortarci.
Ho visto non solo la mia cara sorella, Maria, ma tutte le nostre scene infantili, scherzi e lazzi, baruffe e trucchi.

#57 - Ho visto Maria e mio fratello; ho visto la casa dove giocavamo, e ho rivisto mia madre e mio padre, era indubbiamente un ritorno alla mia infanzia. Quell'infanzia che nessuno ha condiviso con me così completamente come questa cara Maria.

C'erano una volta quattro bambini nella casa di mio padre[104]; ma fu con Maria che cospiravo e con la quale ero correo, andavo di marachella in birbanteria e generalmente la coinvolgevo il tutte le mie imprese.

#58 - Pensavo allora di essere un valoroso condottiero e Maria la mia schiava zelante e sottomessa. Ma con il discernimento degli anni, guardando indietro, mi viene il forte dubbio che fosse Maria a governare e io a essere il sottomesso.
Per esempio, l'episodio che mi è venuto in mente più chiaramente è stato quando volevo iniziare Maria all'incanto di fumare la pipa di pannocchia. Mi credevo molto grande e adulto, almeno al pari di Alberto o di uno qualsiasi degli altri ragazzi più grandi. E mi sforzavo alla grande di impressionare Maria con la mia eccezionalità.
Non ci riuscivo molto bene, lei disdegnava del tutto le mie manovre di avvicinamento alle pipe di granturco. E, anche quando ero riuscito a risparmiare cinque centesimi e avevo comprato delle sigarette Virginia da

---

104 Nella realtà i bambini erano tre in quanto la prima figlia di Giovanni e Gabriella, Grazia Beatrice, nata il primo giugno 1890 morì il 14 agosto 1891 e mai ebbe modo di interagire coi fratelli in quanto Alberto nacque a Roma il 7 aprile 1892, Rodolfo il 6 maggio 1895 e Maria il primo di settembre del 1897.

fumare splendidamente davanti a lei nei recessi oscuri e remoti della stalla, anche allora mancai d'impressionarla come desideravo così ardentemente di fare.

Se un maschio non riesce ad affascinare una donna con la sua abilità, si spingerà fino all'estremo, per quanto disperato, pur di ottenere risultati. Credo davvero che non ci sia stimolo per un uomo più potente come il desiderio di lasciare una specialissima esponente del sesso opposto del tutto senza parole per lo stupore e l'ammirazione a lui rivolti.

Gli uomini lo lodano e l'encomio è caldo e piacevole. Ma il pubblico più ambito di un uomo è una donna. La di lei approvazione, la definitiva corona d'alloro.

E così per me, da ragazzo, Maria era il pubblico che mi sforzavo di sedurre. Era tale il mio desiderio di apparire grande davanti a lei tanto che mi spinse a uno dei miei più famosi trucchi.

Avendo fallito con le pipe di granturco e le sigarette Virginia acquistate a caro prezzo, pensai così a una mossa audace.

A titolo di spiegazione preliminare, devo ricordare che lo studio di mio padre era un luogo sacro e inviolabile. Mia madre aveva presto instillato in tutti noi un sacro rispetto e un timore reverenziale verso quell'ambiente.

Lo studio di mio padre doveva essere rispettato e nessun piede profano poteva entrare liberamente al suo interno.

In questo studio, visitato solo in occasioni formali, c'era, tra gli altri oggetti insoliti, una pipa dal gambo lungo e dall'aspetto imponente. Una tale pipa, sicuramente che solo un uomo con indiscussa autorità, avrebbe potuto fumare. Fumare quella pipa, con noncuranza e pacatezza, inalare prodigiose boccate di fumo denso, espellendolo lentamente come avevo visto fare a mio padre, non senza grande rispetto, quella, con molta ampollosità, con assoluta certezza, sarebbe stata un'impresa che avrebbe portato l'irriducibile Maria a inchinarsi umilmente ai miei regali piedi.

Solo allora, certamente, avrei affermato il mio dominio, il mio diritto alla fedeltà, al rispetto e persino al servilismo. Sarei diventato, di colpo, il dominatore del mio piccolo seguito.

Ho tramato con astuzia e anche, lo ammetto ora, con notevoli cautele e timori. Beh, sapevo quale sarebbe stata la mia sorte se fossi stato scoperto in questa doppia marachella! Ma il pensiero delizioso della capitolazione di Maria era più forte della mia paura delle conseguenze. Se fossi dovuto passare davanti ai draghi più orribili delle fiabe italiane, credo che l'avrei fatto grazie al mio potente desiderio.

Ho detto a Maria cosa stavo per fare.

Non mi ha creduto. Mi ha anche deriso un po', come volesse dirmi che mai avrei osato!

Scocca la scintilla!

Aspettai il giorno in cui mio padre avrebbe dovuto uscire e mia madre sarebbe stata occupata al sicuro in un'altra parte della casa.

Venne quel giorno e, trascinandomi dietro la riluttante Maria, entrai nello studio.

Là, come volesse davvero tentarmi, era posata la lunga e maligna pipa sul tavolo dello studio di mio padre.

L'ho presa, era pronta per essere accesa, l'ho infiammata e mi sono accomodato sulla sedia accanto al tavolo, nella più appropriata posa virile.

Tutto stava andando come avevo sognato e pianificato. Inspirai vigorose boccate di fumo che espellevo, socchiudendo gli occhi, come se questo piccolo atto fosse solo un qualcosa per me abituale in una giornata normale. Ebbi il piacere trasfigurante di rendermi conto che gli occhi di Maria erano puntati su di me mentre, intensamente, seppur a malincuore mi manifestava una lenta ma crescente ammirazione.

Ho iniziato a fantasticare varie piccole tirannie che avrei messo in atto nell'istante in cui avrei dovuto lasciare questa stanza... quando... tutto subito... Natacha mi dice che riceviamo una telefonata...

Milano, 1 settembre [105]

Rileggendo le ultime parole annotate nel mio diario, mi ritrovo, a raccontare allegramente di uno scherzo d'infanzia, condiviso, com'era consolidata consuetudine infantile, con mia sorella Maria

Ho assunto una posa pomposa, fumando la pipa proibita di mio padre cercando di sembrare davvero un uomo di mondo.

Maria mi stava osservando, una curiosa luce d'interesse e rispetto le spuntava dagli occhi. Io che avevo lottato così fortemente, così tante volte invano, per ottenere proprio quello sguardo!

E poi... e poi... un pallore orribile ha cominciato a diffondersi sul mio volto. Il mio stomaco, quell'organo infido del più valoroso apparato, cominciò a tradirmi. Sapevo che ancora una volta un destino beffardo stava per condurmi alla rovina. Ho visto gli occhi di Maria vacillare e lasciare il mio viso con quel piccolo sguardo di superiorità mista a disprezzo e compassione che diceva: "Oh, non ce la fai, dopo tutto, vero?" e altrettanto miserabilmente, ho proceduto con cura a riporre la pipa sulla scrivania, ho sentito, piuttosto che visti, i severi occhi neri di mio padre che mi fissavano dalla porta.

Tentai di apparire disinvolto, inclinando piacevolmente la testa e cercando di proferire qualche parola a caso. Quello che sono riuscito a

---

[105] 15 settembre

dire è stato: "Non credo di sentirmi molto bene. Io..." Ma non avrei dovuto preoccuparmi, perché l'occhio clinico, di mio padre, aveva già diagnosticato il mio misfatto e la condizione che ne risultava. Anche se la mia faccia non mi aveva tradito, la pipa maledetta continuava a emettere rivelatrici ghirlande di fumo che si arricciavano fino al soffitto in quelle che mi sembravano le spirali più gigantesche che mai avessi visto.

Bene, inutile che io vada troppo avanti. Ne ho quanto mi basta. Invece di essere l'eroe in "faccende complicate", come si dice nei film, sono diventato la figura centrale di una commedia molto patetica. Una farsa per tutti meno che per me. Ma è bastato a salvarmi dal fustino del cui servizio avrei dovuto essere il legittimo destinatario. Mio padre ritenne che le mie miserabili contorsioni fossero una punizione sufficiente, e senza dubbio sentiva che la sua pipa era al sicuro da me da quel momento in poi. Aveva perfettamente ragione!

Ho abbandonato il fumo con un "grande gesto" per qualche anno a venire!

Mi sono consolato ricordando che Maria, in fin dei conti, era solo mia sorella, e che l'occasione per distinguermi si sarebbe senz'altro presentata quando avessi avuto un pubblico più vivace e riconoscente.

Ma le mie ciarlatanerie giovanili non hanno mai avuto molto successo. Piuttosto, mettendo il carro davanti ai buoi, mostravo quanto spesso inadeguato apparissi agli occhi di Elisa, la figlia della cuoca, al Collegio Agrario. Con i vitelli che scappavano dalla stalla, nascosto nelle mangiatoie per proclamare meglio il mio amore, e cose simili! E quando, a sei anni, il mio primo amore mi è entrato nel cuore e nella vita, non me la sono cavata molto meglio.

Il nome di questa fiera incantatrice lo ricordo molto bene. Era una tale musica per le labbra infantili che da allora facevo risuonare in una melodia sottile, debole e dolce e lontana. Teolinda! Teolinda[106]! Quale più ardente nome per insegnare all'uomo in erba l'intera partitura musicale dell'amore!

Teolinda era più grande di me. Ho sempre avuto una predilezione per le donne più grandi. Aveva nove anni quando io ne avevo sei. Ed era scolpita in incantevole avorio, con lunghi capelli neri fluenti e occhi adeguati. Teolinda aveva una sorella brutta quanto lei era bella. Ed erano sempre e immancabilmente insieme.

All'inizio del mio amore per Teolinda, ero un timido cignetto, contento di vivere il mio amore da lontano, semplicemente posando i miei gli occhi sul volto della bella.

---

106 In realtà il nome corretto del primissimo amore di Rodolfo era Teodolinda, stando a quanto lui stesso disse, più volte.

Ma il tempo logora la pazienza dei sei anni con sorprendente rapidità. E dunque venne il momento in cui desiderai contattare il mio amore, di parlarle.

Ho cominciato a tenere sottocchio la casa di Teolinda. Un giorno, dopo diversi appostamenti, rimasi incantato nel vedere la mia Amarillide che si avvicinava timidamente a me dalla soglia di casa. Io pronunciai sfacciatamente e un po' troppo forte, il suo magico nome. Lei mi lanciò un'occhiata spaventata, si voltò di scatto, si precipitò su per i gradini e, prima che io me ne rendessi conto, la brutta sorella si era avventata su di me e mi aveva coperto di botte e graffi tanto da allontanare il mio bambinesco amore da me.

Sono scappato via, ferito e disilluso. Decisi "basta con l'amore"! Avevo chiuso con le donne! Avrei frequentato una compagnia più soddisfacente e della mia stessa specie, del mio stesso sesso!

Tutte queste cose e molte altre mi tornarono in mente in quei primi momenti con Maria.

Siamo andati avanti a lungo con dei "Ti ricordi questo?" e "Oh, te lo ricordi?" Di tanto in tanto le lacrime pronte sgorgavano, al ricordo di una birichinata condivisa.

Da quando mia madre è morta, Maria ha vissuto molte situazioni difficili. È rimasta completamente sola alla morte della mamma. Mio fratello è sposato e vive lontano da lei e con parenti come quelli che abbiamo in Italia ci sono pochi rapporti e non particolarmente graditi a Maria.

#59 - Maria era in Francia quando scoppiò la guerra. Mia madre era andata in Francia per motivi di salute e aveva portato con sé Maria. Tre anni dopo morì e mia sorella, che all'epoca aveva solo vent'anni, rimase lì sola, con tutto da sbrigare[107].

Tutta quella solitudine e quei guai l'avevano cambiata moltissimo. Era una ragazzina quando l'ho lasciata e l'ho trovata una giovane donna seria con una luce velata nei suoi occhi scuri.

Maria, Natacha e io finalmente ci siamo accontentati di una lunga chiacchierata, riguardante i piani per il futuro di Maria. Decidemmo che doveva andare a Nizza, dai coniugi Hudnut, e riposare almeno per un anno. Mentre sarà da loro, risalirà la china per un altro cambiamento. Non è molto forte di costituzione e le ho detto fermamente che non deve pensare di lavorare di nuovo, almeno per un anno.

Ha ricoperto il ruolo di segretaria generale in una grande azienda di produttori di seta e cotone, ed era una posizione di fiducia, responsabilità

---

107 In realtà Maria non era completamente sola in quanto a Saint Vit, non lontano da Besançon, vivevano i cugini Tranchart.

e duro lavoro per una ragazza di ventiquattro anni. È una gran lavoratrice, e con questo e il clima umidiccio, la sua salute ha sofferto terribilmente. Adesso che sono in grado di aiutarla, vedrò di rimetterla in piedi, per così dire, prima che si impegni a fare di nuovo qualsiasi cosa.

Mi ha detto che vuole fare qualcosa, che detestava essere oziosa, e in questo ero d'accordo con lei. È molto simile alle ragazze americane nel suo desiderio di fare qualcosa, qualcosa per conto suo. Per quanto possa metterla a suo agio, non si sentirebbe come se lo stesse facendo per se stessa. Con il suo proprio impegno. Una ragazza è come un uomo sotto questo aspetto, al giorno d'oggi. Comunque lei lavora da sei anni, non si accontenterebbe mai di stare lì a oziare. Natacha e io le abbiamo detto di meditare su tutto questo durante il prossimo anno di ozio e riposo, e di decidere cosa le sarebbe piaciuto di più fare per essere indipendente e impegnata. Allora voglio che faccia affidamento su se stessa. Voglio che sia autosufficiente. Credo che questo valga per le donne. Proprio come credo per gli uomini. Ma la prima cosa che deve fare è rimettersi in forma. Si lavora su fondamenta traballanti quando si lavora con un corpo indebolito. Non c'è niente da guadagnare.

Ci sono tante cose che Maria può fare: fa i ricami più belli di tutti i tipi. Anche maglieria ai ferri. Pizzi. Filets all'uncinetto. In Francia era tutto ciò che doveva fare, e lo faceva al meglio, certamente.

Ha imparato la stenografia e la dattilografia da sola. Ha studiato il violino allo stesso tempo. La stenografia le fu molto utile perché dopo sei mesi ha ottenuto la posizione di segretaria privata del proprietario di questa grande azienda industriale e, dopo un anno, promossa a segretaria generale. Il proprietario andava poco in ufficio. Tutte le responsabilità gravavano sulle sue spalle.

Con così tante capacità e occupazioni tra cui scegliere, le dissi che pensavo che dovesse concentrarsi su qualcuna di esse, quella che le sarebbe piaciuto di più fare, quella che le avrebbe portato, allo stesso tempo, il denaro e il massimo piacere nella vita.

Alla fine abbiamo concluso la conversazione con la decisione per Maria di rimanere un anno con gli Hudnut, riposarsi e stare in vacanza e, alla fine di quel periodo, l'avrei aiutata, se necessario, a intraprendere il tipo di lavoro che lei avrà scelto.

Certo, mi ha fatto ogni genere di domande sul mio lavoro, e ho raccontato di nuovo la storia del mio arrivo in America, i giorni di fame e di sconforto, inizi che sembravano non arrivare da nessuna parte e, finalmente, il successo. Voleva sapere tutto su come si producono i film, sulle altre star, sui registi, sugli studios. Voleva sapere tutto su June Mathis e sul ruolo che aveva avuto e interpretato alla grande per la mia "scoperta", e poi mi ha detto che non aveva mai visto un mio film, ma sapeva tutto sulla mia attività grazie alle riviste di cinema e i giornali che le avevo inviato, come dalle mie lettere. Mi ha fatto capire che la maggior parte della sua conoscenza su di me l'ha ottenuta dalle riviste e dai giornali. Come la maggior parte di quelli del mio sesso, suppongo di non essere né uno scrittore di lettere molto assiduo né molto produttivo.

Il terzo giorno che siamo stati a Milano, ho fatto in modo che mia sorella vedesse "*I quattro cavalieri*". Ho chiesto a un funzionario dell'industria cinematografica di farle proiettare una copia del film e grazie alla sua cortesia è stato stato fatto. Ma il proiettore non era abbastanza luminoso e l'immagine era così malconcia che la zia, che era con noi, disse che i rulli erano stati giuntati molto malamente e che era contenta di avere visto il film a Roma! Felice di averlo visto a Roma.

Ma mia sorella, senza essere troppo critica, ne restò completamente incantata. Mi disse, ingenuamente, che non aveva idea che io fossi "così bravo!"

Sentivo che dopo tutti gli anni di lotta per ottenere da lei un cenno di ammirazione e rispetto, *I quattro cavalieri...* mi avevano finalmente dato una mano, mentre le mie precoci fumate e altre corbellerie avevano fallito...

Abbiamo passato tre giorni a Milano. Siamo andati in giro e abbiamo visto tutto quello che potevamo vedere. Non abbiamo fatto un gran che a Milano, una città che per un normale, disinvolto turista pretenderebbe le fosse dedicato almeno un mese. Lo stesso, in qualche modo, vale per Firenze e Roma.

Ma abbiamo visto la campagna circostante. In auto ovviamente. Che è l'unico modo per vedere la campagna.

#60 - E abbiamo visto uno scenario stupendo. Belle albe e spettacolari tramonti e notti di luna.
Il nostro hotel, per inciso, avrebbe traumatizzato i frequentatori degli hotel di New York o Londra sino all'agonia. Oppure scegliere gli hotel più piccoli e presumibilmente meno pretenziosi di quelle città. Se è per questo gli hotel di Roma sono meravigliosi. Ma qui, a Milano, all'Hotel Cavour abbiamo avuto la "Suite Reale". Una volta ancora, avemmo bisogno di tutto il nostro senso dell'umorismo così da superare l'impaccio. Quando si viaggia mai lasciare a casa il senso dell'umorismo. Questa "Suite Reale" era assolutamente priva di tappeti di qualsiasi tipo. Nude tavole di legno erano il nostro pavimento. Il telefono non funzionava e non dava segni di poterlo fare. E gli angoli delle stanze

erano decorati con inveterate e vezzose ragnatele!

Certo che se si arriva, più o meno direttamente, dall'America, la terra dell'efficienza, della competenza e del servizio, si è inclini a trovare tutto lento. Persone, servizio, gli eventi stessi, assumono le sembianze di lumache. Semmai si dimentica che è verosimilmente solo in contrasto con un'attività troppo rapida.

Per fare un esempio, ordinai una bottiglia di acqua minerale.

Lì non usa il ghiaccio ed essendo venduta l'acqua in bottiglie, che richiedono tu vada alla ricerca di un leva capsule, se per caso non ne hai uno (cosa che io non ho) agganciato alla catenella del tuo orologio. Quindi, una volta stappata la bottiglia, scopri che l'acqua è tiepida. E cattiva. Molto cattiva. Risultato: ci è voluta circa un'ora per avere acqua cattiva, senza ghiaccio e a temperatura ambiente. Non hanno alcuna idea di velocità, comfort e servizio. Non ne conoscono il significato.

Ho spesso riflettuto sulla bellezza della tranquillità. Ma trovo che la tranquillità, come la maggior parte delle cose, possa assumere aspetti diversi. Va tutto bene quando lo vuoi, e il dannato contrario quando non lo vuoi. E una delle volte in cui decisamente non lo vuoi è quando ordini cibo o bevande.

Nel complesso, il mio paese è un paese bellissimo se sei un tipo tranquillo. Ma se sei nervoso o vai di fretta, se sei impegnato e vuoi che le cose si facciano rapidamente e bene, non è il paese che fa per te. Né è il paese per alcun tipo di lavoro, specialmente il cinema.

Quando penso al lavoro negli studios in America, le tante, molte volte che a uno viene detto di andare al trucco, e si trucca, diciamo alle dieci del mattino, o prima, e sei ancora lì, bello truccato alle tre del pomeriggio, non avendo ancora girato alcunché, mi vengono i brividi al pensiero di cosa succederebbe qui, in Italia.

In effetti, la parte più estenuante, l'unico aspetto irritante quando si girano i film, è l'attesa che a volte è necessaria. A me non è successo molte volte, per mia fortuna, ma ne ho visti altri in quella situazione, e mi meraviglio del talento che ci vuole per recitare un crescendo drammatico, o forse, una comica farsa, dopo essere rimasto fermo, inerte, alle volte per ore. Niente è più snervante, per le facoltà emozionali, di una inane attesa. L'attesa. Nulla è più stancante. È abbastanza semplice andare in studio al mattino, tutto pronto per una grande scena, e tuffarcisi direttamente dentro, cuore e anima. Almeno, è semplice rispetto al dover stare in piedi per esasperanti ore e quando ci si aspetta che tu mostri il talento e il fuoco di una mattina presto.

In Italia gli studi sono le cose più antiquate che abbia mai visto. Non hanno iniziato a "modernizzare". E se si devono costruire degli interni... la mia immaginazione esita...

Abbiamo apprezzato Milano. Certo, mi è piaciuto, perché ha accolto mia sorella per me. E Natacha si è riposata abbastanza. Ho smanettato con la macchina e abbiamo fatto dei giri meravigliosi, e domani riprendiamo il nostro cammino.

Firenze, 4 settembre [108]

#61 - Siamo partiti da Milano la mattina presto.
Questa volta abbiamo goduto di una strada piuttosto bella. Quando posso mettere una buona parola per le strade della mia terra natia, lo voglio fare. Ci sono, però, così tante volte in cui il mio giudizio è capovolto.

Su questa strada era piovuto e l'inevitabile polvere si era depositata in pace e tranquillità. La strada era praticamente una linea retta, 300 o 350 chilometri da Milano a Bologna, sulla Via Emilia. Questa è una delle antiche strade romane. Naturalmente, non è per niente come le strade di asfalto che abbiamo in America, ma le vecchie strade romane sono buone per correrci su coll'auto, e puoi divertirti su di loro. Naturalmente, per di più, non c'è il traffico che rende così noioso e difficile il guidare sulle buone strade americane.

Ci siamo fermati vicino a Parma per il pranzo [109]. Ogni volta che si raggiungeva una città, la si attraversava a tutta velocità. Non volevamo fermarci in nessun albergo. Entrambi siamo così stanchi del cibo degli alberghi. Ci fermammo, invece, in piccole osterie lungo la strada, dove trovavamo pollastrelli freschi, meraviglioso pane, fantastico burro e splendido vino.

#62 - I contadini in Italia mangiano sorprendentemente bene. Meglio dei cittadini, direi. Il loro cibo è sano e puro. Speziato e sostanzioso, ovviamente, ma sano. Sono stanco della "cuisine" francese. Poi, in queste locande lungo la strada, c'erano pergolati carichi d'uva. Certo, devi

---

108 21 settembre 1923
109 Sicuramente di tratta di Fidenza, a circa 30 km a nord di Parma, in quanto nel diario c'è una foto di Valentino davanti alla Cattedrale San Donnino di Fidenza, erroneamente riportata come una foto scattata a Firenze. Scoperta fatta da Aurelio Miccoli.

guardarti dalle mosche. Ogni momento idillico ha, a quanto pare, un suo aspetto non proprio gradevole. Ma è comunque molto avvincente, e se trascuri i più piccoli e fastidiosi dettagli, ti ritrovi soggiogato da un fascino che non si trova da nessuna parte così potente come in Italia. Questo non è campanilismo da parte mia, perché, dopo tutto, tiro in ballo le mosche!

Abbiamo visto alcuni tipi di contadine molto belle passando per la campagna. Ma nelle città, come ho già detto in occasioni precedenti, né in Francia né in Italia, vidi una bella donna. E così, ancora una volta, Natacha e zia sono d'accordo con me, siamo giunti alla conclusione che tutte le donne davvero belle sono in America. Nessuno può battere le ragazze americane. Non solo nell'aspetto e nel portamento, ma il modo in cui vestono, l'abilità con la quale sanno sistemarsi. Incredibilmente belle, e se non sono davvero belle, allora sono incredibilmente carine. O intelligenti. O qualcosa del genere. Qualunque siano i dettagli, gli effetti sono assolutamente coinvolgenti.

Le donne italiane sono bionde o brune, a seconda da quale parte del paese provengano. Questo è un argomento a proposito del quale spesso mi chiedevano negli Stati Uniti. Tanti uomini mi hanno detto: "Tutte le donne italiane sono davvero brune, eh, Rudy?" Ma non sono tutte brune. La zona da cui provengono conta grandemente.

Una bella donna italiana è assolutamente stile Madonna, ma al giorno d'oggi ce ne sono pochissime. Anche in Italia il tipo Madonna sta diventando quello che si definisce "fuori moda". E poi, qui in Italia, le donne non sanno vestirsi. Sono antiquate, fuori moda.

Natacha è stata smisuratamente apprezzata ovunque andassimo. Mi sono molto arrabbiato per questo. In uno dei caffè in cui ci siamo fermati a cena, c'era un gruppo di ufficiali. Se ne stavano seduti e baldanzosi, manco tentavano di nascondere il loro interesse osservandola con intensità. Stavo per prepararmi a una bella rissa. Quando mi è venuto in mente che probabilmente facevo la stessa cosa prima di lasciare l'Italia. Avevo dimenticato che è quasi una tradizione nazionale, un'abitudine. La cosa che mi disturbava di più era il fatto che non si trattava solo di sguardi indiscreti, più o meno garbati. Era come se la spogliassero con gli occhi. L'audacia con la quale lo fecero avrebbe dovuto disarmarmi. A causa della loro sfacciataggine, proprio per la loro impudenza, suppongo ci fosse una buona dose d'infantile ingenuità. Il tutto era privo di furbizia e così manifesto. In America, questo è poco ma sicuro, se fosse avvenuta una cosa simile, mi sarei alzato e avrei fracassato le mascelle di tutti quanti.

Ma in questo caso, era così evidente che il loro era un comportamento abituale, era così chiaro che si trattava di un'usanza nazionale, degli uomini italiani, che senza dubbio non avrebbero capito cosa volessi, cosa intendessi, se avessi manifestato la mia stizza.

Nessuno mi ha prestato alcuna attenzione. Nessuno sapeva di me. Ci sono centinaia di Valentino in Italia molto più belli di quanto io possa mai sperare di essere. Ero assolutamente in secondo piano. In America, penso, il mio tipo si distingue un po'. Ma nel mio paese sono semplicemente uno dei tanti, la maggior parte dei quali vanta un fisico migliore di quello che potrei sperare di avere.

Dopotutto, questo dimostra quale grande differenza possono fare le frontiere. In un paese, una cosa può essere diffamatoria o un insulto. In altre nazioni, è solo usanza quotidiana. In un luogo una cosa è immorale. In altri è etico. In un continente, la bellezza è una questione di pelle nera e capelli grassi. In un altro, la pelle nera e i capelli unti sono selvaggi e volgari. Canoni di moralità, norme di cortesia, criteri di bellezza e fascino, sono tutti soggetti ai passaggi di frontiera, all'apertura mentale del territorio.

A Bologna ho avuto il mio primo incidente. Fortunatamente per me, si è rivelato più divertente che serio. Quando siamo arrivati a Bologna, abbiamo attraversato la città e proprio al tramonto siamo arrivati in piazza. C'era un palo del telegrafo lì, ed era in ombra. Era dipinto di un colore grigiastro, lo stesso della strada, e stavo vagolando (tanto per cambiare), guardandomi intorno, quando Natacha disse ad alta voce: "ATTENZIONE! GUARDA!"

Ho detto con voce esitante: "DOVE?"

Ho solo ammaccato un parafango, ma ci sono rimasto male perché è stato il mio unico incidente e, nonostante tutte le critiche alla mia guida, ero orgogliosamente deciso a conquistare un primato. Un attestato immacolato, tutti i pavidi dicono l'opposto. # 65 *Se solo avessi potuto portare a termine il mio viaggio in pompa magna e poter dire "Ecco, di cosa avete parlato tutti? Non un graffio! Non uno spavento!" Ma di questo non mi posso vantare.* Non piove mai ma diluvia. Ho avuto un altro piccolo incidente quel giorno stesso. Si vede che sognavo a occhi aperti più del normale, o ero cieco. Perché, mentre stavamo percorrendo una delle strade di campagna, ho urtato una piccola macchina con una vecchietta alla guida. Sembrava un calabrone impazzito. Era letteralmente paralizzata dalla rabbia, come non lo sarebbe stata a causa dell'età. A dire il vero non le ho provocato alcun danno. E per giustizia a me stesso e alla mia abilità al volante, devo dire che questo incidente è stato colpa di un altro conducente, e non mia. Lui arrivò veloce dietro di me. Ho cercato di evitarlo bruscamente, ho sbandato e sono andato a sbattere contro la carretta della vecchia signora. Ho colpito la fiancata della bagnarola con la mia ruota anteriore. La vecchia iniziò a imprecare in italiano.

#63 - Per quanto ne so, potrebbe essere ancora lì a maledirmi. E se il suo vocabolario di parolacce e la ferocia della sua rabbia sono premonizioni probabilmente lei lo è (una strega). Da quello che ha detto, potevo immaginare che quanto avevo combinato fosse un estremo oltraggio e un attacco alla sua vita stessa. Senza dubbio questo incidente le darà qualcosa con cui ravvivare le sue serate per il resto della sua rabbiosa vita.

Uno dei piaceri dell'automobilismo in Italia è che il paese cambia a ogni provincia che si attraversa. Cambiano le usanze, cambiano le fisionomie, cambia il modo di vestire, cambiano anche le razze dei bovini. Tutto. Quando siamo entrati in Toscana, abbiamo notato queste cose in particolare. Sono sempre alla ricerca degli armenti, che per poco non sono diventati il lavoro della mia vita, e qui ho notato un toro dalle corna molto lunghe e di una particolare colorazione bianco-grigiastra. Abbiamo incrociato un carro con due di questi tori in strada, mi sono fermato e mi sono fatto fare una foto tra loro due[110].

Ormai si stava facendo tardi e dopo questa breve sosta abbiamo continuato a proseguire, perché dovevo valicare gli Appennini. Che sono anche peggio delle Alpi. Certamente non con quelle altitudini, ma le strade sono più tortuose e serve davvero una maggiore abilità al volante. Nelle Alpi non ci sono i tornanti corti che si trovano in Appennino. Non ho potuto godermi molto il paesaggio a questo punto del viaggio. Il mio sfondo era il volante dell'auto e il tenere d'occhio il tratto di strada immediatamente davanti a me.

Finalmente arrivammo a Firenze alle undici di sera, coperti da strati di polvere bianca e spessa e completamente sfiniti.

Di Firenze, città degli innamorati e dell'Arte, scriverò domani!

Il mio arrivo a Firenze non è stato certo all'altezza di quella bellissima città.

È un altro luogo su questa terra dove si dovrebbe arrivare o volando, per così dire, o scivolarvi con grazia con la più grande eleganza. Non si ha idea di quanto sia difficile essere raffinati con quattordici bagagli legati (piuttosto precariamente) a un'auto polverosa. Al mio arrivo a Firenze avevo due bauli per auto su ogni parafango, sulla parte

---

110 Sarebbe più corretto parlare di buoi in quanto il termine toro si utilizza per denominare il maschio adulto e fertile del BosTaurus. I tori sono animali allevati per il proprio seme, che accoppiati con femmine fertili, garantiscono la qualità della razza e la discendenza. Viceversa ci si riferisce al bue quando si parla di un maschio adulto che è stato castrato, quindi che è stato sterilizzato una volta raggiunta la maturità sessuale. Il buoi sono o erano utilizzati per il lavoro pesante nei campi, in particolare tirando carri o aratri.

superiore dell'auto c'erano sei valigie, due cappelliere e poi un enorme baule in pelle per viaggi in nave, tre macchine fotografiche e tutti gli utensili di cui avrei potuto aver bisogno (ma in realtà non molto) per riparazioni dell'auto, se armeggiare fosse diventato un'assoluta necessità.

#64 - Dovevo occuparmi personalmente dello scarico e della cura dei bagagli e anche della loro sistemazione, ecc. Non c'è servizio notturno nell'hotel di Firenze come è norma negli hotel di New York. Non c'è nulla di così poetico come l'aria di abbandono e solitudine di alcuni alberghi europei, ma un uomo non può poetare quando è impolverato, stanco e ha bisogno di cibo, riposo e attenzioni. La poesia è per le ore di svago, non per le ore di sfinimento.

Siamo riusciti a passare nel miglior modo possibile quella prima notte a Firenze, e la mattina, potemmo tirare un sospiro di sollievo. Ho fatto lavare, ingrassare accuratamente l'auto e così via. Devo dire che mi sono occupato delle faccende più urgenti prima di dedicare una qualche attenzione alle bellezze della incantevole, femminile città. Mi sono persino fermato e ho supervisionato la pulizia dell'auto, e non sono riuscito a trattenermi dal pavoneggiarmi coi meccanici raccontando loro del viaggio che avevamo fatto, la velocità che avevamo raggiunto e nemmeno del piccolo guaio nel quale eravamo incorsi.

#65 - Fatta eccezione per quattro forature, tutte in un giorno, non avevo avuto alcuno dei contrattempi dei quali la maggior parte degli automobilisti così copiosamente si lamenta. Quelle quattro forature che ho dimenticato di registrare. Succedevano nel sud Italia[111] e dovevo, per forza, indossare tuta e guanti, tenuti sempre a portata di mano, infilarmi sotto la macchina e cambiare i pneumatici difettosi, lì sulla strada aperta. Per fortuna avevo previsto proprio queste possibilità, sapendo che non piove mai ma che può anche diluviare quando si fora, e quindi avevo gomme a sufficienza da sostituire. Inoltre, mi si era anche rotta una molla durante il viaggio verso Nizza, e non me ne accorsi se non all'arrivo, per questo non consideravo questo fatto davvero degno di nota. Dovrei tenere un registro di questi piccoli incidenti nel caso in cui, al mio ritorno, dovessi trovare la mia Dea dell'automobilismo ingiustamente diffamata.

---

111 Firenze è nella regione Toscana nell'Italia Centrale, il Sud Italia comprende le regioni dell'Abruzzo, Basilicata, Calabria, Campania, Molise e Puglia.

A Bologna[112] alloggiamo al Grande Hotel Vaglione[113]. E mentre ero in Bologna, ho anche perso un'occasione meravigliosa a causa del servizio telegrafico, la cui inefficienza perseguita chi viaggia nel mio paese.

L'opportunità era questa: il barone Cassinni,[114] un eminente italiano, sia socialmente sia politicamente, un grande amico di Mussolini e anche (se così si può dire!), un mio amico, possiede un meraviglioso castello a quindici miglia da Bologna, il Castello di Vincigliata.[115] Il maniero è antico, molto, molto antico. Tanto antico che è stato restaurato grazie ai disegni del periodo originale, l'XI secolo.

Ciò che è ancora più coinvolgente, ovvero ciò che lo è stato particolarmente per Natacha e per me, almeno, è che il barone possiede una meravigliosa collezione di dipinti e una delle migliori collezioni di mobili del XII e XIII secolo, Puro stile italiano. La maggior parte degli antichi maestri italiani è presente in quella collezione. Botticelli, Raffaello, Pinturicchio, Perugino, tutta la grande e ricca di talenti compagnia dei pennelli immortali, è in quella rara galleria. L'occhio può tuffarsi nella pittura, una pittura trasfigurata; in linee così pure da diventare mozzafiato. Una sorta di orgia d'arte.

In quell'antico castello ci sono oltre a libri rari, vecchi volumi che respirano la polvere d'oro dell'antichità. Fragili pergamene e ottavi[116]. Parole trasformate in pensieri che fanno un tutt'uno con gli archivi del Tempo stesso. Documenti preziosi per l'amante delle parole e collezionista dei pensieri e delle scritture e delle credenze di uomini da tempo riuniti coi loro padri.

Anche vecchie armature. Paramenti per guerrieri le cui brillanti teste sono nella polvere e i cui fantasmi, forse, di notte sgattaiolano fuori dalle tombe in decomposizione per lanciare grida di guerra alla loro coraggiosa schiera di valorosi.

---

112 Un altro refuso, più volte ripetuto, Balogna invece di Bologna.
113 A Bologna si trattava certamente dell'hotel Baglioni con tariffe che oggi possono andare dai 600,00 € ai 1.000,00 € a notte, per le suites più importanti. Mai, da quelle parti, ci fu un hotel Vaglione.
114 Il nome corretto del barone è Alberto Fassini Camossi che fu un imprenditore, politico e produttore cinematografico italiano.
115 Il Castello di Vincigliata si trova vicino a Fiesole in provincia di Firenze a quasi 68 miglia (109 km.) da Bologna. Poi, più avanti, col procedere nella narrazione, quasi per magia, il castello di Vincigliata è trasportato nelle vicinanze di Firenze. Il castello ha origini intorno all'anno mille. Dopo molti passaggi di proprietà, fu restaurato nel 1850 dal proprietario John Temple Leader, un ricchissimo inglese, che, nell'arco di 10 anni lo restaurò completamente creando un vero e proprio nuovo castello in stile Gothic Revival e quindi non fu restaurato grazie ai disegni originali, l'XI secolo.
116 Libri in "ottavo": formato di stampa che prevede la piegatura del foglio in sedici parti, ovvero otto carte, da qui il nome di stampa in "ottavo"; Il primo a stampare libri in-ottavo fu

Questo è un periodo che mi interessa enormemente, ho sempre avuto un debole per i libri, gli oggetti d'arte che donano brillanti colori a un periodo storico ritenuto cupo.

Beh, avrei dato molto per poter vagare in questo leggendario luogo. Avrei dedicato almeno un quarto del resto del mio viaggio per avere l'opportunità di assorbire quell'atmosfera nelle mie vene. Questi luoghi, piuttosto rari nella corrente impetuosa epoca moderna, dove si costruisce per l'oggi dimenticando il passato e credendo solo per metà nel domani, sono la maggior parte di quanto resta della vera Europa. Si può correre per le città, sfiorarne la superficie e non provare una decima parte di quello che si può percepire in un luogo come il Castello di Vincigliata.

Il telegrafo, questa invenzione moderna, ha funzionato contro di me anche in questo caso. Dovrebbe essere un prodotto della modernità tale da escludere l'impossibilità di entrare in contatto con un'epoca senza tempo.

Risultò che il barone mi aveva mandato un telegramma in albergo dicendomi che aveva telegrafato anche al Castello e che l'edificio era a mia disposizione per tutto il tempo che avessi avuto genio di usarlo. Stava, disse, partendo per il suo appartamento in Riviera. Ha anche un altro castello a Nettuno e tiene le dimore aperte e sempre con l'adeguata servitù. Ho ricevuto il telegramma proprio nel momento in cui stavo per partire, dopo aver completato i miei preparativi.

Tutto quello che potevo fare era lamentarmi del destino che si era frapposto tra me e questo posto che avrei tanto voluto vedere. Anche Natacha era delusa. È esattamente il genere di cose che entrambi saremmo interessati a fare, al di sopra delle altre attività. Vincigliata è uno dei luoghi più antichi nei dintorni di Firenze. Un tempo fortezza ebbe un ruolo di primo piano in tutte le guerre feudali del XII e XIII secolo della storia di Firenze.

Abbiamo cercato di prenderla con filosofia, convinti che, dopotutto, non si può ottenere tutto quanto si vorrebbe, e la nostra delusione fu almeno in parte placata, quando un giorno o due dopo, visitammo il castello di Nettuno, fatto costruire dall'architetto Sangallo e rimaneggiato da Alessandro VI Borgia[117]. Il castello di Nettuno, tra l'altro, è il luogo in cui Alessandro e Cesare Borgia tenevano le loro feste sfrenate, che ancora vengono descritte nelle pagine di storia come luride ammucchiate.

È un posto affascinante. Ci sono sotterranei, passaggi segreti, trabocchetti, prigioni nascoste. È costruito proprio in riva al mare e sotto al castello, quando la marea è bassa, si possono vedere dei pilastri.

Aldo Manuzio all'inizio del XVI secolo.
117 Il Forte Sangallo fu costruito tra il 1501 e il 1503 da Antonio da Sangallo su progetto di Giuliano Giamberti, per volere di Cesare Borgia, detto il Valentino.

Laggiù, sul fondo del mare, ci sono sei stanze di una grande villa pompeiana che c'era prima che il mare si sollevasse e ricoprisse quegli spazi. Era una villa anticamente utilizzata dagli imperatori romani che vi si recavano per la loro villeggiatura[118].

Natacha e io ci siamo divertiti moltissimo a esplorare e permettere alla nostra immaginazione di scatenarsi. Quali storie potrebbero essere scritte, o riscritte, forse, suggerite dalle presenze che ancora vagano lungo quegli stretti cunicoli, si infilano dentro e fuori dalle segrete, pareti a scomparsa, presenze che ancora gemono per la loro prolungata prigionia nei sotterranei in riva al mare? Sarebbe, credo, una cosa straordinariamente interessante raccontare un giorno una storia che faccia rivivere un luogo antico come questo, con le sue vicende di sangue e coraggio, tradimento e amore, scuro come il vino, anche se vissuta in modo così esuberante secoli fa.

Mentre eravamo a Firenze siamo andati in giro a fare acquisti, per noi indispensabili. Non è la cosa più romantica che si possa fare a Firenze, temo, ma è proprio come accade per la Poesia e per la sua complice, la Passione. Te ne adorni e te ne svesti, come fossero abiti splendenti da indossare, solo in certi momenti e per occasioni speciali. Natacha mi dice che posso essere l'uomo più pratico sotto il sole, ricordo bene che una delle prime ragioni per la quale le piacqui era la mia manualità nell'eseguire i lavori in casa.

#66 - Il modo in cui riesco a collegare cavi elettrici, riparare mobili, appendere quadri e fare qualsiasi altro lavoro inconsueto e utile. Mia madre diceva che un uomo dovrebbe imparare, prima di tutto, a saper usare le mani. E sono d'accordo con lei. Si riferiva, senza dubbio, ai tempi antichi quando l'uomo lavorava solo con le proprie mani e costruiva, in verità, la nostra civiltà che deve il suo esistere in gran parte a questi utili e indispensabili attrezzi del corpo. La delicata evoluzione del cervello ha supportato le mani e talvolta le ha sostituite... dietro al sognatore c'è sempre il fascinatore che rende reali i sogni... parole che mi tornano in mente.

---

118 Relativamente ai resti della villa romana bisogna fare chiarezza, per prima cosa le maree del Tirreno, sulla costa laziale, raramente superano i cinquanta centimetri e quindi con una marea normale mai sarebbe possibile nascondere eventuali rovine. Esistono, sì, i resti di una grandiosa villa imperiale, detta Villa di Nerone, ma si trovano ad Anzio e non a Nettuno. Le rovine di questa villa non sono sommerse dalle onde e sono sul lungomare settentrionale della città, adiacente al vecchio faro. Ci sono anche, a circa quindici km a sud di Nettuno, le rovine di una villa romana sommersa, nella località di Torre Astura. La villa, conosciuta anche come Villa Cicero faceva parte di un complesso di ville e luoghi di delizia frequentati da vari imperatori e notabili dell'antica Roma.

Quello che abbiamo davvero comprato a Firenze più di ogni altra cosa, erano i libri. Libri di costumi. Avevamo sentito dire che c'erano rari esemplari da comprare in quella parte della città detta Lungarno.

Quello, tra l'altro, è il luogo in cui Dante usava passeggiare ai suoi tempi. Proprio in quel luogo si svolse l'incontro tra Dante e Beatrice, tema di un famoso quadro. Sulle fredde pietre che calpestiamo oggi è nato un amore immortale. Avevo l'impressione che i miei piedi stessero estraendo ricche fragranze da quelle stesse pietre.

Siamo sempre alla ricerca di libri sui costumi, perché non puoi mai dire quando ne avrai bisogno. Lavorando nel cinema, dove in qualche film si può essere chiamati a rievocare periodi storici poco conosciuti l'avere una collezione di questi libri è, ne sono certo, inestimabile. Sia Natacha sia io teniamo molto all'autenticità dei dettagli. Molti film sono completamente rovinati a causa di incongruenze che fanno capolino e colpiscono come note stonate in una sinfonia.

Abbiamo trovato, in Lungarno, un libro particolare pubblicato per la prima volta nel 1500, con schizzi di costumi orientali di quel periodo. Un libro molto raro. Quasi impossibile da trovare. Questo particolare esemplare l'abbiamo trovato solo dopo una ricerca molto approfondita.

Un giorno o l'altro torneremo a Firenze per trascorrervi un considerevole periodo di tempo. Sarebbe come fare a una bella donna un futile complimento e poi voltarle le spalle, per dire banalità se hai poco da dire su Firenze. Un luogo che merita tempo a disposizione. Affrettarsi in quella città significa avvilire le meraviglie che si dovrebbero scoprire.

La mattina del 5 settembre [119] lasciamo Firenze presto per il viaggio verso Roma.

#67 - Cioè, abbiamo cercato di partire presto. Ma pioveva, cosa anomala e davvero poco gentile da parte di Firenze. L'ho sentito come fosse una sorta di punizione per la nostra superficiale visita delle sue bellezze. E con la pioggia e il fatto che l'auto necessitava di olio e ingrassaggio, eccetera, erano le undici del mattino prima che finalmente ce ne potessimo andare. La nostra mirabile intenzione era di partire verso le sette e trenta o otto. Nei teatri di posa, ad esempio, malgrado le inesatte opinioni sulla pigrizia delle stelle, si comincia a girare al mattino presto.

Pioveva a vampate, se esiste una cosa del genere. E in tale stato siamo partiti, fermandoci a pranzo in uno di quei piccoli paesini proprio nella zona del Chianti. È stato un colpo molto sostenuto dalla sorte!

---
[119] 22 settembre 1923

Da lì, riscaldati dal Chianti, ci siamo allontanati. Volevo arrivare a Roma nel pomeriggio, ma non potevo riuscirci su quella strada. C'erano troppi tornanti, e anche se avrei potuto realizzare l'impresa se fossi stato solo, la zia e Natacha mi avevano a sufficienza ben addestrato e reso docile a quest'ora.

Ho osservato scherzosamente che Roma non è stata raggiunta in un giorno e Natacha ha detto che sperava molto rispettosamente di NO.

#68 - E così, verso le dieci di sera, siamo andati nel miglior albergo di un paesino e quindi mi sono messo alla ricerca di un garage. Una delle cose più difficili e complicate da fare, in un luogo della terra dove l'automobile si vede di rado, è di far diventare il garage una delle esigenze quotidiane.

Mi sono divertito a cercare quel garage! Quella che ho trovato per la prima volta, dopo una accurata ricerca, che pensavo avesse lo spazio sufficiente, era un'antica stalla e poi ho scoperto che la porta non era abbastanza larga per consentire l'ingresso dell'auto. Quel vecchio, lugubre e puzzolente luogo sembrava levarsi in quella notte tranquilla a difesa delle sue antiche pareti, deridendomi per il mio inutile sforzo. Io, l'auto, la ricerca stessa, sembravano singolarmente fuori contesto in quel posto. Mi sentivo un rompiscatole per meritare ospitalità fuori luogo.

Finalmente, dopo una lunga ricerca, e dopo aver svegliato tre o quattro famiglie (le dieci di sera è già notte fonda da quelle parti) trovammo una stalla, un po' più grande delle altre, e così potemmo mettere a ricovero l'auto.

Eh si, prima di organizzarci per la notte, siamo passati per Siena, dove abbiamo visto un negozio di antiquariato che ha attirato la nostra attenzione, come fanno sempre le cose antiche (e i personaggi dei tempi passati). Ci siamo fermati, siamo entrati e abbiamo avuto la fortuna di trovare in questo posto e ad un prezzo ridicolo, una meravigliosa copia d'epoca del dipinto Anna di Clèves di Holbein. Ci sono solo due originali esistenti e questo è uno di quelli. Tutti gli altri andarono bruciati nell'incendio della galleria dei dipinti del castello di Windsor quando lì scoppiò un incendio. La nostra copia è davvero di valore inestimabile."[120] Eravamo felici come lo potrebbero essere dei bambini piccoli se, scavando un giorno in una piccola banale spiaggia, dovessero scoprire all'improvviso il tesoro del capitano Kidd![121]

---

120 Valentino forse ignorava l'abilità dei falsari italiani è comprò, certamente a caro prezzo, una patacca.

121 William Kidd fu un controverso e spietato corsaro scozzese, nato a Dundee nel 1645, fu assunto dalla Corona inglese per attaccare le navi straniere (soprattutto francesi) con una patente di corsa. Grazie a questa possibilità riuscì a mettere insieme un ingente tesoro, mai trovato, che si favoleggia sia stato nascosto da qualche parte in Madagascar.

#69 - Ho spesso pensato, di sfuggita, quanto mistero, emozione e divertimento potrebbero dissiparsi dalle vite dei bambini americani, se quel favoloso tesoro dovesse mai, davvero, lasciarsi trovare. Più o meno come accade anche in Europa. Quanto piacere svanirà quando le epoche avranno rivelato tutti i loro tesori, quando le viscere dei secoli avranno ceduto i loro segreti e quanto nascondono al piccone continuamente curioso e scavatore, alla scienza e alla ricerca dell'uomo moderno. Che ne sarà, allora, delle nostre emozioni? Quando non ci saranno più mari inesplorati da navigare? Quando l'India più oscura e l'Africa più nera saranno interamente conosciute, mappate e percorse da binari ferroviari? Quando anche l'aria non avrà più nulla da rivelare e le profondità del mare saranno state scandagliate? Allora, senza dubbio, letteralmente, come abbiamo sempre metaforicamente fatto, spediremo le nostre ricerche scientifiche verso gli astri e cominceremo a saccheggiare i Cieli.

Inoltre, in quella stessa bottega, ho visto un meraviglioso arcione da sella del XIII secolo, in avorio, intagliato a mano, con lo stemma dei Della Scala. Ma volevano troppi soldi così, con molto dolore e rammarico, ho deciso che non potevo permettermela. Credo che mi pentirò della mia parsimonia piuttosto che esserne contento.

#70 - Ma se non prendevo la sella, prendevo l'Holbein; è stata una vera emozione curiosare in questo negozietto ricco e con odore di cose antiche proprio mentre si avvicinava il crepuscolo, quindi quell'ora sembrava non mettere fretta in quel posto di cose senza tempo, e i bei vecchi oggetti assumevano una dignità esaltata grazie alla penombra. Un negozio di antiquariato dovrebbe sempre avere luce fioca. Si dovrebbe fare in modo che si debbano valutare gli oggetti antichi all'imbrunire. Farsi sera che a loro appartiene e alla quale essi appartengono.

Naturalmente quel negozio di Siena ci ha fatto perdere tempo e ho dovuto pagare quel piacere cercando un garage alla luce riluttante di una luna sempre alle prese con la pioggia.
La mattina dopo, di buon'ora, abbiamo lasciato i nostri indescrivibili alloggiamenti, recuperata l'auto, abbiamo viaggiato dritti come fusi, e senza contrattempi, all'Hotel Excelsior di Roma[122].
Quando siamo arrivati ci siamo semplicemente riposati.
Eravamo stanchi per il lungo viaggio, l'hotel era confortevole e siamo rimasti coricati per gran parte del pomeriggio, avendo sia il pranzo sia il tè serviti nelle nostre camere.

---

122 Hotel Excelsior, è stato inaugurato il 17 gennaio 1906 in via Veneto a Roma, iconico albergo delle star e delle personalità, dal 1998 l'hotel è stato rinominato "The Westin Excelsior, Rome".

La sera ho cenato in albergo con il barone Fassini, che anni fa aveva molti interessi nel cinema, prima che quelli che se ne occupano adesso ne facessero quello che è.

Il Barone Fassini è stato già Presidente dell'Unione Cinematografica Italiana. Con il barone Fassini c'era anche il conte Cine[123], segretario dell'Unione.

Abbiamo cenato e parlato di cinema, arte, quel genere di cose. Naturalmente, erano estremamente interessati a come si produce in America, e hanno fatto moltissime domande sulla produzione in studio, come si realizzano le sceneggiature e tutto il resto, anche dello Star System, la regia, le macchine da presa, tutto insomma. Erano anche interessati alla mia carriera e ancora una volta ho raccontato la storia del mio inizio con i suoi alti e bassi. Anche le molte cadute!

Ci siamo dati appuntamento per il giorno dopo con lo scopo di visitare i set di "Quo Vadis", e così, stamattina, siamo andati da Fassini a Palazzo Titoni[124], dove occupa il primo piano. Mussolini, tra l'altro, abita al secondo piano e sono grandi amici.

Fassini era troppo impegnato per assistere alle riprese con noi, ma il conte Cine è venuto a prenderci e siamo andati a Villa Borghese dove vengono realizzate la maggior parte delle grandi scene in esterno. I loro teatri di posa sono troppo piccoli per contenere le scenografie per le grandi produzioni. Lì stavano girando alcune scene quando siamo arrivati e gli allestimenti erano molto belli. Ho visto girare alcune delle scene di massa e, davvero, mi ha fatto venire l'acquolina in bocca! Ho sentito come si usa dire cosa prova un attore d'altri tempi quando, dopo un lungo periodo di inattività, sente di nuovo l'odore del cerone nelle narici. O come si sente un cavallo da corsa quando avverte sotto le sue irrequiete zampe il soffice suolo dell'ippodromo. Il clic della cinepresa, persino il gergo di studio, anche se in una lingua in cui non l'avevo mai sentito, mi faceva smaniare il sangue e pizzicottare i palmi delle mani. Avevo voglia di voltarmi e tornare di corsa in America gridando "Sono pronto! Sono pronto! Si gira!"

Al ritorno dalla visita, incontrai Emil Jannings col quale mi sono fatto scattare alcune foto, con lui e con il commendatore Ambrosio che

---

[123] Fatte molte ricerche l'unico conte che abbia avuto posizioni dirigenziali nella U.C.I. fu il conte Mannini. Che si trattasse davvero di un conte Cine risulta improbabile in quanto "cine" è un vocabolo gergale per definire il cinema e il nome Cine non è presente nell'onomastica italiana. Esiste anche il conte Cini ma non si può trattare di lui in quanto Vittorio Cini, nato borghese, figlio di Giorgio Cini, un farmacista ferrarese, e di Eugenia Berti, venne insignito il 16 maggio 1940 del titolo di Conte di Monselice; troppo in là nel tempo per giustificare un refuso di stampa.

[124] Il nome corretto del palazzo è Tittoni e non Titoni. Il palazzo si trova in via Rasella 155 tra via delle Quattro Fontane e via Del Boccaccio, mentre al numero 131, sempre di via Rasella, il 5 di aprile del 1892 era nato Alberto Guglielmi fratello maggiore di Rodolfo. Mi stupisce molto che Rodolfo non abbia rilevato questa coincidenza.

possiede la casa di produzione, e che realizzò "Cabiria", per poi fondersi con l'Unione.

Abbiamo incontrato la signora Jannings, che parla un ottimo inglese. Jannings non parla inglese. Non una parola. È nato in America, ma è stato portato a Berlino quando aveva solo sei anni. Sua moglie è inglese e, nonostante parli tedesco, lingua che io non parlo, siamo andati d'accordo a meraviglia.

Siamo riusciti a discorrere capendoci alla perfezione su tutto ciò che volevamo dirci. Tutti sono rimasti sorpresi dalla conversazione fluente e dallo scambio di idee, teorie, opinioni e domande che siamo stati in grado di fare.

#71 - Parlando un poco a vanvera... Io cercavo di ricordare alcune parole tedesche e lui cercava di ricordarne alcune italiane. Ma non erano di grande aiuto. Quello che ci ha dato una mano sono state la sua e la mia mimica. Funzionava alla perfezione. Eravamo entrambi attori del cinema muto. Perché non avremmo dovuto capirci? Era più o meno come una concitata conversazione tra due sordomuti. Che differenza avrebbe fatto se uno fosse stato tedesco e l'altro italiano, la loro lingua comune sarebbe stata, dopotutto, la lingua dei segni.

Dopo aver fatto le foto, siamo andati in giro per il set con Jannings. Poi andammo a un ristorante vicino a Villa Borghese e lì abbiamo pranzato, il Commendatore Ambrosia[125], i signori Jannings, e i due registi che dirigono "Quo Vadis", il signor Jacobi e Gabriele d'Annunzio[126], figlio del famoso romanziere e poeta. D'Annunzio, il padre, tra l'altro è in clausura mi è stato detto. Nessuno può avvicinarsi a lui.[127]

Tra i vari argomenti toccati tra me e Jannings, Jannings mi chiese se 2.000 dollari a settimana, fosse una buona retribuzione per un attore caratterista in America. Ho detto: "Tra 2.000 e 2.500 dollari, sono cifre ragionevoli e un bravo attore dovrebbe ottenerle".

"Per l'amor di Dio, stai zitto!" implorò Ambrosia, "non dirlo a Jannings!"

---

125 Rinaldo Arturo Ambrosio è stato un regista e produttore cinematografico italiano, pioniere del cinema in Italia.

126 I nomi corretti dei registi sono Georg Jacoby e Gabriellino D'Annunzio, Gabriele era il padre. Il terzo figlio di D'annunzio Ugo Veniero era un amico di Rodolfo Valentino in quanto concessionario della Isotta-Fraschini negli Stati Uniti dove gestiva la Foreign Motors presso la quale Valentino acquistava almeno un'auto ogni anno..

127 Gabriele D'Annunzio, deluso dall'epilogo dell'esperienza di Fiume, nel febbraio 1921 si ritirò in un'esistenza solitaria nella villa di Cargnacco (comune di Gardone Riviera), che pochi mesi più tardi acquistò. Ribattezzata il Vittoriale degli Italiani. Qui lavorò e visse in una sorta di clausura fino alla morte il primo marzo 1928.

Ma ho risposto che gli attori si danno sempre reciproco supporto, questo fa parte della loro deontologia professionale!

Jannings era davvero entusiasta dell'America. Voleva sapere tutto, io gli ho detto, tra le altre cose, quanto lui sia popolare lì. Gli ho detto del grande successo di "Passione" e anche di "Inganno". Era contento come un bambino. Gongolava ed era bello vedere quella soddisfazione riflessa sul volto della signora Jannings, come se il tributo fosse stato fatto direttamente a lei.

Poi gli chiesi come aveva immaginato quello splendido trucco per Enrico VIII. Mi disse che si era ispirato al dipinto di Holbein, lo teneva sul suo tavolo del trucco e si truccò secondo quello. Venne a crearsi una tale familiarità tra lui e quel famoso dipinto come fosse un amico intimo, e ogni dettaglio del costume, ogni sfumatura di colore ed espressione gli diventò consueta e familiare.

So che molte persone si domandano e chiedono, se gli attori siano gli stessi fuori schermo da come appaiono nei film. Penso che sia come nella maggior parte di questo tipo di domande, è, soprattutto, una questione individuale. Alcuni di noi sono gli stessi fuori dallo schermo come appaiono nella sala cinematografica, e altri sono abbastanza sorprendenti. Jannings lo definirei strabiliante. Davvero piuttosto degno di nota. Fuori dallo schermo , è completamente diverso da quello che io, personalmente, avevo immaginato. Senza troppe pretese. Molto bonario. Un uomo di circa 42 o 43 anni. Molto grande e robusto. Ma guardandolo senza il suo trucco non ti accorgeresti mai che è lo splendido attore che hai visto interpretare Luigi XV, Enrico VIII e Pietro il Grande. Non si immagina quel tocco magico che ha così mirabile quando recita. La sua dote principale direi sia la sua buona natura accompagnata da un grande senso dell'umorismo.

Gli dissi che in America lo chiamavano "Il Re del cinema." Non riusciva a capirmi, tutto subito, e la signora Jannings glielo spiegò. Disse a sua moglie che quello che gli stavo dicendo era il più grande complimento che avesse mai ricevuto nella sua vita e cortesemente replicò facendomi dire che era immensamente contento di aver ricevuto questo encomio dal "Re degli amanti dello schermo! "

Un vero gentiluomo, come potete vedete. Devo scrivere di più su di lui domani.

Roma, 8 settembre[128]

Probabilmente non c'è niente al mondo di più interessante se non parlare di "attività" con un uomo che svolge la tua stessa "attività".

---

128 23 settembre

#72 - Le donne dicono così spesso: "Di cosa parlate voi uomini quando state insieme?" Immagino che le donne rimarrebbero deluse se potessero sentire i discorsi "aridi come la polvere" degli uomini. Le donne, credo, immaginino che si parli di loro. Se si incontrano due uomini, impegnati nella stessa professione, le probabilità sono dieci a uno che sia la loro professione l'argomento di lunghe conversazioni. Le questioni personali sono quasi del tutto escluse. Anche quando un uomo si trova ad affrontare qualche particolare problema personale della sua vita, raramente lo affronta con un altro uomo. Niente come la quantità di tempo che le donne impiegano a discutere delle loro faccende private, anche intime.

Fu così che Emil Jannings ed io parlammo Schermo... Schermo... Schermo...

Aveva visto "*I quattro cavalieri*", anche se non era mai stato in America. Se ricordo bene, penso che abbia detto di averlo visto a Parigi. Era tremendamente interessato alla realizzazione del film, nel modo straordinario in cui il film mi ha creato, e in tutti i dettagli che mi hanno portato a ottenere la parte, la mia interpretazione della parte una volta ottenuta, ecc. Gli ho raccontato che dopo aver letto il libro di Ibanez, ho semplicemente vissuto il personaggio per settimane prima delle riprese vere e proprie. Eravamo d'accordo che i migliori risultati si ottengono da un attore che entra nella pelle stessa del ruolo che sta per interpretare.

#73 - Pensare, filosofare, agire proprio come farebbe il personaggio se fosse realmente in carne e ossa. In tal modo, si possono quasi assumere le doti fisiche, i lineamenti della personalità. E solo così si può essere davvero convincenti in una parte che altrimenti sarebbe recitazione improvvisata.

Cerco, ci ho sempre provato, di NON essere Rodolfo Valentino nei vari ruoli che ho interpretato. Farlo sarebbe come suonare la stessa melodia più e più volte sullo stesso strumento. Non importa quanto meraviglioso sia il piano, o il violino, per quanto eccellente e ben eseguito il pezzo suonato, il pubblico ne sarà presto stanco. Adattabilità... versatilità... flessibilità... sensibilità... tutte queste doti sono importanti nell'elaborazione dell'artista che deve dare vita a personalità diverse.

È stato un pranzo delizioso quello che abbiamo fatto con Jannings e gli altri.

Il ristorante si trova nell'antica villa e da dove ci siamo seduti abbiamo potuto vedere l'intero panorama di Roma, uno spettacolo meraviglioso da quel punto di osservazione.

Dopo pranzo, Jannings dovette mettersi al lavoro e così ci lasciò alle cure di Ambrosio, che ci portò in giro a vedere i teatri di posa.

Hanno dieci o dodici studi a Roma, tutti molto piccoli salvo lo studio Cinese[129]. Gli altri valgono poco, a giudicare dal nostro punto di vista americano, o, comunque, da un qualsiasi altro punto di vista. Non hanno corpi illuminanti di cui valga la pena di parlare. Non sono attrezzati. I loro laboratori sono messi male, e in effetti non hanno nessuna delle moderne attrezzature che abbiamo in America.

Ambrosio mi ha detto che ciò che più di tutto manca non sono solo migliori attrezzature per gli studi, ma i registi. "Se", ha detto, " solo avessimo i registi che avete in America. I nostri registi valgono poco. Questo ci ostacola più di ogni altra cosa per poter sostenere i talenti dei quali disponiamo."

Sulla via del ritorno al nostro hotel, abbiamo attraversato un po' Roma, e abbiamo saputo che negli ultimi trent'anni o più sono state realizzate molte importanti migliorie, soprattutto dal punto di vista igienico-sanitario.

Ci sono nuove arterie, strade più larghe quasi ovunque, e c'è stata una demolizione generale dei vecchi quartieri popolari. Questo, in concomitanza con la sanificazione generale e modernizzata, ha fatto sì che Roma diventasse una delle città più igieniche, una delle più sane d'Europa.

#74 - Ho chiesto delle cosiddette febbri romane, di cui tanto si sente parlare in America. A volte si trattava di malaria e altre volte del tifo che ora però sono solo un ricordo, che svanirà, nel tempo, come molti altri clamorosi pregiudizi e tradizioni. In effetti, il tasso di mortalità annuale della città è sceso da una media di oltre il 30 al 19,2 per 1.000.

Il famoso fiume Tevere ora scorre tra magnifici argini in pietra, e non inonda più i quartieri bassi della città con la frequenza di un tempo. Di tanto in tanto, mi hanno detto, ci sono state proteste da parte degli "esteti" i quali affermano che la prigionia del fiume ha cancellato il suo valore artistico, ma non c'è dubbio che la perdita artistica sia stata un salutare guadagno.

Inoltre Roma dispone di un'inesauribile scorta di acqua pura portata da zone limitrofe tramite acquedotti, che un tempo erano annoverati tra le meraviglie del mondo.

L'aria di Roma è singolarmente pura, notavamo. La città è circondata da spazi scarsamente abitati, e non ci sono i camini delle fabbriche che sputano fumo come in tante città americane e ne fanno dei veri ricettacoli di fuliggine e sporcizia. Né c'è molto consumo di combustibile nelle case,

---

129 Si tratta dello studio della Cines.

col risultato che le finestre delle case romane sono lasciate aperte per gran parte del tempo, e l'aria che liberamente le attraversano è del tutto priva di impurità o sporcizia.

Il clima a Roma è geniale e piacevole, e non è snervante come alcuni pensano sia. Il freddo dura solo circa sei settimane, e l'unico inconveniente fastidioso della condizione atmosferica è il fatto che gli sbalzi di temperatura possono essere piuttosto repentini. Bisogna essere preparati, ma preavvertiti diventa innocuo, e per le persone accorte c'è ben poco di cui preoccuparsi.

Avevamo letto da qualche parte che per avere l'idea migliore di Roma e della sua situazione topografica, la cosa da fare è prendere una carrozzella e girare per circa tre ore per le strade principali.

Di solito, come ho detto altrove nel mio diario, non amo le visite guidate e organizzate. Penso che queste distruggano l'afflato poetico. Preferisco vagare per le strade di una città, per conto mio, senza meta, perdendo molto di quanto i turisti "dovrebbero vedere", forse, ma assorbendo colori e temperie a modo mio, quello più adatto alle mie particolari inclinazioni. L'incrocio casuale con una persona in una via secondaria, il capitare in un qualche strano negozietto velato da un'oscurità pittoresca e polverosa, l'improvvisa apparizione di un gruppo di edifici, rendono la città più tua, più indimenticabile di quanto lo sarebbe grazie alle abituali visite turistiche. In tal modo si conosce da se stessi una città, non come l'hanno percepita quelli che ci sono andati prima e coloro che lì arriveranno dopo di te.

È come conoscere una persona. Detesto sentirmi parlare di una persona prima di incontrarlo o incontrarla. Voglio creare da me le mie impressioni, fresche e di prima mano. Voglio essere come argilla modellabile sulla quale si possano lasciare impronte genuine. Oppure è come sentirsi raccontare un libro, un'opera teatrale o un personaggio. Non mi piace mi venga sottratta la possibilità di godere delle prime impressioni. È come privare dell'affilatura un coltello luccicante.

Ma avevo ragioni per voler rivedere Roma in modo metodico piuttosto che monotono e ripetitivo. In fondo io faccio parte dei romani, la sua realtà è già nel mio sangue. In questo modo, posso imparare qualcosa di più. Quello che volevo fare in questo caso era "capire" la città dal punto di vista topografico. Volevo averne in mente una mappa nuova, rivista e aggiornata.

E così, questo pomeriggio, abbiamo preso la classica carrozzella e abbiamo peregrinato... e abbiamo sognato...

Su e giù per le strade come la Via Babuina, la Via Sistina, la Via Quirinale, fermandosi lì in Piazza per la vista. La Via Nazionale e fino a sinistra fino alla Via Agnostine Depretis e quindi imboccando la Via

Garibaldi, Via Condotti e numerose altre, arrivando nuovamente al punto di partenza, Piazza di Spagna, uno dei percorsi più interessanti al mondo[130].

Mi sentivo in qualche modo, curiosamente a mio agio tra tutte queste strade, piazze e panorami. Le persone che ho incrociato erano, dopo tutto, la mia stessa gente. Non avevo la sensazione di essere un estraneo tornato a visitare un luogo un tempo familiare, ma piuttosto come se fossi di nuovo a casa senza essermene mai andato.

Stasera abbiamo cenato con il Barone Fassini e siamo andati al Circa Monza, dove si svolgevano le gare automobilistiche[131]. Da lì abbiamo fatto un giro in macchina fino a Piazza San Pietro al Vaticano. È uno spettacolo meraviglioso. Vedere questo impressionante colonnato, reso ancor più eccezionale dai marmi rischiarati dalla luce lunare. Su ogni lato c'è un'arcata quadrupla, e se ti trovi, come abbiamo fatto noi, in un punto preciso, puoi abbracciare con uno sguardo, tutto il porticato.

E poi abbiamo visto il Colosseo al chiaro di luna!

Suppongo che non ci sia nessun posto al mondo dove ci siano studenti e anche amanti, che il pensiero, il sogno di vedere il Colosseo al chiaro di luna, non abbia giocato la sua grande o piccola parte. È uno dei luoghi della terra più sognati dagli amanti. È ricco di storia, leggende e di colori, che non può deludere. Non è forse così leggendario, che dovrebbe essere ammirato solo al chiaro di luna? Dovrebbe. Il Colosseo indossa l'abito lunare per diritto divino, per il suo passato e per la sua bellezza.

Fassini, che conosce Roma come un ben noto libro aperto ci ha raccontato di vicende occorse nei diversi luoghi.

Dove un tempo c'erano la loggia imperiale e le due porte opposte, la Porta Viviaria [132] e la Porta Mortuaria, la prima dove le sfortunate vittime entravano vive, e la seconda dove venivano portate fuori morte.

---

130 I nomi corretti delle vie citate sono: via del Babuino, via del Quirinale, via Agostino Depretis, via dei Condotti. Per arrivare da via Depretis a via Garibaldi il cammino non è breve in quanto via Garibaldi collega Trastevere col Gianicolo mentre da via Depretis si può arrivare alla Spianata dell'Esquilino e alla Basilica Papale di Santa Maria Maggiore e quindi ci si può spingere sino alla popolare piazza Vittorio Veneto, sede di un pittoresco mercato.

131 Sono rimasto colpito da questa menzione "Circa Monza" perché l'unico circo della zona è il Circo Massimo, un grande stadio dove si tenevano gare delle bighe. Ma il fatto che il redattore abbia scritto "dove si svolgevano le corse automobilistiche", denota nulla conoscenza storica e un confusione linguistica tra il Circo Massimo e il circuito automobilistico di Monza, vicino a Milano, che circa 600 km a nord di Roma. Forse il redattore frettoloso è stato ingannato dalla data 9 settembre 1923, giorno in cui fu corso il terzo Gran Premio Automobilistico d'Italia e il primo Gran Premio d'Europa proprio a Monza.

132 Ci si riferisce sicuramente alla Porta Vivaria.

Ci ha anche mostrato tutti i diversi luoghi dove i cristiani venivano rinchiusi; da dove facevano entrare gli animali o porte "bestiariae"; gli spogliatoi dei gladiatori; da dove facevano entrare l'acqua perché, per le loro spettacolari battaglie navali, inondavano l'arena e il grande scarico da dove l'acqua per queste battaglie veniva drenata.

Naturalmente il Colosseo è in rovina, ma all'eterna luce della luna e con l'esercizio di un poco d'immaginazione, potei figurarmelo come fosse in quei giorni passati di incredibili crudeltà, rosso del copioso sangue versato, spettacoli che, al giorno d'oggi farebbero rivoltare lo stomaco più forte e sconvolgerebbero i nervi più tranquilli.

Mi ha portato a farmi domande sulla crudeltà. Che cos'è, dopo tutto? Una questione di confronto come per tante altre cose. La folla che accorreva intorno a Nerone[133] per vedere le fanciulle e i giovani cristiani scagliati in pasto ad affamate bestie feroci era forse più crudele delle più raffinate e meno spettacolari crudeltà di oggi? Crudeltà che spingono giovani donne a consumare la loro giovinezza su macchinari frastornanti in abiti impolverati; crudeltà che incatenano uomini e donne a fatiche non congeniali anno dopo anno, finché la Clessidra si svuota e viene capovolta? Quella era una crudeltà devastante, l'improvviso spumeggiare di un bagno di sangue e lacrime; quindi il fragore degli applausi, le ovazioni della folla che poi leccava dalle proprie labbra morsicate la schiuma macchiata di sangue. Ora chiudiamo gli occhi, mettiamo le mani sulle orecchie e rifiutiamo di sapere che le crudeltà esistono. Non applaudiamo più la sofferenza. Semplicemente la ignoriamo. Ebbene, chi può dire qual sia la circostanza peggiore?

Per ricordare il Colosseo ai tempi del suo passato splendore, tanto che il chiarore lunare non può cancellare del tutto il rosso sangue che lo ha macchiato così gloriosamente e così ingloriosamente, le facciate sono tutte ricoperte di marmi, bronzi e dorature. Poi in cima e tutt'intorno c'era un'enorme tenda che i marinai romani stendevano per proteggere gli spettatori dal calore del sole. Ancora si possono vedere le tracce di dove era appesa questo velario e ci sono ancora i punti bruciacchiati dove le vestali tenevano accesi i loro fuochi.

Il Colosseo conservò tutti i suoi marmi e bronzi fino al medioevo. Quindi i papi decisero che il Colosseo era un monumento pagano e che era potere della Chiesa rimuovere tutti i bronzi, eccetera. Le statue e gli ornamenti furono rimossi e trasformati in campane per chiese. Poi la maggior parte delle statue marmoree furono portate via come quelle

---

133 È molto difficile che Nerone abbia anche solo visto il Colosseo in quanto lui morì nell'anno 68 dell'era corrente mentre la costruzione dell'anfiteatro Flavio fu iniziata nell'anno 70 dell'era corrente per volere dell'imperatore Flavio Vespasiano, la costruzione del Colosseo fu conclusa dall'imperatore Tito, che lo inaugurò il 21 Aprile dell'anno 80 dell'era corrente. Il nome "Colosseo" si diffuse solo nel Medioevo, e deriva dalla deformazione popolare dell'aggettivo latino "colosseum" traducibile in "colossale".

intorno al Castello Sant'Angelo. I bronzi venivano anche fusi e trasformati in palle di cannone. Tutto ciò in nome della cristianità perché erano monumenti pagani. (Come fossero stati osceni!)

C'è una storia raccontata in relazione a questo vandalismo. Roma è stata invasa molte volte, come senza dubbio tutti sanno, da Goti, Visigoti, Unni e così via, e da loro saccheggiata. [134] E si dice che questo particolare ordine fu dato di prendere tutti i bei marmi del Colosseo sotto il Papa che per caso apparteneva alla famiglia Barberini - per gioco di parole gli italiani dicevano "Quello che non fece il Barbiere (i barbieri)[135] a Roma, lo fecero i Barberini".

Nel secolo scorso, però, come tutti sappiamo, Benedetto IV[136] dedicò il Colosseo alla memoria dei primi cristiani che qui subirono il martirio e ne fu impedita un'ulteriore spoliazione. Nel 1805 e nel 1828 vennero eretti due grandi contrafforti a sostegno dell'edificio.

Fassini raccontava tutti questi fatti, alcuni li avevamo saputi e dimenticati, altri non li conoscevamo affatto, mentre stavamo lì, a capo scoperto, bagnati dal chiarore lunare, che sembrava, in qualche modo, essere solo del Colosseo questa notte e non avesse alcun rapporto con il resto del mondo.

Fassini ci ha mostrato anche parte del pavimento che è stato ricostruito. Sembra che nel XV secolo due famiglie si combattessero. Una di queste famiglie si ritirò nel Colosseo, lo fortificò e vi soggiornò durante i combattimenti. Dimentico esattamente il nome, ma credo ci avesse detto la famiglia Orsini[137]. Si può ancora vedere dove hanno fatto un'apertura per l'acqua. Naturalmente furono cacciati e il governo in seguito cercò di riparare le devastazioni che avevano causato.

Fassini ci mostrò anche il passaggio per il quale l'imperatore era solito scendere dal suo palazzo, che era più lontano sul colle Palatino,

---

134 Goti, Visigoti e Unni come invasori della Città eterna? Si noti che Attila, re degli Unni, non è mai riuscito ad avvicinarsi Roma e non l'ha saccheggiata. Di tutti i barbari menzionati solo i Galli Sènoni guidati da Brenno nel 390 a.C, e i Goti di Alarico tra il 24 e il 27 agosto del 410 d.C. meritano una citazione. Poi nulla sino al sacco di Roma che ebbe inizio il 6 maggio 1527 dell'era corrente a opera delle truppe imperiali che erano state al soldo di Carlo V d'Asburgo, composte principalmente da lanzichenecchi tedeschi, circa 14.000, oltre che da 6.000 soldati spagnoli e da un imprecisato numero di bande di italiani.

135 La citazione corretta è "Quello che non fecero i barbari a Roma lo fecero i Barberini" Frase satirica, indirizzata a papa Urbano VIII Barberini e ai membri della sua famiglia per gli scempi edilizi di cui si resero responsabili a Roma nel 1600.

136 Il Papa che consacrò la Via Crucis creata nel Colosseo nel 1740, fu Benedetto XIV e non Papa Benedetto IV nel 1800. Benedetto IV è stato il 117° papa della Chiesa cattolica dal giugno 900 sino alla sua morte il 30 luglio 903.

137 Il Colosseo nel XIII secolo venne murato per farne una fortezza ad opera della famiglia dei Frangipane. Il riferimento agli Orsini deriva, forse, dal fatto che nel XIV secolo gli Orsini e i

affinché nessuno potesse avvicinarsi a lui così da poter entrare, discretamente, nel suo palco imperiale.

Fassini chiese a una delle guardie se potevamo vedere le celle dei prigionieri.

La guardia ha detto, in modo perentorio, "No".

Sembra che fino a cento anni fa il Colosseo fosse un luogo molto pericoloso specialmente di notte. Non solo un luogo di passione al chiaro di luna, ma anche di morte. La morte, trasformando una luna fatta di sciamito[138] in un sudario per gli intrepidi vagabondi. I briganti si nascondevano lì e, più recentemente, detenuti evasi, taglia gole, assassini, banditi e altri criminali si nascondevano lì e ogni settimana c'erano omicidi uno dopo l'altro.

Ora lì ci sono guardie sia di giorno sia di notte, non tanto per i malviventi, perché sono ben consapevoli del fatto che il luogo è sorvegliato, ma per gli aspiranti suicidi, che scelgono il Colosseo come luogo adatto per dare un drammatico addio a una vita diventata insopportabile. È un po', comicamente-tragicamente, come il ponte di Brooklyn sull'East River di New York, trampolino per l'ultimo salto.

La guardia ci ha detto che solo due settimane prima del nostro arrivo a Roma un tedesco è salito in cima al Colosseo e si è buttato verso una morte sconvolgente. Inoltre, circa due giorni fa, un giovane italiano, apparentemente gironzolando intorno, all'improvviso tirò fuori una rivoltella e si sparò. La guardia ci ha mostrato il punto esatto di questa recente tragedia e la pietra ancora macchiata di sangue, una rabbiosa macchia nella bianca luce lunare.

Ho chiesto alla guardia cosa ne pensasse del fascino della la morte, e disse che non ne aveva idea; che c'era un qualcosa di particolare in questo.

Non lo so nemmeno io, ma in qualche modo non mi sembra così particolare. Se uno, a Roma, cercasse la morte con le proprie mani l'istinto lo porterebbe al Colosseo dove tante sofferenze sono state patite. È il luogo in cui è stato versato tanto sangue. Forse quel sangue sofferente grida e trova pace solo nello spargimento di sangue nuovo.

Devo chiudere per stasera. Per quanto rabbrividisca a restare, anche solo sulle pagine del mio diario, solitario nel Colosseo per tutta la notte... rimuginando su macchie nuove e macchie che nemmeno il tempo potrà mai lavare.

Colonna ottennero il permesso di cavarne pietre e marmi.

138 Lo sciamito era un tessuto stimato la stoffa serica più preziosa del Medioevo, poteva essere ammirato su paramenti e abiti sontuosi, privilegio delle classi elevate della società veneziana. Spesso aveva ricchi decori ricamati con fili d'oro e d'argento. E qui mi stupisco per la colta citazione!

#75- **Roma, 9 settembre**[139]

Ancora nel Colosseo, sacro edificio che incombe così importante sulle pagine della storia.

Stavo meditando sul mistero, poi non così inspiegabile, che attira gli uomini al Colosseo a morire di propria mano. Dopotutto, quasi tutto è associazione, associazione d'idee.

Gli psicologi, Freud e gli altri eminenti pionieri nel regno del subconscio, credono che sia, in gran parte, anche associativo. Dicono che se un bambino, in un momento o un altro, è stato colpito profondamente, anche se inconsciamente, dall'immagine di sua madre in un abito bianco sotto una lampada dalla calda luce rosata, è molto probabile che una ventina di anni dopo, s'innamori di una ragazza che gli appare, vestita di bianco, sotto una colorita luce elettrica. Potrebbe non saperlo, potrebbe non avere idea che questo sia il motivo della sua attrazione. Può attribuire questo a diverse emozioni, alla sua bellezza, ai di lei talenti o alla sua intelligenza. Ma per tutto il tempo è stata la sua memoria subconscia a risalire dal passato per magnificare il presente.

È alquanto difficile cogliere il senso dell'analisi di cosa faccia scaturire i pensieri, eppure è affascinante cercare di decifrare i messaggi che popolano la nostra mente. Ad esempio, quanto doveva essere grandioso a Roma, nel lontano passato, in quell'era di dominio e supremazia mondiale, l'aver fatto parte delle folle adoranti che accoglievano il ritorno a casa di un grande condottiero, vincitore di potenti eserciti, per mostrargli la propria venerazione. L'aver potuto, seduti ai piedi dei grandi uomini di stato e degli eloquenti oratori latini, ascoltare le loro dissertazioni e dalle loro stesse labbra.

Quanta forza c'è in questo ragionamento che non ho mai avuto il tempo, né lo stimolo di meglio conoscere. Ero troppo impegnato a lavorare e vivere per approfondire l'analisi in questo e in altri ambiti ad esso collegati. Ma oserei dire che c'è una logica in tutto questo, se non ben di più.

E tutto ciò vale, certo, per quei poveri disgraziati che vanno a morire al Colosseo. Morte. L'associazione con la morte. Questo e null'altro li attira al Colosseo per compiere la più Grande Avventura. Muoiono dove altri sono morti prima di loro.

La morte rifugge la luce del sole, nella quale le massaie indaffarate e le donne di piacere esercitano le loro dissimili attività. La morte richiede discrezione e solitudine. La morte si mette in pratica, come quel balsamo più lieve, il sonno, in un luogo buio!

---

[139] Lunedì 24 settembre

Proprio sotto il Colosseo c'è un tremendo baratro chiamato, a ragion veduta, il Luogo dei Suicidi, per il fatto che lì si sono verificate tante di queste morti.

Il protagonista del "Trionfo della morte" di D'Annunzio, cadde mortalmente in questo dislivello di 400 metri. È sconcertante e in questo, suppongo, stia la seducente fisicità dell'atto.[140]

Mi sembrava un luogo indicibilmente infestato da fantasmi. Sgradevolmente invaso da spettri. Come se quegli stessi spiriti scomparsi da tempo ci sfilassero accanto con facce stravolte. Orribili volti austeri. Tutti impauriti. Facce di cui avevano privato il mondo con le loro proprie mani.

Viene da pensare, quando si tocca questo argomento: che ci siano state così tante persone che hanno sofferto così tanto che la vita è diventata per loro insopportabile. La vita, che è così potente! Molti di loro devono aver anche temuto quello che la Morte avrebbe potuto portare, poiché la maggior parte di noi crede che il suicidio sia un peccato mortale, che vada severamente punito. E di tal genere è il nocciolo penoso di tutto questo; se temendo la morte, come molti di loro devono averla temuta, si fossero soffermati a pensarci, avrebbero temuto ancor di più la Vita. Ovunque si vada, pensavano, almeno non sarà vita! Quanto dolore deve averli stravolti per condurli a questa tormentata conclusione.

Ho molto spesso pensato che questo fenomeno, abbia a che fare con la salute. Potrei scommettere che non c'è mai stato un suicida che fosse in forma fisica. Le loro menti malate non erano altro se non il prodotto di corpi malati. Ricordo, anche se con estrema lievità, che quando arrivai la mia prima volta in America e stavo vivendo i miei periodi più sfortunati, sedevo in un piccolo ingresso, con l'aria viziata, amorfo, inerte, e sentivo che le tenebre dei secoli premevano sulla mia anima e sul mio corpo. Poi, disperato, uscivo e camminavo, vagavo per miglia e miglia, per le vie della città respirando profondamente, bevevo un litro di latte e dormivo tutta la notte così la mia sofferenza svaniva tanto che non mi sentivo più la stessa persona. Il mio corpo era in forma, e così, per lo stesso motivo, il mio modo di vedere le cose.

La vista di monumenti fantastici e colorati del passato ha la tendenza a rinvigorire ed eccitare una persona immaginifica come me, e mentre

---

140 Sotto il Colosseo non esistono baratri profondi circa 400 metri ma alcun laghetti sotterranei e un fiume, anch'esso sotterraneo, di baratri non c'è ombra alcuna. L'autore del diario cita, a prova, il romanzo *Il trionfo della morte* di Gabriele D'Annunzio, nel quale si narra la storia di due amanti, Giorgio Aurispa e Ippolita Sanzio, che misero fine alle loro vite abbracciati, in un omicidio suicidio, con un salto in quel baratro, cosa che avvenne da un'alta rupe in Abruzzo, a San Vito Chietino, nei pressi di Ortona Mare in provincia di Chieti, a 240 chilometri dall'inesistente forra al Colosseo. Nel romanzo *Il trionfo della morte* si racconta anche di un suicidio romano ma non dei protagonisti né al Colosseo bensì di un passante che si suicidò gettandosi giù dalla terrazza del Pincio fatto questo che sconvolse i due amanti che lì passeggiavano.

rifletto sull'ambiente circostante, le mie fantasie assumono una miriade di dimensioni diverse. Ora mi rendo conto di quanto sono stato influenzato e suggestionato da quei luoghi dal potente passato. Ho sentito, in modo secondario, come transitorie e incomprensibili siano le nostre più grandi vanterie e realizzazioni in un giorno e in un'epoca diversi.

Naturalmente il Colosseo non mi ha portato solo pensieri di morte, anche se sembrava che ci soffermassimo molto su quell'aspetto.

C'è, a parte tutto questo, la sua grande imponenza che è, dopo tutto, la sua immagine più forte e duratura. E c'è anche, soprattutto alla luce del sole, come abbiamo visto questa mattina, l'imperante percezione della vita. Sentivamo che qui c'era qualcosa che sarebbe durato inespugnato. Prima che sgorgasse il sangue rosso, c'erano combattimenti, c'era grandezza. Le folle romane, con le loro grida, i gladiatori, con i loro corpi magnifici, il fetore e i ruggiti delle belve... la vita. Vita cruda.

Altro sangue è stato versato. Altre vite vissero momenti drammatici. La vita e la morte per martirio. Martiri che patirono la morte del corpo affinché le loro anime immortali potessero vivere. Nel Colosseo c'è anche odore di santità.

È una buona cosa vedere il Colosseo dopo aver vissuto lontano. Perché solo allora, penso, la magnificenza del luogo è comprensibile.

Roma, 10 settembre[141]

Ieri sera abbiamo trascorso un'altra serata affascinante. Abbiamo cenato con il barone Fassini nel suo appartamento di palazzo Titoni[142], e da lì ci siamo diretti al suo castello di Nettuno.

Si tratta di un'ora e mezza di auto da Roma, proprio lungo la costa tirrenica. La costa del mare italiano! E il castello venne ricostruito secondo i progetti originari ritrovati nelle rovine[143].

Ho camminato al chiaro di luna.

E una sensazione inquietante mi prese. Sentivo che queste mura, se solo avessero potuto parlare, avrebbero raccontato storie tremende, ancora avvincenti.

#76 - Storie d'amore. Storie di lussuria. Storie di omicidi, rapidi, infidi e inaspettati. Soprattutto se gentiluomini come Cesare Borgia potessero alzarsi e parlare... ah se parlassero.

---

141 25 settembre 1923
142 Palazzo Tittoni
143 Il forte Sangallo ebbe alcuni restauri e non ricostruzione, solo nel 1989.

Penso che mi affascinerebbe vivere in un posto del genere. Ho nervi molto saldi, o, anche, un'immaginazione che ha bisogno di tali stimoli. Mi sono sempre sentito stranamente a mio agio e a casa in posti di questo genere.

#77- Non ho paura dei morti, né dei fantasmi. La tradizione delle macabre paure che hanno scosso la razza umana al pensiero o al timore di incontrare i morti, mi è del tutto estranea. Non ho paura di nulla che riguardi l'aldilà della vita.

E non è perché non ci credo. È perché io sì ci credo nel soprannaturale. Ma non credo che ci sia qualcosa di cui vorrei, o potrei, avere paura.

Mi sembra che ci siamo più motivi per temere i vivi piuttosto che i trapassati, scrollandosi di dosso, mentre se ne vanno, i desideri e le cattiverie del corpo.

Credo straordinariamente nelle manifestazioni soprannaturali, anche se personalmente non ne ho mai viste. Sono un grande sostenitore dell'immortalità dell'anima. Questo è assolutamente al di fuori di ogni dubbio. Ci deve essere uno scopo, una meta finale per noi.

So che è stato molto detto e fatto per dimostrare che si trattava di specchietti per allodole e del tutto fallaci. Pieno di buchi, come si dice in America.

So che ci sono state molte invenzioni a proposito degli esperimenti di Sir Arthur Conan Doyle, ma senza dubbio è un fatto che c'è qualcosa dentro di noi, non un organo, un qualcosa che chiamiamo anima, e che non può smettere di vivere semplicemente perché i nostri corpi cessano di esistere.

Di cosa si tratta non possiamo dirlo finché non arriviamo lì. E perché dovremmo dirlo? Non sappiamo se esiste un futuro. Eppure noi crediamo che ci sia, implicitamente. E continuiamo a pianificarlo, sebbene non si abbiamo prove tangibili che una nuova Aurora possa mai stupire il mondo, tanto meno noi stessi...

I nostri corpi sono solo conchiglie, in cui possiamo udire, se ascoltiamo con orecchie accordate, l'eterno mormorio del mare.

Quello che l'uomo medio chiama Morte, credo sia semplicemente l'inizio della Vita stessa. Viviamo semplicemente oltre il guscio. Emergiamo dai suoi angusti confini come una crisalide. Perché chiamarla Morte? Oppure, se la chiamiamo Morte, perché circondarla di paure oscure e di fantasie malate?

Non ho paura dell'ignoto.
Se vivi secondo la tua coscienza (se ne hai una, s'intende), e vai avanti per tutta la vita vivendo secondo i dettami di quella coscienza, e non fai mai nulla che tu possa essere costretto a mettere in discussione con

imbarazzo, cosa c'è da temere? Cos'altro, cos'altro puoi fare? Con questo non intendo si debba vivere nel senso religioso della parola quanto vivere giustamente, vivere onestamente. Non solo per quanto riguarda le altre persone, ma per quanto riguarda te stesso.

Una vita vissuta in questo modo non ha angoli bui in cui i fantasmi possano insinuarsi. Una vita così vissuta non avrebbe bisogno di temere i fantasmi visti, poi, alla luce forte e libera del giorno. Non ci sarebbe quindi motivo di temere i fantasmi più di quanto l'uomo che vive onestamente abbia paura di un poliziotto. Solo il criminale ha paura del poliziotto. Ha paura perché il poliziotto rappresenta la Legge, e in un certo senso il delinquente non sa cosa la Legge gli riserverà, cosa sarà in grado di fargli. Immagina ogni genere di cose che non concepirebbe se la sua coscienza fosse pulita.

Suppongo che se vedessi un fantasma gironzolarmi intorno sarei momentaneamente nervoso, non tanto perché avrei visto un fantasma, ma perché avrei visto qualcosa di nuovo e sorprendente. Qualcosa di cui ho sentito, come tutti hanno sentito, tante cose da brividi. Ma sono sicuro che dopo la prima impressione non mi spaventerebbe. Mi meraviglierebbe come succederebbe per qualsiasi altra cosa che mi prenda di sorpresa, ma dopo che la forte emozione si sarà esaurita, mi ci abituerei. Potrei persino essere in grado di iniziare con lui una conversazione piacevole e interessata!

Per quale ragione ne avrei paura? Perché dovrei averne paura? Perché non dovrei essere felice, piuttosto, di aver avuto il privilegio di avere ottenuto prova certa di una qualche vita a venire dopo il nostro trapasso? Avrei più paura di incontrare qualche persona viva, come un assassino o un ladro, o qualcosa del genere, in un angolo buio, piuttosto che un fantasma. Avrei capito le cattive intenzioni dell'assassino. Che avrebbe voluto farmi del male e probabilmente ci sarebbe riuscito.

Abbiamo cenato deliziosamente al castello. Di certo la possibilità dei fantasmi non ha influito sul mio appetito, e nemmeno su quello di Natacha. Questo lo posso testimoniare, senza dubbio alcuno. È un posto meraviglioso, in cui Mussolini va spesso a riposarsi.

#78 - Il barone ci ha mostrato la stanza dove dorme Mussolini quando ci va. Un castello è l'ideale quando è attrezzato con ogni comodità moderna, pur conservando l'atmosfera antica. Non sono mai stato in un luogo in cui il vecchio e il nuovo siano stati così perfettamente fusi senza che l'uno, in nessun modo, rechi danno all'altro.

Il barone mi ha detto che qualora avessi desiderato girare un film lì, sarebbe stato felice di lasciarmi usare l'intero castello come scenografia naturale se ne avessi avuto bisogno. [144] È stato ricostruito esattamente come era nell'XI secolo. [145]

È stata una serata piacevolissima, imbevuta dall'atmosfera e dal sapore di una memoria che ha fatto rivivere gli antichi splendori, quasi come se le genti che lo avevano abitato fossero tornate. Porte segrete e solide prigioni sotterranee, corridoi bui e spettrali e sale da pranzo dalle alte volte... splendori baronali trasportati a questo giorno senza il sacrificio delle mani morte che li avevano forgiati e degli spiriti trapassati che li avevano abitati. Solo una grande fantasia, diretta da mani esperte, avrebbe potuto raggiungere un tale risultato.

Sarebbe una cosa leggendaria girare un film lì, e un giorno spero di farlo. Nessun critico, ne sono certo, potrebbe mai criticarci per mancanza di autenticità, se un film su quell'epoca fosse girato nel castello di Nettuno.

Non ho incontrato il primo ministro Mussolini[146] e la mia permanenza è così breve che temo questo piacere mi venga negato. Doveva essere organizzata una cena in modo che io lo potessi incontrare, e volevano che rimanessimo più a lungo, ma quando siamo tornati in hotel stasera, abbiamo trovato alcuni telegrammi che ci aspettavano e che richiedevano attenzione così Natacha ha deciso che rientrerà a Nizza.

Non potrei, non posso andare, senza perdere almeno tre quarti dello scopo del mio viaggio, che è andare nella mia città natale e vedere la mia famiglia. Ne abbiamo parlato e abbiamo deciso che per me ritornare sarebbe stata una pura sciocchezza. In un certo senso, Natacha, per quanto ami l'Italia, non è dispiaciuta di tornare, credo. Odia le macchine aperte e le strade polverose (per non parlare della mia guida), e così domani sera la accompagnerò a un vagone letto per Nizza. La zia rimarrà con me e lei, mia sorella e io andremo avanti insieme.

Scriverò domani quando Natacha sarà partita.

Roma, 11 settembre[147]

Natacha è partita.

---

144 A questo proposito Valentino, il 15 marzo 1924, spedì una gentilissima lettera raccomandata al barone Fassini chiedendogli la concessione del forte per girare un futuro possibile film. La lettera, parte dell'archivio della nipote del barone, contiene anche gli appunti, di pugno di Fassini, per la risposta.
145 Il Forte Sangallo è stato costruito intorno al 1501 e 1503 pertanto è stato edificato nel XVI secolo.
146 Tutto ciò accadeva nell'anno primo dell'era fascista e Mussolini era interamente occupato nella costruzione del suo potere e poi, ritengo, non fosse entusiasta dell'immagine di Rodolfo Valentino così lontana da quella pretesa dalla retorica fascista.
147 26 settembre 1923

#79 - Se n'è andata, e l'ho vista partire, con un dispiacere mescolato al senso del dovere che scaturisce dal sacrificio. Sapevo che doveva lasciarci. Non solo per motivi di lavoro, l'urgenza le ha dato l'ultima spinta a partire, ma anche perché, in realtà, non se la sentiva di proseguire il viaggio. Gli attacchi di nervi che ha avuto da quando siamo arrivati in Europa sono stati forieri di questa decisione e, in un certo senso, sarò più a mio agio, anche se molto solo, sapendo però che è con nostro padre e nostra madre ad aspettare, comodamente riposando, il mio ritorno.

La gente spesso mi dice che le coppie sposate dovrebbero separarsi di tanto in tanto. Per ragioni estetiche, suppongo che intendano. Ma non sono d'accordo con loro. Se nel matrimonio si stabilisce un'armonia, la separazione lo disturba piuttosto che aumentarlo. E solo quando viene compromesso il bene dell'uno o dell'altro dovrebbe verificarsi una separazione. È nella natura umana essere soli, ed è nella natura umana cercare di alleviare la solitudine in un modo o nell'altro. È proprio quel fattore che disturba così tanti matrimoni di palcoscenico, di cinema e di altre professioni. Non è che le persone coinvolte siano più o meno brave di altre persone in altri tipi di attività, ma solo che sono, forse, più sensibili e più dipendenti unitamente a fatto che le esigenze del loro lavoro, non i loro desideri, spesso li ha portati, dove sono.

Sono solo oggi per la prima volta dopo molti mesi. Potrei scrivere una dissertazione sulla solitudine se ne avessi il tempo. È come una nebbia marina che ti raggela sin dentro alle ossa.

Tra un'ora o due partiremo per Campo Basso[148], dove c'è mio fratello. Zia, mia sorella ed io. Zia e mia sorella si sono organizzate per sedersi insieme sul sedile posteriore dell'auto in modo che non sappiano cosa la strada (e di nuovo la mia guida!) riserverà loro. Natacha dice che o sono nevrotico per la mia abilità al volante, oppure che ho la coscienza sporca, altrimenti non mi ci soffermerei così costantemente. Le dico che la mia storia come autista parla per me. Non ho niente da aggiungere.

Ora per il prossimo tappa del viaggio!

Campo Basso, 12 settembre[149]

Ieri abbiamo percorso un itinerario meraviglioso, da Roma a Campo Basso. Ho desiderato disperatamente che Natacha fosse rimasta con noi per darle l'occasione di apprezzare la mia accortezza nella guida su quel tratto di strada insolitamente buono. E lo scenario lungo la strada era meraviglioso. Quasi impossibile da descrivere. Il paesaggio

---
148 L'ortografia corretta è Campobasso.
149 27 settembre 1923

continuava a cambiare di continuo e ci sarebbe voluto un caleidoscopio per consentire alla mente di rendergli giustizia. Bellezza cangiante... colori che si dissolvono in altri colori... grandiosità che lasciano il posto ad altra imponenza...

Anche le persone continuavano a mutare, così è la mia terra. I loro costumi, le loro usanze, le loro lingue ufficiali. Anche i loro dialetti. Tanto che era un panorama che continuava a trasformarsi.

#80 - L'unico modo per esprimerlo perfettamente e dare un'immagine reale sarebbe avere una cinepresa e filmare mentre si viaggia. Se dovessi iniziare a raccontare questi luoghi, metterei fuori gioco Cook Cook[150] e anche Baedecker Baedecker[151] e, per fare buon peso, potrei scrivere volumi e volumi che senza dubbio interesserebbero solo quei pochi, genuini e autentici amanti del panorama. Pochi lo sono, trovo.

Le città hanno una bellezza che per me è meravigliosa quanto la magnificenza delle campagne. Sono luoghi incantati se li guardi con occhi sognanti. Pinnacoli, torri e torrette, opalescenti e sereni, che penetrano i cieli con un'eccezionale sfrontatezza e coraggio da togliere il fiato. Non sono meno maestosi perché sono artificiali, in quanto sono il risultato di sogni imponenti e ispirati, anche se inconsciamente, alle vette delle alte montagne, all'inerpicarsi di fondazioni rupestri, tanto da mettere fuori gioco le antiche piramidi.

E quindi non azzarderò volumi qui... un giorno, forse, quando sarò un vecchio con una lunga barba bianca e la mia scorta di pittoresche reminiscenze si sarà esaurita, tornerò agli splendidi scenari che ho attraversato durante il mio viaggio per dare l'immagine da me creata al mondo in attesa.

Malgrado tutto ciò, abbiamo visto uno spettacolo molto interessante andando verso Campo Basso in provincia di Abruzzo[152] sull'Appennino. I contadini dei dintorni hanno conservato sia i loro abbigliamenti antichi sia le loro antiche usanze. Proprio quel giorno stavano rientrando da una *fiera*, o dal giorno di mercato. Dai borghi e paesini tutt'intorno vanno, conducendo il bestiame, i maiali, trasportando i loro prodotti, siano essi del telaio, o dei campi, o delle vigne, il loro latte e formaggio da vendere, tutto quello che hanno... E anche per comprare lì

---

150 Thomas Cook (Melbourne, nel Derbyshire, UK - 22 novembre 1808 - Leicester, UK - 18 luglio 1892) è stato un pastore protestante e imprenditore inglese. Fondatore della prima agenzia di viaggio, la Thomas Cook and Son (divenuta poi Thomas Cook Group), è considerato l'inventore del turismo moderno.

151 La Casa Editrice Karl Baedeker, fondata da Karl Baedeker il 1 luglio 1827, è pioniere nel settore delle guide di viaggio in tutto il mondo.

152 Campobasso era capoluogo della provincia del Molise nella regione Abruzzi e Molise. Dal 1963 divenne capoluogo della regione del Molise per la separazione dall'Abruzzo.

ciò di cui avranno bisogno per un po del tempo che verrà. È uno spettacolo antico e suggestivo ricco di colore. Sembra più una pagina, uscita da un vecchio volume medievale piuttosto che un'apparizione reale vissuta in questo moderno ventesimo secolo.

#81 - Tutte le persone lontane, e anche quelle vicine, si incontrano in questo giorno speciale. Generalmente è il giorno in cui si celebra qualche santo ed è legato a ricorrenze religiose. Poi, quando arrivano a destinazione, trovano, di solito, un circo o qualcos'altro per il loro divertimento. Affari e piacere sono quindi piacevolmente combinati. In genere si fermano per due o tre giorni, banchettano, contrattano, visitano la città, spettegolano, fanno l'amore e festeggiano, e poi tornano alle loro case sparse, portando con sé ricordi che li accompagneranno per un lungo periodo di tempo.

Li abbiamo incrociati tutti mentre stavano tornando. Erano vestiti con abiti sgargianti e colorati, la maggior parte di loro portava cose sulla testa. Pochi di loro hanno carri e quindi procedono a piedi, quelli che hanno i barrocci li precedono con gli acquisti ingombranti.
È stato uno spettacolo molto interessante per me e in nessun momento, durante il viaggio, ho desiderato così tanto una cinepresa come allora. Li c'erano personaggi meravigliosi. Magnifici i colori dei loro costumi. Alcune delle giovani ragazze erano eccezionali, le più perfette che abbia mai visto.

#82 - Dall'età di tredici anni, sino ai diciassette o diciotto, alcune di queste ragazze - le giovanissime - sono straordinariamente belle. Poi, quasi invariabilmente si sposano, molte... ingrassano... si lasciano andare. Superano una certa fase, un certo periodo, durante il quale fioriscono miracolosamente. E poi, quasi da un giorno all'altro, tutto svanisce. È stato detto che la bellezza assoluta è quella leggermente sfiorata dall'incipiente decadenza. Ecco perché alcuni artisti affermano che le donne sulla trentina sono le più belle, perché non è lontano il tempo in cui la delicata fioritura comincerà a impallidire, e i petali freschi cominceranno ad avere corrugati bordi. Ho sentito artisti dire proprio questo. E, se è vero, alcune delle ragazze di questa provincia sono davvero belle, perché hanno la bellezza che chi è a loro vicino sa che inevitabilmente e molto presto andrà in decadenza.

Le loro caratteristiche in generale sono denti bianchissimi, capelli neri come la parte più nera della notte raccolti e lasciati cadere giù lisci, carnagioni abbaglianti che sembrano aver catturato e assorbito il caldo sole italiano, la luna piena, le sfumature dell'uva. Dissi a mia sorella e alla zia che un regista cinematografico in cerca di personaggi interessanti avrebbe trovato qui una vera ricchezza di materiale. Tutti i tipi, non solo il giovane tipo di bellezza. Personaggi caratteristici. Uomini vecchi. Donne anziane. Madri con bambini piccoli che si aggrappano alle loro gonne, alle loro mani, braccia e ginocchia.

E non ho mai visto nulla del genere in un film. Questo è il motivo per cui credo che se vuoi girare un film in Italia, o qualsiasi altro paese, se cerchi personaggi caratteristici devi cercare gli abitanti, l'unico posto dove questo film può essere girato è in quel luogo speciale.

La gente dice: "Ma perché viaggiare? Possiamo ricreare i luoghi. Possiamo imitare i tipi". Forse... forse... ma non credo. Non per le persone che conoscono. Credo sia una tendenza comune quella di sottovalutare ciò che gli appassionati di cinema sanno. Mi conoscono più di quanto rivelino, spesso caritatevolmente, di sapere su di me. Ciò che ricostruisci non è un qualcosa di reale, dopotutto. È imitazione, e anche se l'imitazione può essere schietta, ingenua e ben fatta, può anche essere fedele al passato, ma non è la stessa cosa. Non può esserlo. Inoltre, questi tipi reali sullo schermo risulterebbero immensamente più interessanti per tutti. E spero che se un giorno o l'altro, farò un film ambientato in Italia che richieda questo tipo di personaggi, verrò a girarlo qui, così il pubblico americano potrà vedere qualcosa di nuovo. Realtà. Non persone e luoghi inventati per scimmiottare il reale e ingannare meno di quanto si possa pensare.

Sono proprio contento di aver avuto la fortuna di assistere a questa fiera, anche la zia aveva sentito parlare di queste feste, ma non ne aveva mai viste, ne era davvero entusiasta e contenta di aver avuto l'opportunità di vederne una.

Abbiamo proseguito dopo quella piccola parentesi alla sagra paesana, dove abbiamo bighellonato, scegliendo questo o quel tipo, facendoci e rispondendo a innumerevoli domande, siamo arrivati a Campo Basso alle 17,30 di quella sera.

Siamo andati dritti a casa di mio fratello senza telefonate o preavvisi, e salimmo le scale.

Quando ho aperto la porta, ho visto, per prima cosa, un ragazzino di circa nove anni. Mi ha guardato solo una volta, dritto negli occhi, e ha detto: "Zio Rudie!" Ho detto: "Sì!" e poi con un balzo, a dir poco meraviglioso grazie alla sua agilità e mira perfetta, si aggrappò al mio collo, abbracciandomi stretto.

Non l'avevo mai visto prima, ovviamente, perché era nato mentre ero in America.

Dopo l'eccitazione del primo incontro, si è un poco calmato e ha iniziato a farmi una raffica di domande: "Hai dei dollari in tasca?" "Come sono fatti?" "Come sei venuto?"

Ho cercato di rispondere alle domande nel modo più rapido e conciso proprio come lui me le aveva poste, ma mi è stato difficile tenere il suo ritmo, lo ammetto.

Quando ho risposto all'ultima domanda, dicendo: "In auto", si è staccato da me e si è precipitato giù per le scale. Pazzo per le automobili. Proprio come ero io da ragazzino. Automobili, bovini e cavalli. Questo è tutto ciò che mi importava davvero quando avevo la sua età.

Poi mi sono rivolto a mia cognata, che era rimasta, forzatamente, in disparte durante le effusioni del figlio. Non aveva davvero avuto la possibilità di intervenire e io non avevo avuto l'opportunità di fare tanto quanto stringerle la mano o dirle "Come stai".

Dopo un rapido scambio di convenevoli, le ho chiesto dove fosse mio fratello, lei mi ha detto che era ancora nel suo ufficio. Non vedevo l'ora che tornasse, dopodiché mia cognata mi disse che si capiva chiaramente da dove il suo figlioletto avesse ereditato il suo carattere spumeggiante.

Sono corso dietro al ragazzo giù per le scale, siamo saliti in macchina, mio nipote, ovviamente, sul sedile anteriore con me. Mia zia e mia sorella si misero a ridere e dissero che questo modo diretto di reggiungere mio fratello era piuttosto differente dalle complicazioni alle quali siamo andati incontro per incontrare Maria. Io ho aggiunto che lei mi aveva sempre "movimentato la vita" e che, al riguardo, nulla era cambiato.

Inoltre, ho faticato per cercare di guidare. Se Natacha fosse stata con me, sarebbe tornata a Nizza a piedi, se necessario. Di certo avrebbe apprezzato le mie precedenti prove di guida, se non altro a confronto di questa ultima occasione.

Il mio nipotino suonava il clacson, quando non era necessario suonare. Ha cercato di afferrare lo sterzo, di tirare il freno a mano... un Mercurio[153] assoluto e reincarnato. Non poteva stare fermo o tranquillo per un istante. L'ho chiamato Mercurio e gli è piaciuto. Sembrava ritenere che gli si adattasse piuttosto bene. "Mercurio" in italiano significa argento vivo.

---

153 In italiano di un ragazzino vivace si dice abbia "l'argento vivo", sinonimo di "mercurio", nelle vene. È probabile che il redattore abbia inserito il termine "mercurio", per rendere l'idea più americana. Questo temine ha condizionato molti lettori, traduttori e biografi di Valentino, un esempio eclatante è contenuto in Dark Lover di Emily Leider che ha addirittura titolato "Mercurio" il primo capitolo del suo libro, fortemente condizionato da My Private Diary che ha portato fuori strada molti studiosi e appassionati di Rodolfo Valentino.

Finalmente siamo arrivati al Municipio, dove si trova l'ufficio di mio fratello, che è segretario generale di Campo Basso, che è il "capoluogo", ovvero il centro amministrativo della provincia. La sua è una posizione di alta responsabilità, che in America sarebbe simile a quella di vice governatore.[154]

#83 - Certo, come per la maggior parte degli incarichi ufficiali in Italia, è una posizione non molto remunerativa, ma è di grande responsabilità per un giovane e un onore di un certo rilievo. [155]
L'anno scorso, per il suo splendido modo di lavorare, è stato decorato con la Croce di Cavaliere della Corona, e questo è un grandissimo onore.[156]

Ci siamo abbracciati e l'ho trovato poco cambiato. Ho notato che gli uomini cambiano molto meno delle donne, con gli anni.

#84 - Non solo in termini di alterazione fisica, ma le loro espressioni, i loro punti di vista, il tipo di aura o atmosfera che li circonda. Mio fratello, per esempio, non era cambiato la metà di mia cognata.

Mi trovava cambiato, ma questo era solo perché non ero altro che un ragazzo quando me ne sono andato di casa ed ero stato via negli anni dei più grandi cambiamenti come per tutti. Quando me ne sono andato ero più basso, e ora lo sovrasto.
Dopo aver parlato per un po', ci ha accompagnati in albergo, perché la sua casa era piuttosto piccola e non in grado di accoglierci tutti. Ci siamo seduti nella stanza dell'albergo fino all'ora di cena, parlando... parlando.
Ne racconterò domani. Una delle ultime cose che ho promesso a Natacha era che non avrei bruciato troppo olio della lampada per scrivere su questo diario. Manterrò quanto promesso, anche se sono tentato di continuare.

---

154 Il Segretario Comunale è un burocrate che svolge compiti di collaborazione e funzioni di assistenza legale-amministrativa, nei confronti degli organi di un Comune, in ordine alla conformità dell'azione amministrativa alle leggi, allo Statuto e ai regolamenti e non ha alcun potere politico o di governo.
155 All'epoca Alberto aveva 31 anni.
156 La decorazione di Cavaliere della Corona era un'onorificenza regolarmente assegnata a pubblici dipendenti che avessero raggiunto un certo grado di responsabilità, una sorta di incentivazione gratificante di poca spesa.

Campo Basso, 14 settembre [157]

Ho parlato a briglia sciolta con mio fratello... e sì che abbiamo parlato.

#85 - Suppongo che non esistano due donne più chiacchierone di noi. C'era così tanto da raccontare e da conoscere da entrambi le parti.

La maggior parte dei nostri discorsi riguardava, come usa tra uomini, credo, quello che abbiamo fatto da quando ci siamo persi di vista.

#86 - Mio fratello ed io non avevamo tanti ricordi personali comuni da condividere come tra me e mia sorella. Come ho detto, quando eravamo tutti bambini a casa, mio fratello si considerava più grande di me e andava in giro con un gruppo di ragazzi e ragazze con qualche anno in più. È stato con Maria che ho condiviso la maggior parte dei miei scherzi e giochi da ragazzo.

Ovviamente, voleva sapere tutto del mio lavoro, più credo, sia dal punto di vista commerciale e amministrativo sia da quello puramente artistico. Gli raccontai dell'evoluzione della "neonata industria" da una dimensione più o meno dilettantistica e un po' fanfarona a un'industria classificata tra le più grandi e importanti del mondo. Gli ho parlato di tutti gli uomini di valore impegnati in questo cimento. Universitari, uomini d'affari, anche artisti. E abbiamo parlato molto delle finalità educative del cinema, di cosa si può fare quando i libri di testo e le chiacchiere non fanno che fallire...

Non aveva mai visto un mio film, anche se su questo punto non ero affatto sorpreso. In definitiva sapeva davvero molto poco del mio lavoro e di cosa significasse per me. Gli avevo mandato dei ritagli di stampa, di tanto in tanto, ma moltissimi non gli sono mai arrivati e anche perché non sa l'inglese, comunque, non aveva ricevuto un gran che da me. Quanto alle riviste che gli avevo inviato di tanto in tanto, periodici per gli appassionati con interviste, eccetera, e riviste di settore con resoconti sui miei film, non ne aveva mai ricevuta alcuna. Immagino piuttosto che i doganieri avessero tenuto le riviste per sé.

Mi ha chiesto se potevo fargli vedere uno dei miei film e io gli ho detto che l'avrei fatto sicuramente. Penserò a questo domani.

Poi, mentre stavamo parlando, ci è venuta un'idea.

---

157 29 settembre 1923

In cima a Campo Basso, proprio in vetta ad un alto colle dominante, vi è un castello, Castel Monforte, che appartenne al Duca di Monforte. È una fortezza storica qui in Italia, importante durante il periodo delle guerre feudali. Fu costruito nel 1100[158] da uno dei duchi, e sia il castello sia le fortezze hanno avuto ruoli importanti in numerose battaglie e assedi.

Nel corso del colloquio con mio fratello è emerso che la città vuole fare di questo castello un monumento di guerra. Il loro progetto è di ricostruirne una parte e portarvi i resti di tutti i giovani di Campo Basso caduti in guerra e farne il sacrario. Così facendo sarebbe diventato un monumento nazionale dedicato agli eroi morti nella grande guerra. Stanno cercando di raccogliere i soldi per realizzare questo progetto.
Gli ho suggerito di organizzare con il sindaco una grande proiezione del mio film "*I quattro cavalieri*", di far pagare alti prezzi per la visione e di utilizzare i soldi per portare a termine il restauro. Farò in modo di procurargli una copia del film.

#87 - Naturalmente, mio fratello era davvero entusiasta, molto eccitato all'idea. Primo, perché avrebbe permesso loro di realizzare molto più rapidamente ciò che avevano in mente da tanto tempo, e, in secondo luogo, perché avrebbe dato a lui e anche ai suoi concittadini, la possibilità di vedere il mio film.

Gli ho detto che sarei entrato subito in contatto con le persone giuste e che se lui farà gli accordi adatti, sarebbe stata solo questione di pochi giorni.

#88 - Mi ha lasciato ai miei telegrammi, eccetera, perché avevo molte piccole formalità da sbrigare.

Campo Basso, 17 settembre [159]

Oggi lascio Campo Basso. Ho organizzato la proiezione del film e mio fratello ha felicemente portato a buon fine la sua parte di compiti. Dice che mi comunicherà tutti i dettagli relativi all'arrivo della pellicola, eccetera, per quando sarò a Nizza.

---

158 Non esiste una datazione certa, ma un'antica pergamena risalente al 1375 racconta di un castello dominante la città di Campobasso, il castello fu restaurato, ampliato e praticamente ricostruito dopo il terremoto del Sannio nel 1456 da Cola II Monforte.
159 Primo di ottobre 1923

Mio fratello vuole che rimanga qui più a lungo, ma io desidero tornare a Nizza in tempo per potermici fermare tre o quattro giorni, e non posso farlo se sono in ritardo con i miei programmi. E devo anche tornare a Parigi, per via di affari che si prospettano lassù.

Una cosa che ho notato relativamente al mio carattere, a proposito della procrastinazione, è che se mi capiterà di trascurare le cose fino a un certo punto - invariabilmente la mia coscienza mi spingerà all'azione per rimediare al più presto agli eventuali danni provocati dal ritardo. Come regola generale, ho imparato a essere puntuale. E, stando alla mia regola generale, lo sono. Ma quando uno è in vacanza, i buoni propositi tendono a sonnecchiare mentre noi ci lasciamo andare seguendo la corrente dei piaceri di ogni giorno.

Ho aspettato davvero più del dovuto in Campo Basso, perché mi sono trovato con un ammortizzatore rotto e ho dovuto pazientare sino a che fosse sostituito. Come ho già notato altre volte, molte cose nel mio paese non funzionano con la speditezza americana. Ciò include automobili, servizi alberghieri e telegrammi.

Ho passato piacevoli giornate con mio fratello, mia cognata e il mio nipotino, per il quale prevedo una carriera nel cinema o nelle automobili. Per il momento mi sembra un po' più interessato alle auto, ma potrebbe cambiare con l'età. La sua agilità dovrebbe portarlo da qualche parte, certamente. Può percorrere maggiori distanze, in un tempo più breve e con minor sforzo apparente, di qualsiasi altro essere umano, a meno che non sia un Douglas Fairbanks in piena forma.

#89 - È la prima volta, e potrebbe essere l'ultima, per molto tempo, che sono stato insieme ai membri più prossimi di quello che rimane della mia famiglia. Sono stati giorni felici e so che un giorno mi ricorderò di loro con un piacere difficile da uguagliare. Del resto anche noi ci siamo incontrati, per la prima volta, dopo che i momenti delle decisioni di vita più importanti sono ormai passati. Abbiamo raggiunto una prima certezza, quella di sapere abbastanza bene cosa saremo, come lo saremo, e come è probabile che il nostro futuro si dipanerà. Abbiamo parlato della nostra infanzia e dei sogni e dei progetti che avevamo allora. Certamente non avevo mai pensato che sarei diventato attore. Mia sorella non si era mai sognata di diventare una donna d'affari. Mio fratello immaginava di seguire le orme di nostro padre[160], nonostante io sia sempre stato quello

---

160 Alberto, più che diventare veterinario prediligeva ottenere una laurea in legge, a questo proposito frequentò la facoltà di Giurisprudenza dell'Università di Napoli. Università che frequentò fino al 1912 quando si sposò con Ada del Mazzone in una situazione di apparente emergenza. Non avendo terminato il corso di laurea ottenne il patentino da segretario comunale presso la Prefettura di Reggio Calabria. Comunque su documenti non ufficiali, come sulla scheda d'iscrizione del figlioletto Jean al collegio San Giuseppe di Torino, quando Rodolfo morì, dichiarò la professione di avvocato.

più interessato agli animali. E adesso eccoci tutti insieme. Quello che accadrà ci è ignoto. Ha poco a che fare con Ieri e tanto meno col Domani. Il fascino di girare le pagine intonse di un libro sul quale nulla si può leggere, del quale nulla ci è stato raccontato, è come assistere a un'opera teatrale svolgersi davanti ai propri occhi, della quale si ha solo una vaga idea. Si tratta di una pietà benefica, credo, quella che nasconde ostinatamente il futuro dietro a un velo.

Stanotte saluterò nuovamente mio fratello e la sua famiglia e procederò verso sud.

Ho ricevuto un telegramma e una lettera da Natacha che diceva che si era riposata e che si stava godendo il sole e gli ultimi fiori. Mi ha anche fatto dettagliati resoconti sui vari cani.

Tarento, [161] 19 settembre [162]

Abbiamo lasciato Campo Basso questa mattina. L'ultima cosa che ho visto era davvero vivace, mio nipote impegnato in un'animata ginnastica dell'addio mentre svanivamo lungo la strada. Il sole lo colpiva in pieno, e sembrava davvero argento vivo, mentre saltellava in mezzo alla strada. Non so se sia stato più dispiaciuto nel vedermi partire o nel vedere l'auto allontanarsi. Le sue attenzioni sembravano essere equamente distribuite. Un bel ragazzo....

Andando verso Campo Basso ho forato una sola volta Ma andando da Campo Basso a Tarento ho forato per ben tre volte. Fortunatamente, sono stato in grado di cambiare i primi due pneumatici sdraiato nella polvere della strada assolata coperto dalla mia tuta da lavoro. La terza foratura è stata proprio mentre mi fermavo davanti all'albergo di Tarento.

#90 - È stata una pura casualità che sia accaduto proprio dove è successo, perché se fosse stato sulla strada, sarei potuto restare lì, abbandonato, per tutta la notte. Perché su quella strada non c'è traffico automobilistico e quasi nessun passaggio di carri.

Tarento non offriva un gran supporto a questo tipo di inconvenienti. Non c'è un negozio dove si possano acquistare ricambi auto, e ho dovuto aspettare e telegrafare in una città vicina per ottenere un pneumatico della giusta misura per la mia auto.

---

161 Il nome della città di *Taranto* è scritto *Tarento*. In quanto *Tarente* è la scrittura francese di *Taranto* e, siccome gli appunti di Valentino erano raccolti, editati e tradotti in inglese dal francese da Robert Florey, che era francese e comunicava con Valentino in francese, l'edizione finale fatta da Gladys Hall raccolse il termine francese e pensando di renderlo più "italiano" inventò "Tarento".

162 3 ottobre 1923

Il resto della famiglia ha aspettato in hotel mentre io girovagavo con una gomma a terra cercando un gommista. Quando i soccorsi sono risultati inesistenti, ci siamo fermati qui per la notte in attesa dell'arrivo del pneumatico di ricambio.

Mi sono davvero riposato quella notte, ho scritto a Natacha e anche alcune lettere per i miei a Los Angeles, ho letto un paio di libri che non ho avuto tempo di leggere prima, e ho parlato a lungo con zietta e mia sorella, facendo considerazioni su quanto avevamo fatto durante il nostro viaggio e cosa potesse essere in serbo per noi.

Quando mi sono reso conto di quanto fossi vicino all'ultima importantissima tappa del mio viaggio - la mia città natale - ho provato un'eccitazione prorompente, come quella che avevo conosciuto quando abbiamo lasciato New York, quando siamo arrivati a Londra, quando abbiamo raggiunto Parigi, Nizza, Milano e Roma. Mi sentivo come se stessi facendo un viaggio sempre più a ritroso, nella mia giovinezza. Domani dovrei tornare dritto dritto alla mia infanzia. La casa dove sono nato. Le strade e il giardino dove ho fatto le proverbiali torte di fango e dove ho lanciato la mia prima palla.

#91 - Non sapevo quanto di quel luogo mi sarebbe tornato familiare, perché, mentre ci sono nato e ci ho trascorso molto tempo, ho passato davvero ancora più tempo in città e nelle scuole che frequentavo.
Mi fa quasi sentire invecchiato pensare a Castellaneta. Tanta acqua è passata sotto i ponti da quei giorni lontani! Maria dice che avremo molti "Ti ricordi?" da dirci l'un l'altro dopo che saremo arrivati a "casa".

Mentre viaggiavamo verso sud, attraversammo un paese dove si vede raramente un'automobile. Ai bambini, senza dubbio, la mia macchina brontolante sembrava molto simile a un drago che emette fumo e che scivola miracolosamente lungo la loro abituale strada. Mi accoglievano invariabilmente con strilli e grida di meraviglia e di gioia, alcuni di loro, i più avventurosi, approfittavano dei miei forzati rallentamenti, per aggrapparsi al parafango o a qualsiasi altro precario appiglio dove potessero mettere piedi e mani, per scroccare un passaggio. Avevano l'abitudine di arrembare un qualsiasi carretto o carrozza di passaggio...

#92 - Quanto era più avventuroso attaccarsi a questa auto poco umana e poi vantarsi, dopo, della loro temeraria abilità e delle loro avventure raramente eguagliabili!

Ho passato dei momenti terribili, dovendo, allo stesso tempo, guidare lentamente, suonare il clacson e dire ai bambini di tenersi alla larga. La mia esperienza con la vecchietta nella cui auto mi sono imbattuto qualche tempo fa, mi ha ricordato dell'ira e dell'indignazione italiana in caso di incidenti, e sapevo che sarei stato la sfortunata vittima di maledizioni davvero esagerate per essere sopportate se uno di quei monelli di strada si fosse anche solo fatto un graffio sulle le mani.

Avevo paura che si facessero male ed ero più che certo che se fosse accaduto ne sarei stato ritenuto responsabile.

Mentre ci dirigevamo più a sud, verso le 16:30, i bambini hanno avuto una splendida occasione col mio passaggio e ne hanno approfittato. Dovevo procedere davvero molto lentamente, per via dei contadini che tornavano dai campi, conducendo i loro carri trainati da asini o camminando.

#93 - In questa parte del mondo, è ancora più difficile uscire da una città che entrarci.

La maggior parte delle persone qui intorno ha dei muli, e molti di loro non ha mai visto un'automobile, se non in una qualche occasionale immagine. Sia le persone sia i muli si innervosivano e si spaventavano.

#94 - Il risultato fu un piccolo incidente che avrebbe potuto essere divertente se non fossi stato stanco e piuttosto nervoso per lo sforzo della guida ostacolata da una serie di impedimenti. Su un lato della strada c'era un muro, un muro di pietre. Procedevo lentamente e un uomo privo di buon senso, sapendo che il suo mulo era nervoso, rimase sul carro piuttosto che andare a calmare la bestia che si contorceva. Proprio mentre arrivavo, il mulo si spaventò a morte e si diresse verso il muro. Mentre il mulo correva, l'uomo lo bloccò in modo tale che il mulo arretrò bruscamente. Riuscii a evitare proprio all'ultimo che l'enorme carro carico centrasse la mia macchina sommergendoci di verdure e dall'ira funesta dell'uomo.

Per tutto il giorno ho dovuto guidare lentamente a causa degli animali spaventati e delle terribili condizioni della strada. E questa peggiorava mentre procedevo.
Ma coll'avvicinarsi della notte, assistemmo a uno splendido tramonto e a un'enorme luna arancione, grande come una casa, tanto che ci siamo sentiti, in qualche modo, ricompensati e calmati dai dolori che abbiamo dovuto sopportare.

Tuttavia, per quanto irritante possa essere una giornata nella polvere e andata storta, sfido chiunque abbia anche solo un minimo di sensibilità interiore, a restare esasperato e nervoso quando una setosa luna color zafferano si alza su una terra viola come l'ultimo colore dell'iride. C'è anche qualcosa nell'aria della notte, che si espande dal terreno, ricca della divina pozione che dona calma e riposo. Le piccole cose svaniscono e si perdono nelle immensità argentate...

Sono molto stanco. Più del nostro arrivo domani.

Castellaneta , 20 settembre[163]

Di nuovo a casa!
La città dove sono nato! Il luogo favoleggiato, cantato, idealizzato, venerato e ridicolizzato! In effetti, suppongo che la città in cui si è venuti alla vita abbia una grande valenza sentimentale. Il rispetto della tradizione. Questo accade perché, in molti casi, come nel mio, quando solo i primi anni sono vissuti nella città in cui si è nati, ma tutti gli eventi veramente importanti e significativi della propria vita hanno avuto luogo molto lontano.

#95 - Tuttavia, gli uomini sono abbastanza egoisti da credere che la loro nascita sia una questione molto importante e quindi circondano il luogo con un "odore di sacralità".
È diventata consuetudine, in questi giorni moderni, ridere o fingere di ridere, o provare a deridere tutte le antiche tradizioni. I Giovani Intellettuali puntano le dita beffarde verso la Vecchia Casa, a tutte e a ciascuna delle antiche istituzioni. La maternità, gli dei dei nostri padri, i teneri legami, i sodalizi gestiti con gentilezza, tutte queste cose sono sparite con le gonne a crinolina e con i mobili di quercia dorata. Le due generazioni precedenti sono diventate il bersaglio dello scetticismo e della presa in giro di questa generazione di iconoclasti.

Bene, potrebbero essere solo "sciocchezze". Potrebbe non esserci "niente". E potrei essere solo una "vittima" di momenti vissuti e di ricordi. Ma un groppo mi è salito alla gola e una serie di immagini si è dipanata davanti ai miei occhi mentre indicavo a zia la casa colonica quadrata,[164] con il tetto piatto, costruita di pesante pietra bianca, la casa dove sono nato. Le mostrai anche le persiane chiuse della stanza nella quale l'evento epocale si era miracolosamente verificato!

---
163 4 ottobre 1923
164 La casa dove nacque Valentino non era una "Casa Colonica". Era e ancora è una casa di civile abitazione, in muratura e non in mezzo ai campi.

Posso anche riderci su, ma è un riso pervaso dai più dolci sentimenti. E non me ne vergogno. Colui che non si commuove sta morendo, emotivamente, se non peggio. Ricordo così bene il rito serotino di chiudere quelle finestre e sbarrarle per la notte. Il luogo in cui ho trascorso la mia infanzia non è mai stato sorvegliato come lo sono i quartieri americani, il che non rende conveniente, né sicuro, lasciare le finestre aperte la notte.

Ma sto andando molto avanti.

Mentre eravamo a Tarento (anche se sono nato a Castellaneta, vissi a lungo in quella città), ho incontrato un nostro cugino.

Mi sono molto sorpreso nel vedere com'era cambiata la città. In qualche modo non me lo aspettavo. Questo è un altro singolare aspetto psicologico o egocentrico di chi viaggia. Uno subconsciamente o inconsciamente crede che tutto sarà più o meno come era quando l'ha lasciata. Molte e molte volte ho sentito dire, da qualcuno tornato a casa dopo una lunga assenza: "Ma come è cambiato tutto quanto!" quasi con un tono di disappunto, come se le cose dovessero restare come erano sino al ritorno di quella persona. Crediamo solo nei cambiamenti ai quali assistiamo e ce ne rendiamo a malapena conto la metà delle volte.

Durante la guerra, questa città fu un'importante base militare. Le truppe andavano a Salonicco, nei Balcani, le truppe francesi, inglesi e italiane partivano da Tarento, una delle più importanti basi navali italiane.

Sono stato particolarmente sorpreso di vedere che si sono così modernizzati da avere una linea di tram elettrici, perché, fino al tempo della guerra, avevano solo uno sgangherato omnibus, molto scricchiolante e antico, trainato da due cavalli. Tuttavia, quell'unica linea era tutto il traffico. Si vedono taxi, ma il servizio regolare era fatto da queste carrozze trainate da cavalli mentre ora sono diventati così moderni da avere una linea di tram.

Inoltre, le strade sono migliorate e dotate di luci elettriche.

Esclamavo a ogni singolo dettaglio, e mio cugino fu sbalordito dal fatto che ricordassi così tanto, e così dettagliatamente.

A dire il vero, entrai in un periodo, della mia giovane vita, di profonda introspezione mentre frequentavo la scuola a Tarento. Dove possedevamo una casa nella quale ci siamo trasferiti quando avevo nove anni, dopodiché non siamo mai più tornati a Castellaneta neanche per un breve periodo.

Fu mentre ero qui a scuola che creai per me stesso un personaggio immaginario di grande valore, coraggioso e affascinante. La banalità della mia vita quotidiana e dei miei studi (che non erano né brillanti né promettenti), li compensavo con gli sguardi che intrecciavo segretamente col mio Altro Sé. Il mio immaginario alter ego. Il personaggio valoroso e affascinante che sognavo di essere. Forse la mia vita sullo schermo ha preso l'abbrivio in quel momento. Senza dubbio il professor Freud concorderebbe. Perché certamente vagavo tra storie, leggende, crociate e battaglie intense e complicate...

La mia opera letteraria preferita all'epoca era "L'avventura dell'India[165]", ma anche l'autore di quel libro non poteva rivaleggiare con me nel profondo della mia immaginazione interiore. Ho cominciato ad apparire calmo e sognatore, visto dal di fuori, ma dentro di me ribollivano disperate avventure. Ero di volta in volta: bandito del Far West, esploratore, impavido cavaliere e battagliero salvatore di un gran numero di belle dame in pericolo, tenute in prigionia. Nei miei momenti più guerreschi ed eroici, mi vedevo macchiato dal sangue di battaglie vinte a stento, ferito, ma trionfante dopo tali pericoli che, probabilmente, non si sono mai verificati sia per mare sia per terra. Fui nominato cavaliere e acclamato dal Re e dalla Regina, ascoltavo con la testa inclinata, per la mia somma modestia, gli applausi e gli altisonanti osanna che mi giungevano da almeno metà del mondo conosciuto. Nelle mie fantasticaggini più romantiche mi vedevo avvolto da braccia bianche e graziose e anche riconoscenti, bersagliato di rose e con una corona d'alloro posta sul mio eroico capo da due mani bianche come gigli. Io stavo alla grande, ma non posso dire che sia i miei insegnanti sia la mia famiglia abbiano del tutto apprezzato questa fase della mia vita.

Ero così assorbito da queste potenti visioni che avevo poco o nessun tempo per i banali studi quotidiani. Che, al contrario, mi sembravano così noiosi, così privi di vita e inutili. Io semplicemente non potevo privare la mia mente dei colori scintillanti, dello scontro di lame d'acciaio e della cascata di rose in cui vivevo, per coniugare verbi o per applicarmi a una banale regola del tre. Sono diventato il candidato fisso per il berretto da somaro! Pensavano che fossi semplicemente un ragazzo molto stupido e che ovviamente mai avrei potuto posare mirra ai loro scettici piedi. Allora mi consideravano peggio che ottuso e, se ci fosse stato qualcosa di più strampalato, la conclusione sarebbe stata pazzia.

Alla fine ho subito la mia punizione.

Venne il giorno emozionante in cui il re doveva visitare la città.

---

165 Si trattava, quasi certamente del libro di Emilio Salgari *"I misteri della giungla nera"*.

L'annuncio di questo grande evento mi ha sagacemente fatto abbandonare le fantasticherie e i sogni. Perché dopo tutto, le azioni immaginate e il coraggio fantastico sono una cosa, ma d'altra parte un vero re è un vero re, e non c'è d'averne dubbi. Inoltre tutti gli italiani hanno per Vittorio Emanuele un intenso e profondo amore, non possono sognarsi un qualcosa migliore di lui. È un vero padre per la sua gente e per l'adorabile regina Elena, la prima a precipitarsi per andare in aiuto degli afflitti o colpiti da catastrofi.

Immagino che la mia gioia fosse fin troppo evidente. Mostravo segni di eccitazione e interesse per il mondo intorno a me, e si è ritenuto che questa sarebbe stata una buona occasione adatta per farmi recuperare i miei sensi vacillanti. Nient'altro era servito a qualcosa. Le abituali minacce, i richiami inquietanti e le abituali punizioni semplicemente scivolavano via dalla superficie scintillante del mondo in cui vivevo e dove ero davvero me stesso. Proprio come oggi, nei film, ho vissuto e sono diventato i personaggi che ho interpretato. Posavo la prima pietra di questa mia predisposizione, ma, ovviamente, loro non potevano saperlo e non se ne sarebbero preoccupati, molto probabilmente, se l'avessero saputo!

Tuttavia, il giorno dell'arrivo del re, fui spogliato della mia biancheria intima e relegato nel dormitorio. Quella era una punizione. Ed era per mostrarmi come veniva trattato un ragazzo insensato e ribelle. I miei vestiti erano stati completamente sequestrati come ulteriore precauzione. Chi potrebbe dire cosa avrei potuto fare?

Chi infatti?

Ero fin troppo infiammato dal desiderio di questo vero contatto con un vero e proprio simbolo di affermazione personale da farmi fermare da lucchetti e sbarre o per mancanza di indumenti. Non appena i miei aguzzini si furono allontanati per vedere il re, scappai dalla mia prigione, mi detti da fare sino a che non trovai un'uniforme abbandonata di diverse taglie troppo grande, un cappello e una spada di proporzioni corrispondentemente abbondanti, poi corsi nelle scuderie. I buoni e meritevoli studenti si erano serviti di tutti i migliori cavalli, e l'unico destriero rimasto era un ciuchino rognoso che, come me, era stato lasciato troppo indietro per sentire lo scalpiccio del suo re.
Bene, dovrò cavalcare un asino!

Montai su questo umile destriero e galoppai via goffamente, con il cappello che mi cadeva sul naso, la mia enorme spada che colpiva il suolo, ma nondimeno imperterrito e facendo buon uso dei miei sogni abituali per immaginare di essere il pittoresco personaggio che sognavo di essere. Mormorai "Per il Re e per la Patria!" e con questa frase eroica che risuonava nelle mie orecchie, spinsi il mio recalcitrante destriero ad andare avanti.

E così ho visto passare il mio Re.

Il giorno dopo fui rimandato a casa dalla mamma. In un modo più ignominioso rispetto a come ero andato a vedere il mio sovrano.

Inutile dire che la mia povera madre non capiva l'alto e lodevole scopo origine del mio misfatto. Lo considerava semplicemente un altro stupido scherzo fatto a lei, una sfida priva di stile. Fu in questo periodo che venni mandato al Collegio della Sapienza, una scuola militare per i figli dei medici[166].

Si chiamava "collegio di sapienti", anche se non riesco a immaginare quale ottimista o bugiardo gli abbia dato quel nome. Perché sicuramente non ero un sapiente quando sono entrato e altrettanto sicuramente non ero un sapiente quando ne sono uscito[167].

A questo punto, ero arrivato all'età matura di quindici anni e avevo scoperto in me un desiderio prepotente di diventare ufficiale di cavalleria. La posizione di un ufficiale di cavalleria italiano è invidiabile e bella. Indossano quasi le uniformi più belle del mondo, delle quali fa parte il mantello blu così tanto e così logicamente ammirato dal gentil sesso. Ma con tutti questi vantaggi da raggiungere, il costo era alto, e mentre mio padre aveva lasciato una somma abbastanza consistente di denaro che si era leggermente ridotta negli anni dopo la sua morte, mia madre mi spiegò che non ce n'era proprio abbastanza per permettermi di

---

[166] Nel 1350 circa la corte pontificia, esule ad Avignone ma desiderosa di ritornare in Italia, incaricò il cardinale Niccolò Capocci di istruire e formare i futuri quadri dirigenti del nuovo Stato Pontificio. A tale scopo nel 1360 volle istituire un collegio per studenti italiani e stranieri di teologia e diritto, canonico e civile, della prestigiosa università perugina. Il 20 settembre 1362 il cardinale dettò le condizioni per l'accoglienza dei quaranta sapienziali che dovevano essere chierici o bisognosi. Nel 1902 la Sapienza fu presa in affitto dall'O.N.A.O.S.I. (Opera Nazionale Assistenza Orfani Sanitari Italiani) per accogliere i propri ragazzi e acquistata nel 1936. Rodolfo Valentino fu accolto in quanto orfano di medico veterinario.

[167] Rodolfo Valentino, stando a quanto riportato sul sito dell'ENPAM (Ente Nazionale Previdenza Assistenza Medici): Il divo del cinema frequentò un convitto Onaosi quando aveva 11 anni. Un'esperienza durata solo tre anni perché venne espulso, secondo i documenti dell'epoca, a causa dei voti troppo bassi. Ma la verità è un'altra. Sensibile e inquieto, il carattere del ragazzo non si concilia con la vita del collegio, e il soggiorno alla "Sapienza vecchia" non va oltre i tre anni. Dai documenti ufficiali la causa sono i voti in pagella. Dai

realizzare questa grande ambizione, non senza sottrarre qualcosa e quindi sacrificare il resto della famiglia, cosa che non sarebbe accaduta per nessuna ragione.

Alla fine abbiamo raggiunto un compromesso sulla Reale Accademia Navale. Così ho traslocato la mia ambizione e per la prima volta mi sono davvero applicato e ho studiato duramente per prepararmi sia fisicamente sia mentalmente per l'esame di ammissione. Di questo ero certo. Era la prima cosa del genere che avessi mai voluto davvero fare. Quando arrivò il giorno degli esami all'Accademia di Venezia, arrivai, sicuro di me e in attesa del trionfo, solo per trovarmi privo di un centimetro di espansione del torace[168].

Volevo morire. Sentivo di aver bevuto la feccia dell'umiliazione. Ero tragicamente convinto che non esistesse un posto al mondo per persone come me. Ero uscito dal mio mondo dei sogni e quello della realtà non voleva nessuno come me. Fu un momento doloroso, spropositato. Contemplavo il Canal Grande. Lì, avrei trovato l'oblio nel quale né un centimetro in una direzione né un centimetro nell'altra direzione avrebbe avuto una qualche importanza. Sono stato una disgrazia per mia madre, quindi non avrebbe dovuto soffrire molto se fossi stato portato a casa da lei freddo e immobile. Era un'immagine avvincente e avrei potuto, semplicemente, AVREI potuto compiere l'atto terribile se non fosse stato che un altro ragazzo si fosse ritrovato nella stessa situazione a causa della mancanza di mezzo centimetro.

Ci consolammo reciprocamente e decidemmo di andare avanti con la vita, anche se esausti e rassegnati.

#96 - Quello che restava del mio dramma svanì sul seno materno. Quel cuscino sacro che ha consolato tanti uomini amareggiati o giovani disperati.

E così ne seguì che andai alla Reale Accademia di Agraria[169] per

---

racconti tramandati il motivo dell'espulsione è il ferimento, con un coltellino o la punta di un compasso, di un compagno che lo scherniva per le sue orecchie a punta.
168 La mancanza di un centimetro di espansione toracica non è convincente in quanto le misure minime per l'ammissione a qualsiasi grado militare erano basate sulle misure del re Vittorio Emanuele III e mi stupirei avesse un torace con una misura superiore a quello di Valentino.
169 La Scuola Agraria di S. Ilario ha origine da una donazione di Bernardo Marsano, commerciante e proprietario genovese. Il 31 marzo del 1882 fu conclusa la convenzione tra il Governo del Re e Bernardo Marsano e il 19 agosto dello stesso anno venne istituita la "Regia Scuola Pratica di Agricoltura" intitolata a Bernardo Marsano. Nel 1883 fu approvato lo Statuto della Regia Scuola Pratica di Agricoltura Marsano. L'istituzione della Scuola Agraria

studiare agricoltura scientifica. L'Italia aveva bisogno di agricoltori scientifici più di quanto non avesse bisogno di marinai o soldati, disse mia madre, sostituendo così in me l'entusiasmo per un ideale che sentivo di aver perduto per sempre per mancanza di un centimetro. Mi ha anche ricordato che i miei illustri antenati avevano coltivato la terra dei loro poderi e che forse avrei potuto ricreare le gloriose imprese dei miei avi. Mia madre saggia, saggia.

#97 - Ha toccato le vibranti corde del mio cuore e ne ha tratta un'armonia completamente nuova. Mi ha ispirato e ha risvegliato la mia determinazione. Non potevo deluderla ora, non dopo il modo leale e delicato con cui mi era stata accanto. E così ho iniziato a frequentare questa Scuola Agraria, di cui ho già scritto, con grande forza di volontà. Non avrei fallito, questa volta. E non accadde.
Ho scritto fino a notte fonda. E mi sembra di sentire la voce di Natacha che mi sgrida. Sapevo che quando mi fossi avvicinato alle scene della mia infanzia quei ricordi avrebbero spiazzato gli avvenimenti del recente viaggio.

Andrò avanti domani col mio racconto... ma questa sera ho rivissuto una parte della mia vita. È quasi come dare un'altra possibilità al Passato, emotivamente se non in realtà.

Castellaneta, 20 settembre [170]

Mi sono abbandonato ai ricordi. È la cosa più facile del mondo scivolare indietro nel proprio passato. Camminare per strade familiari, anche se molti dei volti noti sono scomparsi, ti riporta indietro a sensazioni ed esperienze altrettanto di casa. È difficile credere che sia accaduto così tanto.

Ma devo andare avanti con quanto accaduto e lasciare che i ricordi si riaffaccino quando vorranno o quando dovranno.

Come ho detto nella mia puntata precedente, ho incontrato mio cugino. Non lo vedevo da quando i suoi genitori erano morti. Possedeva un grande appartamento, un intero piano, ma mi disse che l'aveva

---
di S. Ilario rappresentò un evento di notevole importanza storica e sociale. La Scuola dal momento della sua istituzione ad oggi ha subito diverse trasformazioni seguendo l'evoluzione dei tempi.
170 4 ottobre 1923 – Strano anno quel 1923 con due 20 settembre, pardon 4 di ottobre.

recentemente affittato a una banca, che sembrava averne più bisogno di lui. Di conseguenza siamo andati nel miglior albergo della città, dove ottimisticamente mi sognavo una bella vasca calda e un cambio d'abito. Sentivo di averne un gagliardo bisogno.

Con mio orrore, ho scoperto che non c'erano stanze con bagno. A questa notizia sconcertante mio cugino si era astenuto dal fare commenti, essendosi reso conto, come accadde, del mio desiderio per questo tipo di servizio. Quando ho chiesto per quale ragione non fosse stata rispettata la prenotazione, il maître-d'hôtel mi ha detto che era perché non c'erano camere con bagno. Non solo, non c'era alcuna stanza con un bagno, ma non ce n'era nemmeno uno al piano e, per andare ancora oltre, non c'era NESSUN bagno.

#98 - Nessun bagno, da nessuna parte, in tutto l'hotel. Tra qualche settimana, anche tra qualche giorno, questo mi potrà sembrare un avvenimento di poco conto e insignificante, tanto poco importante da doverne parlare, ma al tempo, e anche adesso, era per me una catastrofe immensa e una difficoltà insormontabile.
"Ma perché," chiesi al direttore, che era abbastanza distaccato, "perché non c'è il bagno in albergo?"

Il valoroso responsabile allargò la mano, in un gesto di completo auto esonero: "perché" disse, "c'è un bagno turco dietro l'angolo e quindi non ce n'è bisogno in albergo!"
Può esistere qualcosa di più ingenuo? Riesci a immaginare di andare in un qualsiasi hotel di New York, in America in generale, e sentirti dire che non c'è il bagno per la buona e sufficiente ragione che ce n'è uno "dietro l'angolo?"

#99 - Questo dà la migliore idea possibile su quanto moderni (?) siano in questa parte del paese. Il bagno, l'aria fresca, l'esercizio fisico, la dieta, tutti questi aspetti del più semplice regime di cura del corpo sono loro sconosciuti.
Non solo sono sconosciuti, ma sarebbero presi come vera arroganza da parte dei nativi se si tentasse di discutere questi aspetti con loro. Se avessi insistito, avrebbero semplicemente pensato, con la loro ottusa mentalità, "Oh, questo è uno di quegli attori, ragazzetti, che sanno sempre tutto".

Più o meno mi sono astenuto dal commentare: senza dubbio se fossi stata una donna sarei scoppiata in lacrime per l'esasperazione.

Tuttavia, ero abbastanza impolverato da convincere il direttore a darmi un'ampia bacinella, cosa che fece, con grande incertezza, chiedendosi che cosa fosse tutta quella fretta e perché non potevo aspettare qualche ora, un giorno o due, e poi entrare nel comodo bagno turco "dietro l'angolo" con mio comodo. Alla fine sono riuscito a fare delle spugnature - fredde - e pensavo, mentre mi spruzzavo, al Ritz di New York, con desiderio e rimpianto. Questo viaggio, ho riflettuto, tra i brividi, non è sempre quello che si sperava fosse, Rudy, ragazzo mio, ha i suoi inconvenienti!

#100 - Potrei anche raccontare che sono riuscito ad avere un po' di acqua calda per radermi dopo pazienti argomentazioni. Non sopportavo lo stato d'immobilità, ma quanto meno sopportavo di andare in giro come un Crusoe barbuto!

Dopo essermi reso il più presentabile possibile, io e mio cugino siamo andati in giro, e ho incontrato molti dei miei vecchi amici proprio nel bar che bazzicavano e che continuavano a frequentare, e mi sembrava per niente cambiato da quando sono partito.
Erano l'unica realtà immutata del centro storico. Le cose, pensavo, vanno avanti, si modificano e si rinnovano, ma la natura umana, a meno che non sia infiammata dalla vivace scintilla detta genio, creatività, o anche solo mera ambizione, la natura umana rimane sorprendentemente la stessa.

#101 - Da tempo immemorabile gli uomini e le donne amano e odiano, lottano e fanno pace, generano figli e si prendono cura di loro, costruiscono case e hanno migliorato se stessi, le uniche modificazioni appaiono evidenti nelle cose materiali. Case a molti piani al posto delle caverne. Parole gentili invece di botte in testa. Armi da guerra, sempre più moderne e micidiali, piuttosto che randelli o pugni nudi. Scuole e ricerca scientifica invece di geroglifici incisi sulla roccia o scritti nei papiri. La stessa antica natura umana che gioca con nuovi congegni.

Questi uomini, questi volti familiari, che vidi, con mia genuina sorpresa, seduti intorno allo stesso vecchio tavolo, nelle stesse vecchie posizioni indolenti, nello stesso vecchio caffè, erano dei giovani di ventitré o ventiquattro anni quando ero un ragazzotto di tredici o quattordici anni. A quel tempo non avevano niente a che fare con me, ovviamente, ma era una delle ambizioni della mia vita essere accettato da loro, diventare uno di loro, ricevere una pacca sulla spalla o un poco di considerazione. Mi avrebbe riempito di orgoglio e fatto sentire importante. Mi apparivano davvero splendidi a quel tempo! Ora, ecco che, intorno ai trentacinque anni, ancora seduti intorno allo stesso tavolo, parlando ancora nella stessa maniera, scambiando ancora le stesse idee ristrette e ottuse, con la stessa piccolezza di intelletto. Mentre li guardavo lì da un tavolo vicino, mi sono reso conto che la cosa più favorita dalla sorte che mi fosse mai capitata era stata di partire e andare in America. Avrei potuto molto verosimilmente, molto facilmente diventare uno di loro.

#102 - Non c'è niente di più accattivante di un gruppo di "bravi ragazzi", chiacchieroni, divertenti, oziosi e con un sano piacevole disprezzo per le cose più impegnative, il loro pigro apprezzamento per una bella caviglia, farsela bene, un vino raro... loro sono come l'anestesia, ti sottraggono la forza di volontà e la voglia d'impegnarsi.

Ma guardandoli oggi, dopo così tanto tempo, mi sono reso conto che mentre mi avevano quasi intrappolato in una vita di inerzia, loro e ciò che rappresentavano avevano anche avuto l'effetto di scagliarmi nello spazio. Perché a volte mi sentivo soffocare dall'atmosfera della città, da loro, da tutti coloro con cui entravo in contatto. Mia cognata mi disse quando ero con lei, che si ricordava che le avevo affermato, dodici anni fa, che l'Italia era piccola per me. "Hai detto," mi ricordò, "che l'Italia era troppo piccola per te e che dovevi uscirne." Poi aggiunse: "E ora vedo che avevi ragione".

A quel tempo non ne aveva tenuto conto, ovviamente. Aveva pensato che fosse solo l'espressione bizzarra di un giovane turbolento - e indubbiamente così sembrava. Le parole dei giovani sono solitamente sorprendenti per la loro perentoria immediatezza. Ma penso ora che se mai io avessi un figlio mio, ascolterei le sue asserzioni con interesse e piacere. Cercherei di riconoscere in loro un valore profetico. Uno sfogo iperbolico di un momento può benissimo essere la pietra angolare di un'attività futura. Molto di quello che i ragazzi dicono sono mera pula del grano, ovviamente, non tutti da prendere sul serio, ma tra la pula si trova spesso il chicco di grano che determinerà il raccolto dell'uomo futuro.

Seduto al nostro tavolo, con mio cugino, mi è tornato in mente in modo così vivido quel periodo piuttosto doloroso appena prima che me ne andassi in America.

Quel momento è stato doloroso sia per me sia per la mia famiglia che ne soffriva. Avevo ottenuto buoni risultai alla Reale Accademia dell'Agricoltura, ma la mia breve e orgogliosa posizione di Onore della Famiglia fu un evento di breve durata. Ero, ovviamente, nel periodo degli innamoramenti. E se esiste qualcosa sulla terra più triste di un giovane italiano innamorato, allora devo ancora riflettere su questo fenomeno. Languivo, scrivevo appassionati versi d'amore. Ho copiato pagina dopo pagina dal Tasso e dal Petrarca. Sbuffavo come una fornace. Tirai fuori in segreto quello che i giovani americani della mia stessa età e condizione sociale possono esprimere a viva voce. In Italia rigide convenzioni impediscono a un giovane di avere molti rapporti sociali con ragazze di buona famiglia, che non mancano mai di quelle perenni, accompagnatrici[171]. La mia famiglia vedeva per me un oscuro futuro. E quindi non c'era da stupirsi, suppongo, che Parigi mi chiamasse. A Parigi, pensavo, alla più amante delle città del mondo - Parigi, a Parigi avrei trovato giusto apprezzamento e piacere. Nonostante le suppliche della mia famiglia, intascai quel poco che potevo e mi precipitai a Parigi per vedere cosa poteva capitare.

#103 - Ero il corteggiatore innamorato che mendicava dalla città cortigiana del mondo.

---

[171] A quei tempi per un focoso adolescente era praticamente impossibile saziare la propria fame di sesso. Le ragazze "per bene" erano costantemente controllate e spesso intervenivano padri o fratelli maggiori per allontanare i mosconi più fastidiosi. Pare che Valentino fosse proprio uno di quelli. Che fare allora per calmare il ribollire degli ormoni? Una soluzione esisteva e si trattava di ricorrere a prostitute o alla frequentazione dei bordelli. Valentino in una lettera, inviata il 22 giugno 1910, al suo amico, ex compagno del collegio Alla Sapienza, Bruno Pozzan confida candidamente di essersi preso dalle meretrici dei bordelli tarantini una malattia venerea che poi fu confermata come sifilide in una confidenza fatta in tarda età dal fratello Alberto al collezionista William Self. La malattia fu confermata, nella sua dissertazione di ricerca, dalla pronipote di Valentino, Jeanine Villalobos. In questa lettera Valentino fa solenne promessa che cesserà la propria vita da lui stesso definita "*scioperata e oziosa*" anche se poi, con una lettera successiva, datata 29 agosto 1910, scrive, sempre a Bruno Pozzan: *Poco tempo fa è stata a Taranto una canzonettista di 17 anni e con lei mi sono divertito immensamente. Poi mentre corteggio le canzonettiste faccio l'amore, lasciandone una per pigliarne un'altra, con delle signorine,* "termine gergale" per indicare prostitute.

E per un po' i favori che ho ottenuto mi hanno fatto girare la testa. Mi sono sentito trionfante. Esaltato. Conquistatore. Qui, sentivo, qui c'era la Vita.

#104 - Per un momento persi la sensazione di essere soffocato. I viali mi offrivano generosamente una gran quantità di bellezze e gemme preziose[172].

#105 - Mi sentivo padrone del creato. Avevo trovato me stesso.

Ma come si può immaginare, i miei soldi non sono durati a lungo, e nemmeno la generosità dei volubili viali.

#106 - Ho smesso di essere un signore del creato.

Divenni improvvisamente un mendicante che riceveva scarsi favori. Ero di nuovo disperato. Come mi ero sentito all'Accademia Navale quando mi mancava un centimetro di espansione toracica, così mi sentivo a Parigi, quando mi mancava l'oro che era il mio unico "Apriti Sesamo!".

#107 - Mi credevo onnipotente. Scoprii che non ero altro se non un mani bucate, benvenuto finché le tasche erano piene, un estraneo bloccato da ostili barriere quando le tasche erano vuote.
Sentii in bocca il sapore amaro di una nuova delusione. La dolcezza si era trasformata in fiele. Avevo sognato di nuovo, e ancora una volta avevo avuto un brusco risveglio. Ho pensato alla morte. Avrei abbandonato una vita piena di mari in tempesta. Era indegno per un uomo ricco di talenti, come me, sopportare questo luogo insoddisfacente.

Poi ho sentito parlare di Monte Carlo e con i pochi denari che mi erano rimasti, mi sono precipitato disperatamente a Monte Carlo per recuperare le mie fortune, come già era successo a Parigi, per soddisfare il mio senso di avventura. Monte Carlo mi ha trattato peggio di Parigi. Se a Parigi non ero altro se non un povero novellino sui viali, a Monte Carlo

---

172 Sicuramente Valentino si riferiva alle "signorine" che passeggiavano per i viali parigini.

ero meno di uno sventurato apprendista ai tavoli da gioco[173]. Forse è per questo che il gioco d'azzardo non ha fascino per me oggi. Sto cominciando a a rendermi conto, mentre vado avanti con il mio diario, che sto mettendo a confronto i miei sentimenti e le mie attività attuali con quelli dei tempi passati, a riprova che Freud aveva davvero ragione e che la maggior parte di come noi siamo oggi dipende da quello che eravamo ieri.

Poche settimane dopo la mia prima partenza, tornai a casa, logoro e stanco, un nuovo, un altro Figliol Prodigo.

#108 - Questa incerta situazione divenne, a casa nostra e tra i membri della mia famiglia, il centro di comune d'interesse. Mi guardavano con occhi cupi e minacciosi. Le avventatezze della mia infanzia diventarono prova provata che ciò che stava succedendo ora era solo prevedibile. Soltanto mia madre conservava la sua affettuosa fiducia in me e nel mio ultimo emergere dalla nuvola oscura di disapprovazione che sembrava ora gravare su di me. Però ci devono essere stati momenti, credo, in cui anche il suo amorevole coraggio abbia vacillato. Se è così, però, non me lo ha mai fatto capire. Aveva sognato grandi cose per me ed era difficile per lei rinunciare ai suoi nobili propositi.

Sono tornato a casa, sentendomi più soffocato che mai. La mia esperienza a Parigi aveva solo stuzzicato il mio appetito per terre straniere e per nuove avventure. Anche se erano scenari a venire che solo Dio sapeva quali fossero.

#109 - Ho combattuto per andarmene.
Non c'erano opportunità. Nessun futuro. Ho sentito le solite frasi fatte sulle opportunità "a portata di mano"; e che sarei stato un buono a nulla in un posto come in un altro, ma tutto cadeva nel vuoto. Sapevo che volevo andarmene ed ero consapevole che DOVEVO scappare, altrimenti sarei precipitato in un "baratro di demoralizzazione" che mi avrebbe steso a terra e relegato al tavolo di un caffè, se non peggio.

All'improvviso decisi che sarei andato negli Stati Uniti... in

---

173 Situazione davvero impossibile in quanto, all'epoca, Valentino aveva diciassette anni e anche il solo ingresso nell'edificio del casinò era vietato ai minori di ventun anni. Valentino, come ci dice la sua pronipote Jeanine Villalobos passò da Montecarlo e lì si fermò per andare a salutare degli amici di sua mamma che lì vivevano.

America e in nessun altro posto. Lì avrei potuto respirare. Mi sembrava di sentire un potente vento di libertà soffiare dalle vaste praterie occidentali. Mi sembrava di sentire il mio stesso spirito risorgere e diventare più determinato al solo pensiero di Nuova York... America.

#110 - Lì sì che esistevano opportunità: dorate miniere di possibilità! Ricca di innumerevoli occasioni che pendono, come grandi prugne già troppo mature, da alberi stracarichi. Vaste foreste di opportunità attraverso le quali bastava vagabondare per uscirne con le mani piene zeppe. C'erano orizzonti - orizzonti su due oceani - che andavano molto più lontano di quanto l'occhio umano possa vedere - ogni destinazione con la sua pentola d'oro all'estremità. Era il paese per un nuovo ardimento. Per una nuova Armata. Per una nuova crociata. Le ricchezze dell'Arabia, le spezie dell'India, la seta della Persia, tutto questo era nulla a confronto della generosità dell'America. E quanto a Parigi e ai suoi frivoli viali! Be', ma c'era la Quinta Strada a New York, c'erano altri viali lì, strade alberate che avrebbero accolto un giovane italiano e lo avrebbero ospitato con generosità. Dovevo ancora imparare che il mondo è cordiale solo con l'ospite che se lo merita.

Ma prima che fosse presa la decisione di lasciarmi andare nella direzione che desideravo, ho avuto tutto il tempo per dimostrare a tutti che era meglio si facesse qualcosa per me.

Ero decisamente un Lotario e ho iniziato a correre dietro alle canzonettiste. Questo ha definitivamente escluso eventuali rapporti con le famiglie per bene. Non volevano avere nulla a che fare con me e, naturalmente, non avrebbero mai consentito alle loro figliole di avere qualsiasi rapporto con me. Quanto a farla franca con relazioni segrete, questo, in questa città, era impossibile. Tutti si ritrovavano la sera in una certa piazza (non grande in una piccola città), e l'indomani tutti sapevano quanto era successo e nei particolari. Quindi, ovviamente, da quando si è saputo che frequentavo le sciantose, ero diventato, socialmente, di nessuna considerazione.

Ma non mi importava molto, a parte il fatto che ciò faceva soffrire mia madre. Stavo ancora sognando. E nei miei sogni fantastici, pensavo che quelle ragazze dello spettacolo fossero assolutamente bellissime, affascinanti. La mia opinione su di loro oggi è...?

Per me erano delle bellissime giovani – felici signorine –

incantevoli e magiche personificazioni delle più rare delizie. A questo punto, perso nei passati diletti, farei meglio a chiudere questo diario fino a domani. E devo anche terminare la mia lettera a Natacha.

Castellaneta, 22 settembre [174]

#111 - Ero rimasto in compagnia delle innamorate della mia primissima giovinezza, le ragazze degli spettacoli di provincia. Fu questo il fatto che, forse, ha influenzato l'andamento e gli eventi della mia vita più di ogni altro singolo incidente o, più precisamente, accidente. Alla mia pubertà e alla mia semplicità, quelle donne, all'inizio, mi sembravano - nonostante i capelli ossigenati, le gonne da ballo e la grammatica – il compendio stesso del fascino femminile. Tale fu l'impressione iniziale. Ma presto sopraggiunse la giovanile capacità critica - contrariamente a quanto pensino gli anziani – tanto che prima che i miei rapporti con queste ragazze andassero oltre allo stadio di innocente spettatore, l'immagine che di loro mi ero fatto iniziò a sbiadire, il travestimento con cui il mio idealismo le aveva ricoperte si fece trasparente.

Le abitudini di una vita sono forti. Ma ancora più forti sono le tradizioni ancestrali. Credo che non esista un solo caso, tra migliaia, che un ragazzo di buona famiglia, educato secondo le serene convenzioni, se ne dimentichi anche per un solo istante. Non si tratta di banale "convenzione". È una questione di gusto, quell'innato, inalienabile senso di convenienza e "adeguatezza". Ancora più saldamente radicato è quell'istinto di riserbo emotivo, che tutti i latini di razza, e che io - lo dico senza vanto - non ho!, possiedono in modo evidente. È una rocciosa protezione. Solo ciò che è desiderabile, su di un piano uguale e confacente col proprio sé, soddisfa ad ogni livello.

Quelle ragazze di spettacolo semplicemente "non ce l'hanno fatta". Erano di un altro ceto, di un'altra classe. Tra me e loro vi era una barriera invalicabile.

Eppure l'istinto per il romanticismo viveva in me con forza immutata: l'impulso verso l'avventura, la realizzazione e l'amore per l'elevato e il bello, che potevano placare la mia anima e spingermi alle più ragguardevoli realizzazioni del meglio che era dentro di me.

---

[174] 6 ottobre 1923

Ero diventato irrequieto. Nella piccola città in cui sono nato e della mia infanzia, c'era pace, serenità e conforto. Ma nessuna di queste cose era ciò che desideravo. Agognavo alle arene del mondo, al pubblico, esigente che solo i grandi centri vitali offrono - specialmente quello del Nuovo Mondo, dove c'è un esteso spazio per tutto ciò che vale la pena osare e per cui merita provare.[175]

Il pensiero e l'impulso di andare in America sono diventati così forti dentro di me che alla fine l'ho detto a mia madre, che ovviamente fu sconvolta dal pensiero di potermi presto perdere.

Mio cugino le disse: "Lascialo partire. Gli farà bene. O ce la farà o ne resterà sconfitto. Sono sicuro che ce la farà se ha buona spina dorsale. Sarà dove deve combattere per la propria esistenza, e imparerà a conoscere la vita. Qui sarebbe la sua rovina. Se vuole diventare un criminale, è meglio che vada in America e lo sia lì, dove non disonorerà né noi né il suo nome".[176]

Questi consigli di famiglia: quanti giovani uomini possono guardare indietro e ricordarli. I maschi delle famiglie si accaloravano tutti per lasciare che il perdigiorno se ne andasse e si rovinasse o avesse successo. La madre indugiava, tremante, timorosa, la sicurezza del figlio era più inquietante per lei di un grande futuro, la paura straziante che lui ne uscisse sconfitto. È il Getsemani della maternità, questa paura... mia madre, essendo saggia, sapeva che dovevo certamente allontanarmi dall'influenza inerte e demoralizzante di quella piccola città. Sapeva che volevo andarmene e che il mio desiderio di partire era la forza della mia maschile determinazione. Ma sapeva anche che le probabilità erano contro di me piuttosto che a mio favore. L'America era molto lontana, e sapeva anche che io e lei non ci saremmo mai più rivisti sulla terra? Era forse una parte della paura che le ha sbrindellato il coraggio in piccoli pezzi che ha così coraggiosamente ricomposto per il mio bene? Me lo

---

175 Una bella affermazione fuori luogo in quanto la vita di Valentino cambiò notevolmente quando da Castellaneta la famiglia si trasferì a Taranto. Valentino stesso specifica in questo diario che dopo lo spostamento, avvenuto quando lui aveva nove anni, non tornarono mai a Castellaneta, nemmeno per brevi periodi.

176 Già nel secolo precedente era in uso, nelle famiglie della media, alta borghesia come nella nobiltà di "sbarazzarsi" dei rampolli problematici spedendoli negli Stati Uniti, in tempi nei quali si doveva preservare l'onorabilità di una famiglia da pettegolezzi, disonori e impedimenti sociali. Il rampollo veniva letteralmente coperto d'oro e spedito in esilio con la certezza che laggiù avrebbe potuto fare quello che voleva senza recare disonore alla famiglia. C'era un detto: "*questi ragazzi scapestrati sono come denti cariati, o si estraggono o si coprono d'oro*". Nel caso di Valentino si fecero entrambi le cose, fu mandato in esilio con, per l'epoca, una cospicua quantità di denaro.

chiedo spesso. Spero che tutto questo non abbia fatto parte delle sue sofferenze. Ma temo che così non fosse. Splendide mammine, madri coraggiose di tutto il mondo, che col cuore a pezzi chiedono ai loro figli: "Vi siete fatti male, figli miei?"

Alla fine è stato deciso e piuttosto dolorosamente che avrei dovuto fare a modo mio e andare in America. Dolorosamente, perché mio cugino e altri membri della famiglia mi avevano detto che stavo andando, più che altro, verso una punizione. Ma con la cruda testardaggine della giovinezza, ero troppo eccitato alla prospettiva di questo Grande Evento per essere turbato dalle insinuazioni sulla mia personalità. Forse perché a quelle davvero non credevo. Gliela avrei fatta vedere, comunque - un giorno sarebbero stati orgogliosi di me - sarebbero stati costretti a rimangiarsi le cose crudeli che avevano detto e accennato - avrei posato carboni ardenti sulle loro teste - portando, io solo, una corona di alloro! Bene, in un certo modo non ho sbagliato con questa visione. L'unica cosa che avrei desiderato, però, era di avere certezza che mia madre lo avesse saputo. Sarebbe stata orgogliosa di me, credo. E vorrei che sapesse che una parte della sua fiducia, è stata appagata. Non tutto, che non avrei mai potuto ripagarla, mai abbastanza per farle sentire che non aveva tutti i torti su di me. La mia fede nella vita a venire mi dà anche la serena convinzione che lei lo sappia e ne sia felice.

È stata mia madre a mettere insieme i soldi per farmi partire. È stata mia madre a parlarmi, infondendo non solo nuovo coraggio, ma nuovi ideali nel mio cuore. Se, nei giorni seguenti, il mio ardimento si è mai affievolito e mai mi è venuta voglia di rinunciare alla lotta, sono state le parole di mia madre a sostenermi, andare a spalle diritte, a provare e ritentare, quando i tentativi si dimostravano inutili, senza valore.

Fu la mattina del 9 dicembre 1913 che mi imbarcai finalmente su un transatlantico a vapore della linea Amburgo-America, e arrivai a New York il 23[177] dicembre. Proprio in quel momento la città si stava preparando per il Natale. Penso che sia stato tutto ciò che mi ha ferito così tanto con la nostalgia di casa e un rimpianto anche per la piccola città che avevo detto mi soffocava. E, per inciso, durante il tragitto, mi è venuto in mente qualcosa che probabilmente mi ha dato il primo senso di gratitudine personale per l'America e per gli Americani. Un americano mi

---
177 Stando ai registri contenti i dati del viaggio di Rodolfo, egli approdò a New York il giorno 22 dicembre.

ha salvato la vita a bordo della nave. Stavo in piedi in alto a prua, sciccamente, durante una furiosa tempesta. Mi tenevo saldo, pensavo, aggrappandomi al sartiame. Improvvisamente ho sentito un forte impatto sulle mie spalle, e un attimo dopo un'onda ha sovrastato la prora in modo così imponente e così feroce che mi avrebbe spazzato via dai miei ormeggi più in fretta di quanto non serva a dirlo. In un istante sarei stato cancellato, estinto nei mari immemori. Il forte impatto che ho sentito era quello delle mani di un americano che aveva visto arrivare l'onda e che si era reso conto della mia precaria situazione e aveva agito d'istinto. Questa piccola-grande cosa fece sorgere in me la gratitudine che sentivo e che era insita in me. E in questo non ero, non sono, diverso dai miei concittadini italiani. Perché abbiamo un amore per l'America più grande di quanto gli americani possano davvero immaginare. I tanti che vanno in America, fanno fortuna e tornano a casa, mai davvero la dimenticheranno. Il loro primo debito spirituale che ripaga il paese che ha dato loro l'oro.

E così, finalmente, sono arrivato in America, ardente di entusiasmo, grintoso di ambizione, desideroso di prendere terra e fare miei i suoi segreti. Certo, non sapevo che quello che avrei dovuto affrontare non era una serie di trionfi dovuti al mio arrivo poco appariscente, non annunciato e totalmente sconosciuto, ma la prova della lotta che, di fatto, fa o distrugge l'uomo.

Le mie prime impressioni, comunque, furono all'altezza dei miei sogni. I grattacieli di New York -ah proprio lì, davanti ai miei stessi occhi, esattamente come li avevo immaginati, erano le monumentali colonne della Conquista che squarciavano i cieli, con arrogante noncuranza, o struggente esaltazione. Erano per me ardenti torri d'argento, le fortezze che hanno popolato i miei sogni quando, da ragazzo, immaginavo di essere un crociato. Mi hanno fatto sentire in qualche modo al sicuro. Uno non poteva fallire tra loro. Erano come vette di aspirazione, mete da raggiungere, che spingevano un uomo avanti e ancora avanti, sempre più in alto, cime senza fine, ero entusiasta di loro. Me ne sentivo parte. Avevo del tutto ignorato che c'erano delle valli profonde ai loro piedi. Banali stradine e vicoli, dove i perdenti, coloro che aspirano invano, o quelli privi di brama, hanno faticato e sudato, si sbattevano furtivi, senza mai rivolgere uno sguardo verso l'alto. E per molto tempo sembrò che sarei diventato uno di loro piuttosto che l'ospite raggiante che mi ero creduto avrei dovuto essere per diritto atavico.

A volte pensavo di essere un intoccabile perché ero sbarcato a Brooklyn. Sarei dovuto andare dritto a New York, pensavo, andando subito all'assalto di quella città. Il mio primo giorno a New York è iniziato piuttosto bene anche se non devo approfondire qui e ora questo aspetto - sono andato direttamente in un locale italiano, quello di Giolitti, di cui avevo sentito parlare da un giovane italiano incontrato sulla nave. Qui o là mi sono assicurato una camera da letto, un salottino e un bagno. Sul fronte della casa. I soldi che mia madre mi aveva dato mi sembravano una fortuna a quel tempo[178]. Non mi è mai venuto in mente che non avrei fatto fortuna prima che questa fosse esaurita. Questo, più di ogni altra cosa, serve a confermare quanto fossi davvero giovane e del tutto inesperto. Oppure per la fittizia idea che avevo di me stesso! non so quale. Sono andato a pranzo da Rector's[179] dopo la mia piuttosto elegante sistemazione. Avevo letto di Rector's su dei giornali, e mi sembrava il luogo assolutamente più adatto dove pranzare per un giovane conquistatore. Quanto poco tempo passò per me prima che il Rector's diventasse un impossibile posto dove mangiare! Difatti il mangiare divenne un problema molto complesso da soddisfare. Penso spesso che non sarò mai considerato un "viziato". Qualsiasi uomo, o qualsiasi donna, che, senza amici, abbia girovagato affamato e solo, un forestiero in una terra straniera; chiunque abbia assottigliato ancor di più le già sottili suole di cuoio su strade aliene, che ha affrontato eroicamente il disperato scoramento a stomaco vuoto, mi sembra che dovrebbe essere un individuo d'inconsueta esuberanza per dimenticare del tutto quei giorni e quelle ore in una fugace vita.

Due delle cose che mi hanno colpito per la prima volta, o che mi sono venute in mente a New York, sono state:

Uno che mi sono perso, irrimediabilmente smarrito. Mi sono

---

178 E lo erano una fortuna. Rodolfo arrivò a New York con una lettera di credito di 4.000 dollari che, al valore attuale corrispondono a circa 120.000 dollari. Il primo giorno di Rodolfo a New York non andò proprio così, quando arrivò fu ricevuto dall'amico di famiglia Francesco Mennillo che subito lo portò dal suo sarto per fargli confezionare un abito degno di essere indossato a New York, poi si recò da Ernesto Filomarino, zio di Ada, moglie del fratello Alberto. Ernesto Filomarino era un uomo di successo, abile commerciante, che abitava in Spring Street, in Lower Manhattan e che accolse Rodolfo e lo ospitò per l'incipiente Natale. Di qui in avanti siamo in balia di chi ha veramente steso questo diario, tra Robert Florey e Gladys Hall.

179 Rector's è uno dei ristoranti più importanti della storia sociale americana. Fondato a Broadway all'alba del XX secolo, ha operato in un momento di profondo cambiamento sociale, del 1899 al 1919.

ritrovato ad andare avanti e indietro vorticosamente avanti e indietro da Hoboken a New York, da New York a Brooklyn, da Battery Park al Bronx, smarrendomi ancor più orribilmente a ogni nuovo intoppo. Riuscivo a pronunciare solo pochissime parole in inglese, troppo poche per spiegare la situazione in cui mi trovavo.

#112 - Quando, alla fine, inzuppato fino all'osso dal violento nevischio invernale in cui ero entrato, mal di piedi, scoraggiato e stanco, finalmente ho raggiunto le mie stanze, mi sono lasciato cadere sul letto e ho pianto come un bimbetto pieno di nostalgia. In quel momento mi sono amaramente pentito di tutto ciò che avevo combinato a casa, di tutte le ardite decisioni che mi avevano portato in questo lontano paese dove non riuscivo nemmeno a trovare la mia strada. Alla fine mi sono seduto e ho scritto una lettera lunga, piuttosto desolata, a mia madre, pentendomi di tutte le mie follie e avvertendola che sarei stato pronto a tornare in Italia con il prossimo piroscafo.

Ho anche detto a mia madre una cosa che mi ha stupito davvero tanto, la gomma da masticare. Dissi a mia madre che qui tutte le persone, o per lo meno la maggior parte di loro, masticavano sempre, ruminavano. Dissi che non riuscivo a capire perché mentre continuavano a masticare all'infinito, mai si mettevano in bocca qualcosa. Ho pensato, mi son detto, che gli americani devono appartenere alla famiglia dei ruminanti. Forse perché, curiosamente, non sapevo di gomme da masticare in Italia. Non ne avevo mai viste. E quindi non sapevo cosa diavolo fossero. Non posso dire quanto insolitamente, quanto sgradevolmente la cosa mi abbia colpito. Se fossi stato in grado di parlare inglese, sono sicuro che mi sarei rivolto al mio vicino, su uno dei vari treni della metropolitana su cui viaggiavo e gli avrei chiesto: "Cosa diavolo stai masticando e perché?" Comunque sia, ho dovuto aspettare per chiedere spiegazioni al mio padrone di casa e quando, dopo una certa quale esitazione, mi ha detto che quello che volevo scoprire era la "gomma da masticare", poiché gli ho anche detto che addirittura le donne si davano da fare a masticare come gli uomini, è scoppiato a ridere per quello che deve aver considerato una prova della mia grande ingenuità - e prontamente mi offrì un pezzo della sua apparentemente inesauribile scorta che teneva in tasca. L'ho provata, ma non posso dire che allora o in qualsiasi altro momento abbia mai acquisito il buon gusto americano. Immagino di NON essere un ruminante.

Penso, però, mentre sono seduto qui a ripensare così profondamente, che il livello più basso della mia vita sia capitato la vigilia di Natale, solo un giorno dopo il mio arrivo a New York. L'abisso della solitudine. Mangiai una cena solitaria in un piccolo caffè, e il cibo stesso aveva un sapore più amaro per le mie lacrime non versate[180]. Non si osi piangere in America. È poco virile qui. Ma in ogni caso, la cena era l'ultima delle mie sciagure, perché non riuscivo a ingoiarla. Dopo, ho camminato per ore, su e giù per la Quinta Strada, intorno al bacino idrico di Central Park, attraverso il Giardino Zoologico, tutt'intorno al Museo di Storia Naturale; e ho cercato di dire a me stesso che ero a New York, l'unico posto di tutti i posti in cui io stesso avevo più desiderato essere, e che tra non molto sarei stato trionfante e poi mi sarei invaghito di tutto questo. Ma in quell'ora buia, con il clima natalizio che mi soverchiava, tutto ciò che avvertivo era la mia solitudine, la mia emarginazione, la mia estraneità. Fu allora che mi resi conto di quanto si possa essere soli in una grande città. Come coloro che incroci, con i loro volti indifferenti, possono emarginare uno dal mondo. Mentre scrivo adesso, che tutto è cambiato e New York è diventato un luogo a me tanto caro, sento di nuovo quel malessere che mi prese alla gola quando ci sono arrivato la prima volta.

La notte di Capodanno è stata un'altra ora buia della mia vita. Moltitudini di persone che si aggiungevano ad altre folle, visi esultanti e pronti allo svago. Oceani di parole gentili e di risate leggere mi scivolavano addosso come gelide onde... Non riuscivo nemmeno a capire la gioia degli altri... Quella notte, ricordo, andai a casa e cercai di addormentarmi leggendo, ma le campane del nuovo anno continuavano a rintoccare nelle mie orecchie, come per farsi burla di me. Mi sono sentito male dappertutto. La mia unica salvezza era alzarmi e scrivere lunghe lettere a casa, a mia madre, a mia sorella, ai miei amici. Alcune di queste lettere le ho strappate prima di spedirle. Sapevo che avrebbero rattristato i miei cari a casa. Non potevo fare l'ingrato per la mia stessa fragilità.

Naturalmente non potevo cercare lavoro finché non avessi acquisito una certa conoscenza della lingua inglese[181]. E ho pensato che

---

180 Rodolfo Valentino fu amorevolmente accolto da Ernesto Filomarino e la sua famiglia che non lo fecero sentire né solo né abbandonato, bensì gradito ospite.
181 Rodolfo scrisse all'amico Bruno Pozzan, nel 1910, che durante il suo oziare a Taranto, si recava ogni quindici giorni al porto per far pratica della lingua inglese con i turisti britannici poi, in un'altra lettera, durante la sua permanenza a Sant'Ilario, racconta che frequentava, quattro volte alla settimana, la Berlitz School di Genova per imparare sia l'inglese sia lo

uno dei modi migliori per farlo sarebbe stato passeggiare per le strade, acchiappando parole e frasi qui e là. Ogni tanto andavo al Bustanoby's dove potevo parlare con i camerieri in francese. Fu qui che incontrai i miei primi amici nel nuovo paese. Una sera ero seduto lì, dovevo sembrare introverso e in disparte, perché poco dopo un giovanotto si allontanò da un gruppo a un tavolo vicino, si avvicinò e mi chiese in francese se non mi sarebbe piaciuto unirmi al suo gruppo. VORREI? Ho semplicemente balbettato i miei ringraziamenti, non potendo esprimere la bizzarra gratitudine che provavo per questo primo contatto umano.

Ma sto andando oltre il tempo che mi sono riservato per scrivere nel mio diario. Penso che avrò già lasciato Castellaneta prima di arrivare a dettagliati racconti a proposito di quel posto. Tante cose, tanti ricordi affiorano per distogliermi dal programma che mi sono dato.

Napoli, 26 settembre [182]

#113 - Non dovrei più considerare questo scritto, in continua crescita ed estremamente voluminoso, come un diario, ma piuttosto che stia mutando in una raccolta di ricordi. Vale a dire, scrivo così tanto guardando indietro che mi ritrovo fuori da un posto prima di aver finito di raccontarlo. Natacha mi scrive che se fossi uno scrittore di lettere tanto bravo quanto lo sono come diarista, o comunque così prolifico, non avrebbe bisogno di acquistare nulla da leggere per il resto della sua vita! Penso di avere un qualche complesso dello scrittore o altro. Riesco a scrivere in un diario molto meglio di quanto non riesca a scrivere una lettera. Nel mio diario sono in comunione solo con me stesso, con la mia stessa vita, con il mio Passato e con il mio Presente. Anche se so che Natacha ne leggerà ogni parola, sembra che io scriva a me stesso, e se mi annoio con chi dovrei prendermela? Ecco perché, io divago all'infinito, un'idea dà l'abbrivio a un eccezionale torrente di nuovi pensieri. Certamente, ho poche remore quando si tratta della potente penna!

Avevo intenzione di scrivere solo di ciò che vidi e di quanto provai mentre ero... o per meglio dire, durante questo viaggio. Ma ho scoperto una cosa, ed è che il Passato non è mai completamente morto. Mai. Mentre viviamo il Presente, specialmente nei luoghi dove, in altri tempi, si è combattuto, scopriamo che Passato e Presente si uniscono sistematicamente, indubbiamente, in modo subdolo. Non possiamo fare

---

spagnolo, quindi è arduo credere che fosse così sprovvisto di conoscenza della lingua inglese.
182 10 ottobre 1923

un vero resoconto del presente senza includere, in qualche modo, il passato. Le passate voci, i vecchi ricordi, le antiche amicizie escono dalle loro futili tombe e fanno clangore in un modo troppo udibile per essere ignorate. Non possiamo bloccarle e dare un genuino resoconto di ciò che accade Oggi. Quindi ho scoperto che, tornando su antichi tratturi vedo l'Oggi alla loro luce. È ciò che ho passato qui e lì e là, anni fa, che dà a ciò che faccio oggi il suo significato, il suo valore, il suo sapore. Non posso ignorare la terra dove è nata e si è sviluppata la mia esperienza di vita. Ho a che fare col Passato a Castellaneta, a Tarento, a Napoli e a Roma. Altrimenti, quei luoghi non avrebbero più significato per me di quanto ne avrebbero per un qualsiasi turista in visita a una cappella o antichi ruderi.

Mi ero fermato, nella puntata precedente, che ho scritto mentre ero a metà strada tra Tarento e Castellaneta, a quando conobbi i miei primi amici americani, George Ragni e il conte Alex Salm e suo fratello.

I miei primi amici americani.[183] Potrei andare avanti per pagine raccontando tutto ciò che abbiamo fatto insieme e come ho iniziato a posare, anche se inconsciamente, le pietre miliari di ciò che mi sarebbe capitato. Ma è sufficiente dire che è stato con loro che ho iniziato a ballare in America. Ogni sera andavamo insieme in qualche bar e loro mi presentavano ragazze che conoscevano e io provavo a ballare. A quel tempo, sebbene il tango e l'one-step fossero di gran moda, conoscevo solo il valzer d'altri tempi, la mazurca e i lancieri. Mi resi conto che queste danze antiche non andavano bene, e così ho deciso di impararne di nuove. L'unico modo per raggiungere questo obiettivo era ballare con le migliori danzatrici, e sebbene fossi stato abbastanza giustamente snobbato più e più volte, ho messo l'orgoglio nelle mie tasche più profonde e ho persistito a costo di rovinare un gran numero di scarpette da ballo e di affrontare i conseguenti momenti di sconforto.

Col tempo, grazie ai miei pessimi tentativi e all'altrettanto severa caparbietà, sono diventato una delle migliori tappezzerie della città di New York. Ho tenuto su più pareti di sale da ballo io di qualsiasi altro uomo di cui abbia sentito parlare. Alla fine un giorno ho messo Alex al muro e gli ho detto che non l'avrei più lasciato in pace finché non mi avesse insegnato il tango. Ne conoscevo alcuni passi, quindi avevamo

---

183 I fratelli Salm, Alex e Otto Salm non erano americani, erano austriaci e arrivarono a New York il 13 novembre del 1913 con la S.S. Pannonia proveniente da Napoli. George Ragni era di origine italiana.

qualcosa su cui lavorare, e poi e lì, con caparbietà, mi sono fatto insegnare i passi che restavano, il ritmo e così via. Dopo aver imparato la tecnica di base, ho deciso di esercitarmi quotidianamente, fino a quando non solo appresi i passi che tutti conoscevano, ma ne ho anche creati di nuovi.

La mia prossima inevitabile mossa, mi ero reso conto, era quella di andare meglio d'accordo con la lingua inglese. Avevo capito che stavo facendo progressi molto lenti da Giolitto perché lì si parlava italiano e mi era facile ricadere nella mia lingua madre ogni volta che mi sentivo stanco o avevo fame. Ci è voluto coraggio, perché sono piuttosto pigro, come può esserlo la maggior parte delle persone quando devono affrontare a muso duro una situazione per raggiungere un loro obiettivo. Così mi sono trasferito in una pensione nei quartieri alti, dove si parlava solo inglese, e dove non avrei ottenuto quello di cui avevo bisogno se non avessi manifestato i miei desideri in inglese. Potrei aggiungere che mi sono avvicinato pericolosamente alla fame, perché, per un bel po' non ricordavo i nomi della maggior parte dei piatti americani!

Ero a New York da ben tre mesi prima di andare davvero alla ricerca di lavoro. Avevo dedicato questo periodo in gran parte per l'apprendimento dell'inglese e ad andare in giro con i miei amici, spendendo soldi che avrei dovuto risparmiare per i tempi difficili. Passati i tre mesi, ho capito che dovevo mettermi al lavoro e che senza perdere altro tempo, se non volevo ripetere il mio piccolo esperimento della fame. Ho avuto una lettera di presentazione dal Commissario all'Immigrazione e quando gli ho mostrato il mio diploma dell'Accademia di Agraria, mi ha presentato al signor Cornelius Bliss così ho ottenuto il mio primo lavoro, quello di trasformare i terreni della sua tenuta di campagna, a Long Island, in un giardino all'italiana. Io subito mi sono trasferito in un appartamentino sopra il garage della tenuta e ho assunto l'incarico di sovrintendente

#114 - della tenuta.

Sarebbe lunga approfondire quanto è successo nel frattempo, subito dopo l'inizio della mia carriera lavorativa. Per farla breve sarà sufficiente dire che alla fine ho perso il lavoro nella tenuta Bliss, in parte a causa delle mie giovanili avventatezze, come andare in moto come un matto nella proprietà, e in parte a causa del mio orgoglio, che non mi permetteva di abbassarmi ad andare a liberare dagli insetti le foglie dei cespugli, quando mi ero visualizzato come una sorta di sovrintendente consulente, né mi andava di mangiare con gli altri "dipendenti", quando mi ero immaginato di essere una sorta di ospite della famiglia. Il signor Bliss, ciononostante, mi ha consegnato, alla mia partenza, una lettera per signor Ward, il responsabile dei parchi della contea di New York, che mi ha assunto come apprendista paesaggista, fino a quando non avessi studiato a sufficienza per affrontare un esame e diventare dipendente a tutti gli effetti. Ma quando sono andato all'ufficio del pubblico impiego per sostenere l'esame, sono venuto a sapere che solo i cittadini americani erano qualificati per un lavoro in un ente pubblico e anche che mi ci sarebbero voluti cinque anni per raggiungere quell'ambito status. Cinque anni! Avrei potuto anche riderci su.

#115 - Tra cinque anni sarei diventato per sempre cittadino lasciandomi alle spalle i limiti di cittadinanza o di nazionalità.

E poi iniziò il mio vero Getsemani. Ero letteralmente e davvero senza un soldo, bloccato, affamato e solo. Il signor Bliss mi garantiva un sostegno economico mentre ero apprendista al parco, fino al momento in cui non avessi ottenuto un lavoro davvero retribuito. Naturalmente, non potevo accettare nient'altro da lui ora che non avevo nulla di preciso in vista. Ed eccomi lì! Dopodiché, giù... giù... giù! Sono stato cacciato da vari alloggi per mancato pagamento dell'affitto. Ho camminato per lunghe e dolorosissime strade in giorni roventi che mi fecero capire che il lavoro sembrava evitarmi come fossi un tafano gigante, torturandomi mentre mi teneva alla larga. Ho dato in pegno tutto quanto avessi di impegnabile. La mia ultima padrona di casa aveva sequestrato il mio baule, così da non avere nemmeno un cambio d'abito perché li avevo lasciati lì. Andavo al Mills Hotel, ho vissuto in sgabuzzini, dove dovevo usare dei giornali come biancheria da letto. Ho dormito sulle famose e iconiche panchine di Central Park, dove cercavano riposo tanti derelitti. Ero diventato un mendicante, un vagabondo. Non potevo chiedere aiuto alla mia famiglia. Lettere da casa raccontavano di difficoltà finanziarie dovute alla guerra. Mia madre cominciava a soffrire. Non potevo abbassarmi all'ignominia di far loro sapere che in America ero un fallito tanto quanto lo ero stato a casa, e in un modo molto meno sfolgorante.

Per soddisfare l'orgoglio e la grinta che avevo, presi l'abitudine di entrare in qualche grande albergo, l'Astor di regola, e lì scrivevo a mia madre sulla carta intestata dell'albergo, raccontandole bellissime storie sui miei successi a New York, di quanto stessi bene, dei miei meravigliosi risultati.

Arrivò il giorno in cui avrei spazzato le strade per un tozzo di pane. Venne il giorno in cui pensai di nuovo, e questa volta nel peggiore dei modi, a stomaco vuoto e dolorante, al suicidio. Della pace e dell'oblio delle acque che tutto portano via. Ma uno dei miei credo è sempre stato che solo un codardo muore per mano sua, l'uomo che vale resiste anche se è aggrappato a una croce. # 120 *Dovevo tener duro!!*

Alla fine le carte in gioco sono cambiate. È una storia troppo lunga per essere raccontata qui, e un giorno, quando la ferita di tutto questo sarà completamente risanata, potrò scriverne spassionatamente e con una prospettiva giusta, racconterò tutto quanto, ma alla fine ho trovato lavoro da Maxims, ballando con le donne senza cavaliere che frequentavano quel locale.[184] E una cosa tira l'altra. Un lavoro con Bonnie Glass. Uno con Joan Sawyer, con timidi inizi, fino all'inizio della mia carriera cinematografica. Passo doloroso dopo passo doloroso, ma andando avanti lo strazio diminuiva, la speranza cominciò a fare capolino e, tra le pesanti nuvole e la mia venuta in America, iniziarono ad apparire realizzabili queste illusioni, la Fama e la Fortuna, che si presentavano non così impossibili. Venne il giorno in cui potei scrivere, senza inganni, a mia madre sulla carta intestata dell'Hotel Astor. Un momento di orgoglio.

Queste cose, tutto quanto ho scritto, era ciò che mi frullava per la mente mentre sedevo con mio cugino nel piccolo vecchio caffè della mia città natale, e vedevo lì davanti a me il gruppo di uomini, ragazzi ormai cresciuti, che erano già installati lì quando me ne sono andato. In qualche modo loro hanno fatto sembrare le mie disgrazie passate, le mie agonie, le mie sofferenze, ancora più nobili di qualsiasi altra cosa avessi mai fatto.

#116 - Mi dimostravano ciò che sarei potuto diventare così facilmente e quanto siano state preziose tutte le valli dello Sconforto che mi hanno

---

184 in un'intervista rilasciata al quotidiano "The News" (Paterson, New Jersey) del 20 12 1969 William Bianchino, un emigrante italiano, nativo di Coggiola in provincia di Biella e dipendente di Ernesto Filomarino al tempo dell'arrivo di Valentino a New York, ci racconta che: "Quando Valentino è arrivato a New York da Taranto, Italia, è venuto direttamente al nostro ufficio perché il mio capo, il sig. Filomarino era un buon amico di sua madre". Bianchino racconta come Rudolph, mentre lavorava come ballerino, guadagnava $ 75,00 dollari a settimana, (pari all'attuale somma di $ 2.230,00). A questo si aggiunga una rimessa settimanale da mamma Gabrielle di $ 5,00 dollari a settimana (pari a $ 150,00 oggi). "Ricordo che Valentino mi ha detto che con quello stipendio doveva procurarsi ben tre cambi d'abito al giorno per essere all'altezza del suo impiego e che gran parte del suo guadagno era speso così"

condotto finalmente alla vetta del Successo. Vedere quei relitti, perché è tutto quello che sono, poveretti, sfiniti dal non fare nulla, privi di ogni ambizione, a bere lo stesso spumante, a dare le stesse feste, a frequentare le stesse ballerine di fila, con risultati zero, energia sprecata, vita buttata via. Sono stato davvero riconoscente e ho capito, sempre più, quanto sia stato fortunato a essere scappato, perché se fossi rimasto sarei diventato uno di loro.

Mentre ero a Tarento, tra l'altro, andai da un vecchio dottore, già amico di mio padre. Un uomo molto energico e padre di cinque maschi e quattro femmine. Il suo figlio maggiore è vice comandante di un sottomarino che si trova a Corfù, proprio in quel momento i greci avevano attaccato alcuni italiani e Mussolini voleva che fossero puniti, per questo fu mandato lì. Lo aspettavano da un giorno all'altro, perché Mussolini ne uscì vincitore e la faccenda si risolse a favore dell'Italia. Infatti l'ho incontrato il giorno seguente.

Il secondo figlio è un bravo vignettista e andava in giro con un gruppo di amici, cosa naturale per la maggior parte dei giovani estrosi della città, per una ragione o per un'altra. Suo padre mi prese da parte e mi disse: "Sei stato in America e hai fatto qualcosa di te stesso. Non avevi molti soldi, come ho saputo, e hai dovuto lottare per la tua esistenza. Qui mio figlio va a spasso con questa compagnia di cui ti ho detto. Devo farlo partire per l'America?"

E io dissi: "Certo. In tutti i modi possibili. Potrebbe ottenere un grande successo in qualche giornale. Quello che farei io è questo. Non dargli molti soldi. (Il dottore è molto ricco). Fagli ambire un lavoro. Se ha soldi con sé, si fermerà in un hotel costoso e spererà i suoi soldi in una notte. Dagli una piccola indennità e non lasciargli nemmeno immaginare di poterne ottenere di più in qualsiasi modo. Digli solo: "Ecco cosa ti darò ogni mese", e poi, se sperpera i soldi e sai che per lui è una questione vitale, puoi mandargliene, ma non fargli pensare per un momento che lo faresti. Sì, lascialo andare. Dopotutto, è molto più fortunato di me. Ha migliori possibilità. Ha dei parenti a New York. Parla abbastanza bene l'inglese. Non sapevo l'inglese e questo era il maggiore limite. Non conoscevo un'anima. E avevo, quando sono arrivato lì, solo $400,00 [185] Non avrei chiesto di più. Avevo detto a mia madre che andavo per crearmi una posizione, e che dovevo farcela, anche se quella posizione

---

185 In realtà Valentino arrivò a New York con una lettera di credito di 4.000 dollari, pari a circa 120.000 dollari odierni e non con 400 dollari che, comunque corrisponderebbero a 12.000 dollari del giorno d'oggi.

fosse stata in una "fossa comune".

Il dottore non aveva ancora deciso cosa avrebbe fatto mentre ero con lui, ma spero che lasci andare suo figlio. Se resta, temo che gli rovinerà la vita. Meglio la lotta dell'asfissia. Strozzamento mentale e spirituale.

Ho visto un bel po' di miei vecchi amici e mi hanno subito riconosciuto. Incontrai anche diversi ufficiali e comandanti della marina militare che erano stati a New York e a San Francisco arrivati lì con la flotta italiana.

Verso mezzogiorno del ventidue o ventitré andammo a Caresino[186], fuori Tarento, nell'antica proprietà di mio zio ora deceduto. È una vasta tenuta che ricorda un villaggio moresco. Mio cugino non vive lì da quando sua madre e suo padre sono morti. Ci andavano d'estate, due o tre giorni alla settimana. È solo a un'ora in automobile e due o tre in autobus.

Oggi è in abbandono, priva di manutenzione. Ha la desolata atmosfera tipica dei luoghi vecchi e trascurati che un tempo conobbero piedi leggeri e allegre risate, quando il canto della vita scorreva tra quelle mura. Ovviamente ho rivissuto le scene della mia prima infanzia, in quanto ci andavamo ogni estate per buona parte delle vacanze.

#117 - Quello che meglio ricordavo era un particolare episodio: un giorno ero davvero monello tanto che mia zia[187] - un sacro terrore per me in quanto avevo davvero una mortale paura di lei - mi chiuse a chiave in un armadio con una pesante porta di quercia. Qui, diciassette o diciotto anni dopo, ritrovai la stessa porta con le stesse crepe. Mi sembravano più di una semplice prova di quell'ora di ribellione e oscuro terrore.

Sono andato in giro, in quella vecchia tenuta, tutti i campi di battaglia della mia giovinezza. Sono sempre stato pazzo per gli animali, come continuamente ribadisco. E qui andavo nella stalle e mi divertivo coi muli. Mia madre viveva con la costante paura che potessi essere riportato a casa con l'impronta di uno zoccolo nello stomaco. La mia occupazione preferita era quella di mettere loro i finimenti, portarli a bere, attaccarli ai carri e andare in giro. Quel tipo di cose.

#118 - Mentre io e mio cugino eravamo lì, è arrivato un carro, noi siamo

---
186 Il nome corretto del paese è Carosino.
187 Si trattava della sorella di Gabrielle, Marie Leonie, che aveva nove anni più della sorella e aveva sposato Francesco Galeone, ricco possidente di Carosino.

saltati su e ci siamo fatti fare una foto.

Abbiamo fatto un pranzo delizioso. Vino meraviglioso, di sessanta o settant'anni. Il vino stappato in mio onore era stato imbottigliato quando mio cugino nacque trent'anni fa. C'era anche un liquore bianco, un Marsala, simile allo sherry, imbottigliato l'anno in cui mio zio era nato. Il vino era meraviglioso. Tremendamente forte, però. E andava giù come l'olio. Ma non potevi berne più di un sorso alla volta. Perbacco!

Dopo pranzo mio cugino mi disse che un grande amico della nostra famiglia abitava sulla strada tra "Carisine" e "Tarento", e che dovevo proprio andarci. Non mi ha voluto dire chi fosse finché non siamo arrivati. E ne scriverò domani.

Napoli, 27 settembre[188]

Natacha ha scritto e mi assicura che è si abbastanza ripresa dai suoi viaggi ed è impaziente per il mio ritorno. Mi scrive che c'è moltissima posta per me e che in parte dei messaggi ci sono anche molti interessanti sviluppi dal punto di vista lavorativo. Sono fiducioso che presto potrò tornare di nuovo al lavoro che amo... tornare a tutto il resto!

#119 - Questa pausa è stata un periodo agitato, sebbene nel contempo meravigliosamente piacevole. Ma per tornare! Dicono che "il viaggio fa progredire un uomo". Ebbene, certamente lo rende più completo, lo rafforza e lo ravviva.

Ieri sono andato a far visita a un amico di mio cugino e mio, un vecchio amico di famiglia, che abitava vicino a "Tarento". Lui era stato un compagno di scuola di mio padre. Non poteva vedermi perché era malato e a letto, quindi siamo andati a trovarlo, su suggerimento di mio cugino, giusto per dire "Ciao".

Quando sono entrato, ha detto: "Mio Dio, non sei Rodolfo, vero?"
Ho detto di sì.
E allora, dolcemente, quest'uomo di sessant'anni si mise a piangere come un bambino. È stato una delle più commoventi accoglienze che io abbia ricevuto da quando ho iniziato questo viaggio.
Mi mise le braccia al collo e disse: "Siediti qui vicino a me".

---
[188] 11 ottobre 1923

Mi sentivo, come se fossi stato proprio un suo figlio. Così siamo rimasti seduti per un bel po', e non sono mai stato interrogato con così tanta curiosità, con così tanto interesse, sulla mia carriera e su tutti i miei alti e bassi. Era così intensamente attento a ogni dettaglio come se li avesse vissuti lui stesso, e di me si preoccupava come se fossi stato davvero sangue del suo sangue. È stata una bella dimostrazione di amicizia.

Sulla via del ritorno in città sono passato da Castellaneta. Proprio mentre mi avvicinavo alla mia città natale, quando gli edifici sorgevano davanti a me sulla svolta della strada, ho fermato l'auto e l'ho fotografata.

Prima di entrare in paese c'è un enorme gravina che scende proprio sotto un ponte di pietra[189]. E lì sopra, passa la ferrovia. Il ponte che attraversa questo burrone è stato costruito dal padre di mia madre, mio nonno, un francese e un ingegnere ferroviario. È davvero particolare da queste parti. Mio nonno ha anche costruito la ferrovia.

Per costruire questa ferrovia mio nonno dovette attraversare una foresta abitata da briganti, e in una di queste spedizioni di ingegneria fu catturato da queste canaglie. L'hanno trattenuto perché il capo dei banditi si era messo in testa che mio nonno fosse un capitano della Guardia Nazionale. Il capo stava per sparare a mio nonno. Non avrebbe nemmeno tentato di chiedere un riscatto. Legato e sdraiato a terra, mio nonno ebbe il macabro piacere di ascoltare questi propositi. L'unica cosa che lo salvò fu il fatto che uno di questa banda di briganti era stato un tempo soldato e poi disertore. Essendo stato un soldato e avendo conosciuto il capo della Guardia nazionale, andò dal capo dei briganti e gli disse che aveva sbagliato il suo uomo. "Quest'uomo non è lui", ha detto. E così, alla fine, lo hanno lasciato andare.

Un fatto strano riguardo alla telepatia. Mia nonna era una persona estremamente telepatica. Accadde così che mia nonna e mia madre[190] stavano andando a Taranto la notte stessa in cui mio nonno stava per essere fucilato.

---

189 I ponti la cui costruzione è stata seguita dal papà di Gabriella erano in ferro e non in pietra.
190 Gabrielle era nata in Francia a Lure, nella Franca Contea, il 7 maggio del 1856 e, quando suo padre Pierre Philibert Barbin si trasferì a Taranto, con la moglie Marie Rose Willem e la figlia maggiore Leonie, Gabrielle ancora frequentava le scuole primarie ragion per cui fu affidata allo zio Alphonse Barbin, fratello di Pierre Philibert, per frequentare le scuole a Parigi. Gabrielle andò a Taranto solo nel 1868, all'età di dodici anni, per il funerale di suo padre. Dopo il funerale Gabrielle tornò a Parigi con lo zio per proseguire gli studi.

Mia madre mi ha detto che mia nonna le disse: "Sento che mio marito è nei guai. Lo sento".

Non aveva idea di che tipo di problemi (per fortuna sua), ma in qualche modo ha ricevuto segnali di pericolo e ne ha parlato.

#120 - Quando mio nonno arrivò a casa e raccontò loro quello che era successo, mia nonna quasi svenne, un misto di sollievo, terrore per lui e un senso di soprannaturale per la sua premonizione. Mia madre mi raccontava spesso questa storia quando ero piccolo. Era uno dei miei aneddoti "preferiti" e ho sempre insistito per avere i dettagli più minuti.

Mi disse che mio nonno era un uomo eccezionalmente coraggioso e valoroso, ma che disse a mia nonna che, uscendo da quella foresta e voltandosi indietro, gli si rizzavano i capelli in testa. Gli sembrava che la foresta oscura fosse lorda di sangue, che avrebbe potuto facilmente essere il suo.

Inoltre, è stato molto malato per un periodo piuttosto lungo. Aveva la febbre alta e per un po' sembrò che i briganti avessero raggiunto il loro scopo: di ucciderlo.

Ho anche fatto una foto della gravina grande.

#121 - Proprio in cima alla gravina c'è una chiesetta antica[191], caratteristica e bella, dove la vecchia balia, che mi ha allattato quando ero bambino, mi portava - no, non per pregare - per giocare. In qualche modo mi piaceva quel posto. È uno dei luoghi indimenticabili per me. Una vecchia, antica chiesa: il Signore sa da quanto tempo è lì. Solo una piccola cappella. In un modo o nell'altro mi affascinava immensamente. Era il mio parco giochi preferito. Mi sono fermato e sono entrato nel piccolo riparo ammuffito dove ho ritrovato quello stesso senso del mistero che provavo quando andavo lì a giocare, tanti anni fa. Il suo carattere antico, il suo mistero, la sua pace profonda e tenebrosa hanno ispirato molte delle mie infantili fantasie. Non posso dire con esattezza che mi abbia avviato verso la religiosità, anche se forse lo ha fatto, a modo suo.

Una volta entrati in città abbiamo fatto una passeggiata lungo la sua "Via Maestra" - perché c'è una "Main Street", anche nella piccola Castellaneta lontana, tranquilla e di poca importanza. E per di più, a

---
191 Si tratta della chiesa trecentesca di Santa Maria del Pesco, altrimenti detta Assunta.

differenza delle sempre in evoluzione "Main Street" d'America, nulla era cambiato. Nessun "Rotary Club", nessuna "Società del Progresso Civico" era riuscito a intervenire in questa "Via Maestra" che se ne stava lì, come una chioccia, immobile e serena. Era esattamente la stessa. Tanto "la stessa" che, con sorpresa, ne ricordavo ogni suo dettaglio.

Un posto da cui, solo, scappare (mi sembrava di essere sempre in uno stato di "fuga") – al tempo avevo circa cinque anni - e ho marinato la scuola per andare a fare un giro con l'asino. Di ritorno da quella spedizione, incontrai mio padre, e la mia avventura si concluse nel solito modo ignominioso, si può facilmente immaginare come!

C'erano anche alcuni "vegliardi". Con i loro piccoli negozi, immutati da quando avevo cinque anni.

#122 - Ho incrociato un vecchio amico, il droghiere del villaggio, nel suo negozietto all'angolo. Ci siamo stretti la mano e subito gli sono venute le lacrime agli occhi. Piangendo, mi ha mestamente detto quanto fosse felice di rivedermi e poi si è lasciato prendere dai ricordi di quello che combinavo e che, confesso, da lungo tempo avevo dimenticato. I suoi ricordi erano così precisi che, anche quando mi ha raccontato di alcuni dei miei misfatti infantili, non riuscivo a ricordarmeli. Ma facevo finta di sì. Il mansueto vecchietto era davvero ansioso di condividere con me i suoi ricordi. Ci siamo seduti lì e abbiamo parlato a lungo, solo che ora non mi sedevo più ai suoi piedi e non gli facevo tante domande, fiducioso della saggezza delle sue risposte, come mi disse che ero solito fare molti anni fa.

Dopo essere riuscito a staccarmi dal vecchio loquace, sono andato a vedere la casa in cui sono nato. La zia ne era particolarmente interessata. Ma i luoghi natii, credo, attraggano più le donne che gli uomini. Il che, credo, sia corretto "biologicamente parlando".

Poi sono sceso lungo la via, dove ancora abitavano degli amici di famiglia. Siamo saliti al piano di sopra e dopo un vero e proprio bombardamento di convenevoli, domande, ammirazione, ci è stato offerto un rinfresco alla moda dei meridionali, detta ospitalità solitamente consiste in tazzine di caffè e di dolci fatti in casa. Siamo rimasti un paio d'ore e sarei rimasto anche più a lungo, sia lì sia in città, a cercare altri vecchi amici, i cui nomi e ricordi non avevo mai dimenticato, ma sentivo che quella notte dovevo arrivare a Napoli, e così siamo partiti e ci siamo fermati a Salerno. È stato uno splendido viaggio. Le strade di montagna erano, con mia grande sorpresa, in condizioni meravigliose. Uno dei punti di interesse era un enorme castello che risale al 1000 o 1050 e fu occupato da Teodorico, l'imperatore bizantino[192].

#123 - Poi c'è un'ulteriore leggenda relativa a un fiume. E, per inciso, a differenza di tante leggende, esistono documenti che ne provano l'autenticità. Si narra che, al tempo dell'invasione del paese da parte del più su menzionato imperatore, un enorme tesoro di oro, argento e gemme preziose venne sepolto sotto questo fiume. Al momento dell'invasione deviarono il corso del fiume, seppellirono il tesoro e risistemarono il letto del fiume. Per secoli hanno cercato di scoprire il punto esatto, ma non ci sono mai riusciti. È un bel esercizio per l'immaginazione pensare a come dovesse essere quel tesoro. Ma sembra che nessuno ci sia mai riuscito, anche i documenti che tramandano la leggenda, non rivelano alcun indizio di dove si possa trovare il tesoro nascosto, imperturbabile sotto le acque che scorrono[193].

Ci siamo quindi resi conto che non potevamo arrivare a Napoli in serata. Erano le ventitré suonate quando arrivammo a Salerno ed eravamo troppo stanchi per battere nuovi record, così abbiamo deciso di fermarci lì. Questa mattina siamo partiti per Napoli.

A Pompeii[194] (sic) abbiamo lasciato la macchina e ho accompagnato la zia a visitare gli scavi archeologici. Avrei voluto fermarmi più a lungo lì. Una città che un tempo era così vitale, una città colpita a morte e sepolta, in toto, delle viscere della distruzione, una città che risorge lentamente come una fenice che rispunta indenne da un sudario di cenere. Ho sentito che il fatto che "Pompeii" stia tornando alla luce lentamente è piuttosto un evento nefasto, in quanto molti dei

---

192 Il castello di Arechi era molto più antico di quanto Valentino ci dice e non fu mai occupato da Teodorico tra il 1000 e il 1050 dell'era corrente, in quanto Teodorico fu re d'Italia dal 493 al 526 e risiedette a Ravenna.
193 Quando Valentino ci racconta di un tesoro sepolto nel letto di un fiume, non certo per nasconderlo agli invasori perché l'invasore era lui, sicuramente si riferisce al tesoro di Alarico, il re dei Visigoti che, si narra, fu sepolto con il suo cavallo e il bottino dove i fiumi Crati e Busento confluiscono. Ed è lì che, secondo leggenda, il più grande tesoro perduto nella storia dell'umanità è stato sepolto e mai ritrovato dal 410 dell'era corrente fino ad oggi. A ciò si aggiunga che quella località non è nelle vicinanze di Salerno, ma oltre 260 Km più a sud in Calabria.
194 Pompei ha una solo i come lettera finale del nome.

ritrovamenti sono opera di ladri tombaroli piuttosto che di archeologi. La nostra esplorazione delle rovine, per quanto superficiale fosse, durò mezza giornata e, con il pranzo alle due, erano le tre e mezza o le quattro del pomeriggio quando partimmo, e sul peggior pezzo di strada che abbia percorso in tutto il mio viaggio di andata o ritorno. Questa strada va da Salerno a poco oltre Napoli.

#124 - Sono del tutto inimmaginabili, le condizioni nelle quali si trova.

In realtà ho ringraziato il cielo, per la prima volta da quando a Roma Natacha mi ha lasciato. Non avrebbe potuto affrontare nemmeno un centimetro in più di viaggio per il resto della sua vita. La zia era d'accordo con me.

#125 - "Questa è la cosa peggiore che ci sia capitata" balbettavamo o meglio cercavamo di dire con voce soffocata, mentre si urtava qualcosa e si facevamo grandi balzi su questo obbrobrio. Nuvole di polvere bianca che semplicemente ti asfissiava... grandi voragini e pietre giganti che per qualche perfida circostanza non si vedevano... carrette davanti a te che continuamente ti ostacolavano... e infine, come colpo di grazia, quando siamo arrivati in un paesino tra Napoli e Roma, la mia batteria ha smesso di funzionare. Dovevo procedere molto lentamente, suonando continuamente il clacson per chiedere strada ai carretti. Che manco pensavano di spostarsi.
In effetti, speravo davvero di arrivare a Roma in serata, avendo un appuntamento l'indomani, ma con il cedimento della mia batteria e una strada di montagna da affrontare senza nemmeno il chiarore lunare, ho rinunciato a quella insensata speranza, trappola e illusione dell'automobilista. Ho cercato di mantenere alto il morale ricordando a me stesso quanto peggio sarebbe stato il viaggio se fossero capitati incidenti grazie alla cattiva sorte.

Per quell'ultimo tratto, di poco più di 29 chilometri, ho dovuto guidare nella totale oscurità. Non riuscivo a vedere la mia mano davanti alla mia faccia, né il volto di zia accanto a me. Due volte le automobili che incrociavo, mi hanno quasi accecato.

#126 - A Napoli, quando siamo arrivati, e dopo un giorno di riposo, per aver mancato all'appuntamento ho rinunciato all'idea di rompermi il collo, e comunque la zia era un piuttosto estenuata. A Napoli ho cercato di andare a visitare i luoghi più interessanti, ma l'uomo propone e la regalità dispone in questi paesi governati da sovrani. Il principe di Napoli, Umberto[195], l'erede al trono, era in città[196], e le strade erano così sbarrate che non avremmo potuto vedere né a destra né a sinistra, anche supponendo che avessimo potuto percorrerle. Domani vedrò tutto il possibile di Napoli, e poi andremo a Roma.

La fine del viaggio si avvicina a grandi passi. E mentre ne ho affrontato l'inizio con gioia e immaginandomelo, così, felicemente, ne affronto la fine con lo stesso spirito. Perché alla fine del viaggio mi aspettano casa, lavoro e Natacha (NON nell'ordine della loro importanza).

#127 - E così, come direbbe un famoso diarista, "a nanna".

#128 - **Roma 29 settembre**[197]

Di nuovo a Roma. La grande scommessa del mio viaggio sta per concludersi. Presto mi riunirò con Natacha, ho detto "ben trovati" e nuovamente "addio" alla famiglia e mi dirigo verso casa, verso lo schermo, almeno spero. Più che mai sono desideroso di riprendere a lavorare. Credo di sentire tutte le mie capacità al massimo livello. Non vi è nulla che assomigli al prorompente desiderio di fare il lavoro che si è scelto. È massima espressione della creazione. È l'essenza stessa della creazione.[198] È la vera materia di cui è fatta la creatività. Gli scrittori lo sentono, i poeti, gli artisti, gli artigiani, anche loro, io credo. Perché tutti noi siamo artigiani, lavoriamo con i nostri materiali d'elezione, ognuno di noi è un artista tanto quanto si sente di esserlo.

Si dice che nessun uomo è più grande della sua Arte, e credo che sia vero. In effetti, ho spesso pensato che molti uomini valgano meno della

---

195 Umberto di Savoia era principe di Piemonte. Il principe di Napoli era suo padre re Vittorio Emanuele III il quale, alla nascita, ricevette il titolo di Principe di Napoli, per dare vigore all'unità nord sud.
196 Umberto di Savoia visitò Napoli il sabato 29 e domenica 30 settembre 1923 per tornare a Roma nel pomeriggio di lunedì primo di ottobre.
197 13 ottobre 1925
198 Nel testo originale la frase "It is the very essence of creation" è scritta due volte di fila, ritengo sia un problema di composizione tipografica, però, non posso ignorare la ripetizione, ma cercare la possibilità di una non banale ripetizione che francamente non trovo.

loro Arte. Che non sono altro se non, più o meno ordinari, vasi di terraglia colmati con le preziose sostanze dell'Arte. Ho conosciuto scrittori dalla fantasia più delicata e squisita i quali erano ingombranti, grossolani compari senza visibili virtù, di qualsiasi tipo. Ho conosciuto uomini con voci angeliche decisamente trasandati e sporchi. E viceversa, ho incontrato uomini che hanno scritto le schifezze più disgustose pur essendo squisitamente sensibili e raffinati nella loro vita quotidiana e nel conversare. Così, quando il Vasaio fabbricava gli umani vasi, spesso, per fare lo scherzoso, riempiva con discordanti sostanze i più diversi contenitori. Una stravaganza. Forse il più sconcertante di tutti i paradossi umani. Tanto che pochi di noi si mostrano al mondo per come davvero sono nell'intimo. Siamo molto fortunati quando lo facciamo.

Un'altra cosa che questo viaggio ha fatto per me è stato il restituirmi la sacra amica della mia giovinezza - la Speranza. Penso che tutti noi si proceda speranzosi, passo dopo passo, quando siamo molto giovani. Non l'abbiamo ancora vista, lei splendente, non calpestata né devastata, e la teniamo radiosa al nostro fianco. Ma man mano che invecchiamo e la vita e gli affanni ci invadono, perdiamo di vista la Speranza e ci rivolgiamo a un altro compagno meno brillante. Il Dubbio. L'oscuro Dubbio. E con il Dubbio piuttosto che con la Speranza, vacilliamo e restiamo sconfortati. Ci voltiamo e proviamo questo e quel percorso secondario augurandoci di ritrovare la Speranza. E lo facciamo così raramente. Il Dubbio è un compagno che non ti abbandona. Dubitiamo anche su noi stessi. Ma ora, dopo questo viaggio, mi sento rinato. Mi sento come se avessi riscoperto la Speranza e scacciato il suo sostituto, il Dubbio. Questo è davvero il beneficio inestimabile per poter ricominciare.

Vedremo. Ricevo lettere incoraggianti e Natacha dice che ha comunicazioni ancora più rassicuranti in serbo per me. Prima di terminare questo mio diario di viaggio, potrei essere in grado di fare un annuncio a caratteri cubitali e in grassetto. Penso di avere il dono della chiaroveggenza, perché sono certo che così sarà!

Bene, torniamo al "Diario".

Dopo aver visto quello che potevamo di Napoli, con il corteo in onore del Principe in visita, e la conseguente folla, ci siamo diretti a Caserta, dove c'è uno dei palazzi reali che vale la pena vedere.

Proseguimmo poi verso Capua, roccaforte dei Papi in epoca medievale, ancora abbastanza ben conservata e in buone condizioni.

È una veduta molto interessante e si può facilmente capire perché è una roccaforte. Ci sono tre ingressi (solo!) alla città, ciascuno protetto da tre ponti levatoi. Questi non esistono più ora, ma c'è anche un fossato, accanto a un muro fortificato. In modo che ci siano tre fossati con mura fortificate prima di arrivare in città, e quando ci arrivi, quella è circondata da un alto muro. Cesare Borgia si recò anche a Capua quando la sua posizione vacillò, e da lì fuggì in Spagna. A Valencia, o da qualche parte in quella regione, credo, quando fu ucciso[199]. Almeno, penso che fosse lì. Prima di partire, però, saccheggiò la città e massacrò cinquemila abitanti. Questo, credo, fosse circa il 1501.

Nella moderna Capua, ci siamo fermati al Museo Campana[200] in via del Duomo e abbiamo dato uno sguardo fugace agli antichi sarcofagi, all'allegro monumento funerario[201] e a svariate monete, vasi, quadri e terrecotte che ivi si conservano. C'è anche una biblioteca molto piccola.
Nell'antica Capua[202] abbiamo visto i ruderi dell'anfiteatro, che è il più antico d'Italia e anche il più grande, accanto al Colosseo[203]. Originariamente era stato costruito per cinquantamila spettatori. Le pareti sono tutte in travertino nero non cementato. Due degli ottanta ingressi e tre dei corridoi sono ancora abbastanza intatti da permettere a noi moderni di seguirne le spettrali orme. Immagini di divinità antiche adornano le chiavi di volta e nell'arena, che è stata tutta sgombrata, ci sono numerosi passaggi, antri, ecc. La maggior parte di questi passaggi ora sono utilizzati come spazi museali temporanei e sono stati riempiti di bassorilievi, frammenti e delle minutaglie ritrovate tra le rovine originali.

Dopo alcune ore trascorse in quei luoghi, siamo ripartiti per Roma. Mi sentivo che stavo tornando a casa. Ma lungo il percorso, perversamente, i miei fari hanno smesso di funzionare così ho dovuto fermarmi a

---

199 Cesare Borgia non scappò dopo il massacro di Capua, nel 1501, anzi era al massimo della sua gloria, ma quando suo padre, il papa Alessandro VI morì e, dopo un breve papato retto da papa Pio III favorevole al duca Valentino, diventò papa Giuliano della Rovere che prese il nome di Giulio II, venne da questi fatto arrestare e rinchiudere in Castel Sant'Angelo, prigionia dalla quale riuscì a evadere. Ricatturato il duca Valentino fu mandato in esilio in Spagna dove fu chiuso in ben due fortezze dalle quali riuscì a scappare per rifugiarsi nel piccolo regno di Navarra il cui re era suo cognato Giovanni III d'Albret. Nel 1507 Cesare Borgia andò in soccorso di suo cognato per l'assedio di Viana, città ribelle al confine tra Navarra e Castiglia, ma cadde in un'imboscata e, gravemente affetto dalla sifilide, il 12 marzo 1507 morì trafitto da ben 23 colpi di picca.
200 Il nome corretto è "Museo Campano".
201 Di allegri monumenti funerari non ne ho trovato traccia, forse si tratta del lebete Barone, un notevole vaso di bronzo.
202 Il nome corretto dell'antica Capua è Santa Maria Capua Vetere
203 Il Colosseo è di qualche decennio antecedente all'anfiteatro di Capua.

pernottare. Roma non è stata fatta in un giorno, ma nemmeno ci si arriva a Roma in un giorno! Non quando si viaggia su pneumatici. Con tutto ciò, non abbiamo fatto più visite turistiche. Il contrattempo ha frustrato le nostre ambizioni. E dopo aver sistemato la macchina, sono andato a letto e a dormire.

La mattina dopo siamo finalmente arrivati qui, a Roma.

Il primo giorno abbiamo deciso di fare alcune delle cose che non avevamo fatto quando siamo venuti qui la prima volta, soprattutto a causa dell'incapacità di Natacha di fare più visite di quante lei ritenesse assolutamente indispensabili. Se visitare la città fosse mai una cosa necessaria.

Siamo andati prima al Castello San Angelo[204], che fino a poco tempo fa era chiuso al pubblico. Anche questa fu una roccaforte dei Papi e prese il nome attuale a causa di una presunta visione miracolosa. Al tempo di Papa Gregorio Magno la peste devastò la città e lui volle fossero fatte processioni penitenziali per scongiurare quella calamità e, durante una di queste, mentre attraversava il ponte, affermò di aver visto San Michele Arcangelo rinfoderare la spada insanguinata. Da qui il nome.

Il castello è stato utilizzato per molto tempo come prigione di stato. Qui sono stati rinchiusi Benvenuto Cellini, Cagliostro e altri, e Napoleone III è stato qui trattenuto per un breve periodo nel 1831[205].

Abbiamo anche visto il carcere dove giacque Beatrice Cenci e dove fu imprigionato Cavaradossi, l'eroe dell'opera "La Tosca". Dovevi chinarti per entrare nelle celle e in mezzo al pavimento c'era una botola che si apriva sul Teverem[206] o fiume Tevere. La storia racconta, questa volta non fondata sui fatti, che un certo numero di sfortunati qui imprigionati scomparvero da queste prigioni nel Tevere, strangolati e i loro corpi venivano poi raccolti su alcune spiagge lontane come identità sconosciute. Forse non c'è edificio eretto dall'uomo né in quest'epoca né nelle epoche precedenti le cui mura possano raccontare storie così cupe e orribili come le mura di una prigione. Sì, e in particolare le vecchie carceri medievali dove l'uomo non aveva ancora imparato a punire umanamente i suoi simili. Gli ospedali testimoniano la sofferenza della carne e la

---

204 Il nome corretto è Castel Sant'Angelo
205 Il Bonaparte imprigionato in Castel Sant'Angelo non fu Napoleone III bensì suo cugino Pietro Bonaparte
206 Il Tevere ebbe diversi nomi, da Albula, poi Thybris ed infine Tiberis, ma mai ebbe il nome Teverem.

battaglia contro la Morte, ma le carceri testimoniano l'oscura disperazione delle sofferenze dell'anima, e di coloro che non hanno più un'anima, avendola perduta. La vita veniva lasciata alle spalle, fuori dalle mura della prigione. E il freddo e l'umidità sono peggiori di quelli di una tomba. L'anima si disgusta a pensare a quelle morti oscure e terribili dietro alle porte delle creature viventi, a quei volti straziati, gettati nel buio della notte, nel fiume Tevere, le facce rivolte all'insù mentre vanno alla deriva sotto una pallida luna, per riposare a lungo, "sconosciuti" su sponde lontane.

Mi spiegarono anche che una delle difese di questo luogo era gettare olio bollente giù dalle mura. In cima al Castello c'è una stanza enorme, grande, piena di enormi vasi di terracotta, in cui si teneva l'olio bollente da versare sul nemico.

Poi abbiamo visto anche i tesori privati di diversi Papi, in particolare di Cesare Borgia e Paolo III Farense[207]. Questi erano per lo più tenuti in urne alte un metro e mezzo rivestite di legno massiccio. Ci sono monete d'argento di tutti i tipi in questi forzieri. In urne alte un metro e venti è conservato l'oro, e nella terza e più piccola urna sono raccolti perle, diamanti, rubini, smeraldi e altre pietre preziose[208].

Abbiamo anche visto gli appartamenti privati papalini, sono tutti splendidamente arredati.

La più sorprendente, pensai, è la camera da letto di papa Paolo III e quella di Cesare Borgia[209], che sono conservate come se loro fossero ancora lì.

Fermarmi questa sera nelle camere da letto dei Papi sarebbe un atto molto temerario, ma questa è la mia situazione. Devo riposare tutta la notte, perché domani volterò le spalle a Roma e andrò a raggiungere Natacha.

Che novità avrà per me? E cosa mi succederà dopo aver nuovamente volto lo sguardo verso le coste americane? Sinceramente mi auguro che sia a mio favore, che mi possa dire che le barriere artificiali che si sono

---

207 Il nome corretto è Farnese.
208 Valentino racconta come, visitando Castel Sant'Angelo, vide i tesori segreti, le monete d'oro e i gioielli di alcuni papi e, in particolare, quelli di Cesare Borgia e di Paolo III Farnese. Vale comunque ricordare che Cesare Borgia non fu mai papa, il riferimento è al padre di Cesare Borgia, Papa Alessandro VI. È anche necessario ricordare che a Castel Sant'Angelo non esiste un tesoro appartenuto al duca Cesare Borgia. Quando Valentino visitò Castel Sant'Angelo non c'erano monete d'oro nei forzieri.
209 Nuova confusione tra Cesare Borgia e suo padre Rodrigo Borgia, meglio conosciuto come papa Alessandro VI.

frapposte tra me e il lavoro che amo sono state finalmente abbattute e che avrò campo libero. Sento che un grande lavoro - davvero imponente, più importante di qualsiasi altro abbia mai fatto - scalpita dentro di me pronto a esplodere all'arrivo delle vere opportunità in cui ho sperato e perseguito per così lungo tempo.

Il rapporto tra un artista e la sua arte è sempre complicato in un modo bizzarro. Non solo la mente e lo spirito devono essere equilibrati e sereni - come sento siano i miei ora - ma le faccende materiali devono essere sistemate prima che uno possa dare il meglio di sé. Non ci devono essere intralci di poco conto, sconcertanti e irritanti durante questo cammino. Questi più di ogni altra causa, infiacchiscono e rallentano ogni creatività di cui valga davvero la pena. Ma...
A domani....

Nizza Primo ottobre [210]

A Nizza il mio viaggio è tutto tranne che finito. In qualche modo non conto mai il ritorno come parte del viaggio. Un viaggio è, o dovrebbe essere, uno stato di partenza, di allontanamento dalla riva, per così dire. Il porto noto per una destinazione sconosciuta. Ma sto andando a casa. Sono a casa, perché sono di nuovo con Natacha, che sembra riposata e meravigliosa dopo i suoi giorni a Nizza con la sua famiglia. Abbiamo avuto molti argomenti di cui parlare quella prima sera che abbiamo cercato di trasformare la notte in giorno. Mi aspettavano piacevoli comunicazioni, e sia Natacha sia io sentivamo dal loro tono generale che dovevo solo arrivare in America mettermi in moto e ricominciare a lavorare. So che sarò amaramente e profondamente deluso se non sarà così. Ma me lo sento, so che sarà così. Sono diventato un ottimista da quando sono tornato a casa. E Natacha, il cui acume per gli affari, unito al suo femminile istinto, non è eguagliato e superato da nessuno che io sappia, è anche certa che tutto stia andando nella giusta direzione, finalmente. Sono come un destriero che scalpita irrequieto. Desideroso di darmi da fare. L'azione che amo.

Passeremo la settimana qui a Nizza, per lo più per riposarci, incontrando alcune persone che non abbiamo visto prima, o che non ho incontrato prima, poi procedendo, con calma, verso Parigi, quindi a Londra e di nuovo a casa. Di nuovo l'America.

---
210 15 ottobre 1923

Oggi Natacha e io ci siamo semplicemente crogiolati al sole. Le ho raccontato tutto quello che non le avevo scritto a proposito della mia casa, dei vecchi conoscenti che avevo incontrato e con cui avevo parlato, delle nuove impressioni che mi erano venute in mente mentre giravo per le caotiche strade italiane. Le rose erano tutt'intorno a noi e l'azzurro delle acque non era più azzurro del cielo basso e avvolgente. Era la Pace e mi sentivo entusiasticamente felice. Una di quelle ore in cui i cieli si inchinano vicinissimi, quando il frutto sembra maturo e dorato, quando i fiori sono prodighi del loro profumo e gli uccelli cantano note mai cantate prima. È tempo di stare insieme. Insieme a qualcuno che ami molto e da cui sei stato separato con tormento.
Natacha ed io... di nuovo insieme...

Nel tardo pomeriggio alcuni conoscenti sono venuti a prendere il tè e mi è stato chiesto se avessi ballato molto durante i miei viaggi. La domanda mi ha davvero stupito, perché non ho ballato affatto, fatta eccezione di una o due volte, abbastanza in privato e dove eravamo sconosciuti, con Natacha. Suppongo che in realtà non ho fatto nessuna delle cose che avrei dovuto fare durante il viaggio. Non ho ballato. Non ho flirtato. Non mi sono comportato da "farfallone" sia in pubblico sia in privato. Il mio stupore per la domanda rivelava quanto lontano fosse, persino il ballo, dalla mia mente. Non mi era mai venuto in mente. "Ma pensavo che ti piacesse tanto ballare," insistette una mia gentile interlocutrice, "non è vero?"

"Oh, sì," dissi, "a volte... in luoghi... non in pubblico, né quando sto valutando le distanze tra le tappe del mio viaggio. Mi piace il tango, ma amo molto di più il valzer. Lo danzerei, in effetti, molto più di quanto non faccia, tranne per il fatto che pochissime tra le persone d'oggi lo ballano. Ma, in realtà, quando ballo il valzer, se devo selezionare il tipo di donna con cui ballare, sceglierei una donna più matura di me. In qualche modo, loro hanno fatto proprio e mantenuto vivo lo spirito del valzer. E inoltre, le donne più anziane, se ballano, sono di regola compagne meravigliose... ben superiori a quelle più giovani."

"Suppongo," mi disse la nostra ospite, "che ballare sia tutta una questione di tecnica, comunque, no?"

"Non è affatto una questione di tecnica", le dissi, "cioè non secondo me. È una questione di temperamento. Ho chiesto spesso a una ragazza di ballare e mi è stato detto, malinconicamente, "Signor Valentino, non vorrai ballare con me molto a lungo. Non sono una brava ballerina", l'ho portata in pista e siamo andati d'accordo alla perfezione. D'altra parte, ho ballato spesso con ballerine professioniste e non siamo affatto andati d'accordo. Si tratta di sintonizzare i temperamenti. Quando i temperamenti non vanno d'accordo così fanno i piedi... "

Ho dimenticato la maggior parte del resto della nostra conversazione pigra e abbronzata, ma ricordo, divertito, come la donna, con cui conversavo spostò il discorso dal ballo al matrimonio. E le ho detto che il matrimonio è molto simile al ballo: i due devono essere in sintonia e la tecnica è di scarsa rilevanza.

Mi ha chiesto come credevo andasse trattata una moglie. Le ho detto che era una domanda davvero importante e che richiedeva una risposta esaustiva, alla quale avrei preferito rispondere in una frizzante giornata di ottobre a New York piuttosto che qui nella soleggiata e pigra Riviera.

Tuttavia, le dissi, mentre mi chinavo a raccogliere un po' di pizzo che lei onorava con il nome di fazzoletto, che credevo nel concedere spazio a una donna in cose di poco conto, piccole cortesie, delicate attenzioni, banalità, tutto questo... ma mai nelle questioni fondamentali. Quando ho visto un lampo battagliero balenare nel suo sguardo agguerrito, mi sono affrettato ad aggiungere, che era una giornata troppo bella per discutere, intanto vedevo Natacha che ci sorrideva sotto il suo cappello di paglia, mi sono affrettato ad aggiungere che credevo che le donne fossero più felici così. Un uomo deve essere il padrone e il capo di casa. Nel mio paese gli uomini sono sempre i padroni e le donne sono più felici per questo.

A quel punto Natacha è venuta in mio soccorso chiedendomi di fare qualcosa per lei, non ricordo cosa, che eseguii subito docilmente, e il discorso dell'ora del tè si concluse con una sonora risata.

Ho scritto questo tra il tè e l'ora di cena, mentre Natacha si vestiva. Il primo rintocco di gong è suonato... di più domani... Farò in modo di aggiornare il mio diario prima si salpare.

Nizza, 2 ottobre [211]

Ieri nel mio diario ho raccontato solo quello che stavo facendo, inserendo ritagli di conversazioni... divagazioni... intermezzi... mi piace scrivere così... suppongo che se fossi uno scrittore sarei definito

---

211 16 ottobre 1923

impressionista... le cose sono spesso più efficaci se sono appena suggerite... una parola... un frammento... e si crea un Tutto. Ma probabilmente un diarista non dovrebbe essere uno scrittore....

Passeremo qui un giorno o due in più, poi andremo a Parigi per vedere se riusciamo a imbarcarci.

Nizza 3 ottobre [212]

Abbiamo cambiato un po' i nostri piani. Oggi ci è arrivato un cablogramma da Mr . J. D. Williams[213] il quale chiede di raggiungerlo a Cherbourg e di andare a Londra con lui, perché ha qualcosa di molto importante da comunicarci.

#129 – Non siamo molto entusiasti di andare a Cherbourg, ma sembra si tratti di una questione di vitale importanza. In questa fase della mia carriera non posso ignorare le faccende essenziali e urgenti. Tutto è appeso al famoso capello. Ci siamo tenuti in contatto con i nostri avvocati, naturalmente, e dalle comunicazioni ricevute dopo il mio ritorno a Nizza, sembra che stiano solo aspettando il mio arrivo per concludere le trattative. Stando così le cose, il signor Williams potrebbe avere da dirci qualcosa di essenziale per le future mie attività, chiarire una situazione o qualcosa del genere. Perché sia così insistente su Cherbourg, piuttosto che su Londra o Parigi, non riesco a immaginarlo, né Natacha, o nessun altro della famiglia. Ma le vie degli uomini sono intricate e potrebbe esserci una buona ragione per tutto questo.

Nel cablogramma il signor Williams dice che vuole incontrarci a Cherbourg per poi andare a Londra con lui. Gli ho telegrafato stamattina, quando è arrivato il cablogramma, dicendogli che l'avrei incontrato a Londra, ma ho ricevuto un suo ulteriore messaggio col quale insisteva ancora su Cherbourg. Come se a Londra non si possa parlare di affari meglio e più comodamente, va oltre la mia immaginazione. Da allora ha

---

212 17 ottobre 1923
213 J.D. Williams che era a capo della Ritz-Carlton, insistette sul fatto che sarebbe stato più conveniente girare *Cobra* prima di *The Hooded Falcon*. La casa di produzione aveva bisogno di fondi per il nuovo film. Nessuno dei due era soddisfatto dell'idea di *Cobra*, ma c'era poco da scegliere dal momento che *The Hooded Falcon* non era pronto per entrare in produzione. Natacha così iniziò a lavorare sul suo progetto intitolato *What Price Beauty* e ha lasciato Valentino a lavorare a *Cobra*.

continuato a cablare: "Fammi il piacere, vieni a Cherbourg". Dev'essere qualcosa di eccezionale importanza. Dico a Natacha che il signor Williams, lui evidentemente non sa cosa sia Cherbourg, ma io lo so! Non lo troverà così piacevole, temo, quando ci incontreremo lì.

Arriverà con la S.S. Leviathan

Bene, abbiamo deciso di procedere secondo la pressante richiesta del signor Williams. Non si sa mai... faremo il viaggio in auto. Non avendone ancora avuto abbastanza di viaggi in auto... Natacha, almeno, è pronta per una nuova esperienza di vita o meglio, di ruote, per essere precisi.

Hotel de France, Cherbourg, 5 ottobre [214]

(N.D.T. Qui è necessario fare chiarimenti sullo svolgimento di tutto quanto narrato qui si seguito. Stando ai documenti ufficiali i coniugi Valentino arrivarono a Parigi il 18 ottobre e che lasciarono il successivo 26 ottobre l'Hotel Plaza Athénée per imbarcarsi sulla S.S. President Adams, per sbarcare a Plymouth, il 27 ottobre mentre la S.S. Leviathan sulla quale viaggiava, da New York, J. D. Williams arrivò a Southampton sempre il 27 di ottobre, pertanto tutto quanto è narrato qui di seguito e sino alla partenza definitiva per New York dei coniugi Valentino può essere solo il risultato di una penna molto fantasiosa anche per chiudere il diario con un crescendo che definirei "rossiniano")

Bene, eccoci QUI SIAMO!
Nessuno sa cosa ventiquattr'ore possano portarti.
Queste ultime ventiquattro ore ci hanno portati faccia a faccia, a stretto contatto, con la MORTE... ci siamo abbracciati e lasciati andare, la Morte e io. Gli Dei sopra di noi, che esperienza... e per cosa?... per niente....

Bene, abbiamo preso la strada da Nizza, in auto. Quella volta non guidavo io. Era un viaggio pazzesco e ne avevo abbastanza del volante. Per buona sorte (l'unico episodio fausto nell'intera macabra esperienza) fortunatamente, abbiamo avuto un pilota da corsa dipendente di Voisin che conosceva bene le strade.

E ha corso... su questo non c'è alcun dubbio...

Siamo arrivati giusto in tempo per perdere il traghetto che trasportava i passeggeri al piroscafo. Una corsa selvaggia e coi capelli

---
[214] Data non identificabile in quanto frutto di invenzione letteraria.

diritti per niente allora! Se fossi stato irlandese, avrei "fatto sbottare l'irlandese che c'è in me ", ma ho tirato fuori l'italiano che c'è in me e ho deciso che poiché eravamo arrivati fino a questo punto avremmo raggiunto il Leviathan in un modo o in un altro.

Intanto devo aggiungere che avevo spedito i nostri bauli da Parigi, che avrebbero dovuto aspettarci qui al molo.

Quando siamo arrivati, nel cuore della notte, tra l'altro, non abbiamo trovato i bauli, nessun segno e nessuno che potesse darci informazioni su di loro.

Alla fine abbiamo dovuto svegliare l'uomo al deposito, impresa che abbiamo compiuto quasi con la stessa difficoltà fosse stato un italiano durante il "riposino" di mezzogiorno. Alla fine gli abbiamo fatto capire che quello che volevamo era un carrello su cui caricare i bauli se avessimo potuto localizzarli all'interno del deposito. Ci ha procurato il carretto, abbiamo individuato i bauli e ci siamo messi in marcia, spingendoli davanti a noi, nel luogo dove sapevo che c'era un traghetto che ci avrebbe portati al Leviathan. Mentre ci avvicinavamo al molo, ho visto che il battello era sparito! Per quanto ci provassi non riuscivo a risvegliare il mio sonnacchioso senso dell'umorismo. Era troppo tardi la notte.

Ci è stato poi detto da un funzionario che passava di lì che il battello non era arrivato. Mentre era arrivato e aspettava nel porto.

Siamo rimasti sul molo a mezzanotte a riflettere su cosa si potesse fare. Abbiamo quindi deciso di noleggiare un motoscafo. Ciò comportava il risveglio di altre persone, e nel frattempo una pioggia scrosciante aveva cominciato a scendere su di noi da un cielo inclemente. Eravamo infreddoliti, gelati... il ricordo stesso del sole della riviera si era raggelato nelle nostre ossa. Mentre prendevamo accordi per il motoscafo siamo andati alla ricerca e abbiamo trovato un piccolo, accogliente bar, dove abbiamo bevuto un caffè caldo per cercare di riscaldarci.

Poi, quando il motoscafo fu arrivato, prendemmo il carretto coi nostri bauli e ci siamo avviati di nuovo verso il molo, io spingevo i bagagli davanti a me, Natacha mi seguiva e le persone che eravamo riusciti a svegliare ci guardavano, devo dire, in un modo decisamente sospettoso. Pensavano che fossimo pazzi, o qualcosa del genere... si è scoperto che pensavano che fossimo "qualcosa", di cui parlerò più avanti.

Questo:

Mentre stavamo caricando i bauli sulla barca a motore, una guardia doganale si è avvicinata a noi e ha detto, molto bruscamente:

"Non potete andare!"

"Perché no?" Noi abbiamo detto.

"Devo controllare i bagagli prima che possiate partire."

"Non apro un bel niente!" dissi io. "Lasciamo la Francia".

"Per niente, ho i miei ordini", disse la guardia.

Beh, sembrava che non potessimo far altro se non obbedire. Ho spiegato cosa potevo dei nostri piani al funzionario doganale, ma lui ha sostenuto in modo piuttosto inspiegabile ma perentorio che i nostri bagagli dovevano essere ispezionati e sapevo che una discussione avrebbe richiesto tempo e senza dubbio ci avrebbe di fatto impedito di salire sulla nave, cosa che stavamo, così disperatamente, cercando di fare. Alla fine gli ho detto di andare avanti e devo ammettere che è stato così gentile da avvicinarsi al motoscafo e fare lì la sua ispezione. E poi siamo stati informati, nell'oscurità e nel mistero della notte, che due famosi arazzi di Gobelin erano stati rubati a Versailles e che era stato dato l'ordine a tutte le dogane di Francia di ispezionare ogni bagaglio in partenza oltre un certo peso... Ovviamente temevano che i ladri tentassero di scappare con gli arazzi e che, molto probabilmente, sarebbero fuggiti in America.

E ovviamente... due strani forestieri inzuppati di pioggia... che noleggiano un motoscafo nel cuore della notte... cupi e disperati nei loro sforzi per partire dalla Francia... pensavano... beh, pensavano: ·'ECCO I MALANDRINI!" Senza dubbio non erano mai stati così sicuri di nulla in tutta la loro vita se non di avere i ladri a tiro in quel momento. Tutto ciò a noi sembrava surreale, devo ammettere. Poi, alla fine, terminato il controllo dei bauli ci dissero: 'potete andare', salimmo sul motoscafo già carico oltre i limiti di sicurezza, e partimmo.

#130 - Il Leviathan era entrato nel porto ed era ancorato al largo. C'era grande agitazione. I battelli tornavano a riva. La pioggia cadeva ancora, con lunghi sferzanti rovesci e il cielo e il mare sembravano complottare per spingerci giù. Era strano e oscuro. Il genere di cose che si dovrebbero fare solo per una questione di vita o di morte. Era, infatti, una questione di vita o di morte per noi, anche se suppongo che non ce ne rendessimo conto appieno in quel momento. Raramente ci si comporta così.

I battelli, come ho detto, stavano tornando tutti indietro, e solo quello della posta era ancora attraccato alla nave. Questo, comunque, era grande il doppio del nostro piccolo motoscafo. Tuttavia, quello, era l'unico modo per arrivare al Leviathan, tramite motoscafo. Mentre ci avvicinavamo, le ondate si facevano sempre più incalzanti, smisurate e pericolose. Non c'era via di scampo. Era, davvero, una questione di vita o di morte.

Il marinaio sul battello continuava a gridare a quello sulla nostra barca: "State alla larga! State alla larga! Non potete salire a bordo!"

Beh, al primo tentativo ce l'abbiamo quasi fatta. Eravamo zuppi. Onde giganti sferzarono la barca, senza tregua, arrivarono ruggendo da tutte le parti. Eravamo isolati, ci sembrava, in un infausto tunnel, con la pioggia che non ci dava tregua e il mare arrabbiato sotto di noi. I nostri bauli sbattevano dappertutto, barcollando come fossero esseri viventi e furibondi, ho intravisto, inorridito, lo ammetto, il portagioielli di Natacha che stava per cadere in acqua. Con un rapido gesto lo acchiappai. Poi lo affidai a un marinaio a portata di mano. Si sentì uno schianto mostruoso... qualcosa... che si trovava sulla nostra barca era andato in pezzi...

L'uomo sulla nostra barca ha gridato con voce roca, al di sopra del frastuono: "Non posso essere responsabile di questo... delle vostre vite... non ce la possiamo fare!..." e prima che potessi replicare, anche se mi fosse rimasta un po' di voglia di farlo, lui era già partito e stavamo facendo del nostro meglio per tornare a riva.

Ho lasciato i gioielli, tutti quelli che Natacha possiede al mondo, al marinaio sul motoscafo. I monili, trovo, come tutti i beni frivoli, significano molto poco quando le vostre vite, come le più fragili delle canne, ansimano sotto un cielo minaccioso e un mare vorace.

#131 - Spero di raccontarvi di più domani, perché una serie di circostanze mi fa lasciare la mia scrivania ora che sono nel bel mezzo della narrazione di questa emozionante avventura.

Cherbourg, 6 ottobre [215]

Dopo questa terrificante esperienza, nel tentativo di salire a bordo del Leviathan, siamo finalmente tornati al molo, con più becheggi e

---

215 Data non identificabile in quanto frutto di invenzione letteraria.

sballottamenti, abbracci di onde fameliche e scrosci di pioggia più tumultuosi di quanto avrei creduto sopportabili da tre persone su una fragile imbarcazione. Se avessi visto una scena come questa sullo schermo o l'avessi letto in un libro, avrei detto che erano andati ben oltre il credibile e il reale, superandone ogni limite. Il che prova che niente può essere più bizzarro della realtà, dopo tutto.

Nuovamente al sicuro (e bagnati) sul molo, siamo dovuti tornare indietro e scaricare tutti i bauli. Nove bauli. Di quelli grandi. Il camion se n'era andato. Ho dovuto andare in giro a cercare un carretto, aiutare a caricarlo e poi portare il tutto al deposito doganale, l'unico posto dove i nostri bagagli sarebbero stati sorvegliati e al sicuro. Poi sono tornato di nuovo al molo per prendere il porta gioielli. Non è giusto dire che sono andato un poco perplesso, forse, ma l'ho fatto... In una notte come quella tutto sarebbe potuto accadere. Ma mentre andavo verso il molo vidi il battello che si faceva largo nel folle turbinio del mare sul quale c'era il marinaio, un uomo onesto, sicuramente, che teneva tra le sue mani la borsa dei gioielli, intatta. Ero davvero felice!

Avevo lasciato Natacha nel piccolo bar, dove, prima, avevamo bevuto caffè e ci eravamo riscaldati. Erano ormai circa le cinque del mattino. Il problema adesso era un hotel... Ma che cosa potevamo trovare! Ci hanno detto al bar che il Casinò era il miglior hotel della città, ma le stanze, ci hanno confermato, erano tutte occupate. Il generale Pershing, a quanto pareva, era sul Leviathan e le stanze erano state tutte prenotate in anticipo.

Siamo andati quindi, al secondo miglior posto, l'Hotel de France. Immaginatevi di arrivare lì alle cinque e mezza del mattino, inzuppati, fradici, più volte, fino all'osso, stanchi sfiniti fino alla morte alla quale eravamo scampati per un pelo.

Natacha ha detto: "Questa sì che sarebbe stata una bella trovata pubblicitaria!" [216]

Sorrisi piuttosto cupamente e dissi: "In fondo una storia degna di una novella di Shelley!" [217]

All'hotel il proprietario ha detto: "Non c'è posto ora, ma se aspettate mezz'ora, ci sono dei commessi viaggiatori che partiranno e allora saremo in grado di trovarvi una sistemazione".

In qualsiasi altra circostanza avrei cavillato sulla suddetta

---

216 E forse davvero lo è!
217 Mary Wollstonecraft Shelley che a 18 anni scrisse quello che viene considerato il primo romanzo gotico di fantascienza: *Frankenstein: ovvero, il moderno Prometeo*.

sistemazione, ma ora... qualsiasi buco era porto per noi, quindi... La vita si basa su quanto capita, in ogni caso...

Così ci siamo bevuti un'altra tazza di caffè e abbiamo aspettato un po' di più. I nostri volti stavano assumendo l'espressione fissa segno di una stoica pazienza, oltre qualsiasi previsione. Stavamo sprofondando nel torpore estremo, quello della completa e totale rassegnazione. La sopportazione, penso spesso, debba essere l'ultima frontiera della sofferenza. È una sorta di paradiso pallido e senza passioni, dove i mali del corpo e dell'anima vengono assimilati, esauriti. È una sorta di Nirvana.

Alla fine, dopo quella che sembrava essere una vita lunga e faticosa compressa in una notte buia e spaventosa da incubo, siamo approdati in questa stanza.

È inimmaginabile Cherbourg in una notte così... acquosa al massimo... l'hotel senza riscaldamento... estremamente umido... rattristante e puzzolente di muffa, fradici nella stanza come prima, per tutta la notte, zuppi fino alle midolla... niente acqua calda. Uno stato dell'essere in cui le più banali comodità degli esseri viventi venivano semplicemente ignorate. Ho fatto avvolgere Natacha in molte coperte perché potesse rannicchiarcisi e raggomitolarcisi dentro, come una bimbetta. Feci lo stesso anch'io e pregai fievolmente che ci capitasse di essere prossimi a un'altra più lenta morte, essendone appena sfuggiti da una rapida.

Avevo chiesto che ci svegliassero alle otto e mezza, poiché il battello partiva alle nove.

Ma quando mi sono svegliato stamattina, ho capito subito, istintivamente, che le nove e le otto e mezza, erano passate da bel po' e che la lancia era partita puntuale. Si erano semplicemente dimenticati di chiamarci, posto avessero mai avuto intenzione di farlo. Mi sono alzato e ho guardato il mio orologio, che, come noi, era imperterrito, miracolosamente vivo e funzionante gridava: "Sono le undici". Dissi ad alta voce a Natacha, che si era appena svegliata: "Ci hanno dimenticati e abbiamo perso di nuovo il passaggio al Leviathan".

La rassegnazione che ci governava da poche ore non ci ha abbandonati, perché nessuno dei due proferiva verbo, ci limitavamo a guardarci solenni e impassibili.

Ho suonato e ho pensato di chiedere un po' d'acqua calda, mi sarei rasato, fatto il bagno e avrei cercato di rimettermi in forma per la prossima mossa. Ma no. Suonare non serviva a nulla. Le cameriere stavano facendo colazione!

Mi sono dovuto radere e fare il bagno come potevo con l'acqua fredda. Mi astengo anche dal pensare a come sia riuscita la povera Natacha a darsi una sistemata.

Mentre si svolgevano queste spente abluzioni, qualcuno, un ciabattino o qualcosa di simile, cantava una terribile canzone con una voce orribile, ed è riuscito a trasformare la nostra rassegnazione in frammenti di rabbia e sdegno.

Saremmo stati pronti ad andarcene in un'oretta. Ho scritto questo mentre Natacha si faceva il bagno e si vestiva, nel frattempo ho anche telefonato all'Hotel del Casinò per prenotare una stanza per oggi. La nave passeggeri *President Adams* attraccherà alle undici e noi andremo a Southampton su quella barca, a Dio piacendo...[218]

Hotel Casino, Cherbourg, 7 ottobre [219]

È la sera dello stesso giorno... più tardi della sera... le nove.

Ora, mentre Natacha sta ancora riposando, sono seduto vicino alla finestra per scrivere questa pagina nel mio diario fino a quando saliremo a bordo del *President Adams*. La notte è bella, la luna splende, come per dirci che la passata notte non è mai accaduta, che era solo un traumatico miraggio di menti tormentate... così la Natura guarisce le ferite che ti procura...

Londra, 11 ottobre[220]

Natacha stamattina mi ha chiesto: "Ricordi ancora quella notte a Cherbourg o il tutto è svanito dalla tua mente?" e le ho detto che avrebbe potuto essere passato, se non fosse stato per la beffarda notizia che abbiamo ricevuto quando siamo arrivati a Londra e abbiamo incontrato il signor Williams.

Riguardo al pericolo e allo sgomento di quella notte, per tutto il

---

218 27 ottobre 1923, la destinazione era Plymouth.
219 27 ottobre 1923 i coniugi Valentino arrivarono a Plymouth come da UK Incoming Passengers List 1878 – 1960 con la S.S. President Adams. Sempre lo stesso 27 ottobre arrivarono a Southampton con la S.S. Leviathan il signor J.D. Williams e consorte.
220 28 ottobre 1923

freddo e il disagio del giorno successivo, pensavo, "beh, ho sopportato tutto questo per una causa superiore. Ho gettato il cuore oltre la meta per una causa superiore. Si deve sempre fare quello che si può quando sono in ballo importanti risultati. Non ho niente di cui rimproverarmi".

Questo è quello che ho pensato. E se fosse stato così mi sarei dato una pacca sulla spalla e mi sarei detto che queste sono vicende degne di un futuro vincitore e che avrei tutto dimenticato.

Questo è ciò che è realmente accaduto:

Il *President Adams* arrivò a Cherbourg quella sera alle undici. Siamo arrivati a Londra il giorno successivo e abbiamo scoperto che il signor Williams ci aveva aspettati per tutto il giorno precedente, gli ho chiesto, quasi senza fiato: "PERCHÉ volevi che salissimo a bordo del Leviathan a Cherbourg?"

Trattenevo il fiato in attesa della sua risposta, pensando che con una frase, il mio futuro, i miei piani, quello di importante che ci aspettavamo sarebbe caduto sotto una luce diversa.

"Oh," disse, "Oh, sì, perché, abbiamo organizzato una bella festa per te. Volevamo che ti divertissi."

"Avevamo un'orchestra che vi aspettava"...

Non so perché, ma quella gentile comunicazione buttata lì a caso ebbe il potere di farmi crollare. Mi riportava nitidamente, troppo vividamente, a quella scena sul motoscafo, con il mare in tempesta e il cielo che veniva giù e i bauli che ringhiavano come feroci animali, mentre la morte ci assediava, intanto, più in là, un'orchestra e una festa ci attendeva. Un'orchestra che molto probabilmente avrebbe potuto suonare per noi la marcia funebre di Chopin!

Però era meglio riderci su. E anche Natacha. Lì eravamo attori in un melodramma la cui sceneggiatura mai mi sarei aspettato di recitare, tutto questo solo per una bella cena e per ascoltare un'orchestra suonare!

Quello che Thomas Hardy descriverebbe, senza dubbio, come una delle "piccole ironie della vita".

Non c'era niente di importante da discutere. Niente che non sapessimo già. Ho detto al signor Williams cosa era successo e lui era, ovviamente, sinceramente dispiaciuto. Ma quello che non si è vissuto è cosa difficile da capire e suppongo che nessuno tranne Natacha, io e l'uomo sulla nostra barca capirà mai davvero e completamente quante volte abbiamo detto addio alla vita quella notte.

Abbiamo altri due giorni a Londra, poi in America.

Abbiamo visto uno o due spettacoli. Ho avuto alcuni colloqui di lavoro.

Abbiamo visto molti dei nostri amici e con loro abbiamo cenato. Abbiamo apprezzato molto l'hotel e la sensazione di comfort e sicurezza che ci trasmetteva. La prossima volta che scriverò saremo sulla strada di casa, sull'oceano, diretti a casa.

S. S. Belgenland, "andando verso casa", 15 ottobre [221]

Suppongo di aver usato la parola "casa" in vari modi in questo dialogo. C'è qualcosa, dopo tutto, nel vecchio adagio che dove un uomo appende il cappello è casa. Questo è, credo, particolarmente vero per gli uomini. Le donne devono costruire una casa prima che sia la "loro" casa. Ho notato come le donne possono sistemare stanze d'albergo con piccoli accorgimenti originali, o che anche nelle più brevi dimore in affitto riusciranno in qualche modo a trasformarle prima che possano essere ciò che chiamano "a casa". Mentre un uomo può letteralmente appendere il cappello e sentirsi come se fosse subito a casa. Ciò riguarda, specialmente, uomini che viaggiano molto o il cui lavoro li chiama spesso da una parte all'altra del paese.

Questa nave è casa per me ora. Mi sta portando a casa. E spero, che mi riporti al mio lavoro. Quello, soprattutto, è casa. Un teatro di posa... Lo sfolgorio delle luci... il martellamento degli scenotecnici... gli scheletri grezzi delle scenografie da rifinire... la vibrazione delle luci... gente multiforme, truccata, che si muove qua e là... il regista in maniche di camicia che chiama a raccolta le sue truppe... il suono del tutto... l'odore del tutto... questa è davvero casa...

Sento, in un certo senso, di non aver trascorso alcuna vacanza. Il tempo non è vacanza, né lo è spostarsi da un luogo all'altro, vedere luoghi e incontrare persone. La vacanza è tempo di gioco, lo svago dovrebbe essere l'essenza stessa di una vacanza.

Per me questo viaggio è stato solo un giro fatto di tutta fretta per vedere molti parenti. Non ci siamo davvero divertiti durante le vacanze

---

[221] Valentino tornò negli Stati Uniti sulla S.S. Aquitania e non sulla S.S. Belgenland, con partenza da Southampton il 3 di Novembre 1923 e attraccò a New York il 9 di Novembre 1923, come riportato dagli archivi ufficiali del NARA (National Archives and Records Administration). Forse lo sbaglio è dovuto al fatto che Rodolfo e Natacha, dopo le vacanze di fine anno 1923 in Francia, tornarono a NYC sulla S.S. Belgenland con arrivo il 15 gennaio 1924.

salvo che per questo, per come vanno le cose. #132 - E tuttavia anche il semplice spostarsi era riposante, in un certo senso. Dopotutto, non stavamo facendo nulla di pratico. La creatività era al minimo, se non peggio e questo, di per sé, è una situazione di grande alterazione per una persona nel mio campo di lavoro.

Tuttavia, mi sento felice su questa nave.

#133 - So dai telegrammi che ho ricevuto che le cose si stanno sistemando in America. Sono fiducioso, ora è solo questione di tempo.

Il signor Steuer[222] ha lavorato per me e ha messo le cose in una tale forma che mi ha reso molto ansioso di tornare. A volte, ora che sono davvero sulla buona strada, ho voglia di uscire e spingere il bastimento. Sembra che se la prenda troppo comoda a solcare le acque. Come se nient'altro contasse se non il mare e il cielo, calmi, sono lieto di dirlo, a questo punto.

Domani vedremo la Statua della Libertà. Anche se l'ho vista per la prima volta tanti anni fa. La stessa Statua di Libertà, ma non proprio lo stesso "Io".

Hotel Ritz-Carlton, New York, 21 ottobre [223]

Di nuovo a casa.
Di nuovo a New York.
Sto per tornare nuovamente a lavorare!
Mi sento come uno scolaretto, come stessi per lanciare il mio berretto (se ne indossassi uno) in aria e gridare "Hurrà! Hurrà!"
Il giorno dopo che ho scritto per l'ultima volta nel mio diario stavamo entrando in porto, vedevamo la Statua della Libertà.

#134 - Devo dire che nessuna donna, fatta salva mia moglie, mi è mai sembrata più bella. Mi sembrava che avesse un messaggio, soprattutto per me. Un messaggio di trionfo.

E lì, sul molo, c'era lo stesso poliziotto, che mi aveva salutato con

---

222 Natacha Rambova, nel suo libro *Rudy: An Intimate Portrait of Rudolph Valentino by His Wife*... ci dice: Poco dopo il nostro arrivo a New York, i nostri problemi con i *Famous Players* sono stati risolti amichevolmente dal nostro avvocato, Max D. Steuer. Rudy ha ricominciato i preparativi...

223 Come già specificato Rodolfo Valentino arrivò a New York venerdì 9 novembre 1923 come lui stesso scrisse in una lettera a Jacques Hébertot spedita il martedì 13 novembre 1923.

entusiasmo quando salpai. È stato come chiudere un cerchio perfetto. Mi aveva dato il commiato. Ora mi ha accolto. Mi ha procurato un senso di continuità. Di come tutto vada per il verso giusto.

Nessuno sapeva che stavo tornando a casa. Cioè, nessuno sapeva quando sarei tornato a casa, quindi il nostro arrivo è stato davvero molto tranquillo. Molto sottotono. La maggior parte delle trombe e dei tamburi è stata quando siamo partiti.

Le formalità alberghiere furono la parte più importante del nostro viaggio.

Il mio diario avrà una brusca conclusione. Non avrò più ore di svago in cui potrò meditare impugnando la penna sino a tarda notte.

Torno a lavorare.

Devo realizzare una storia a cui tenevo da molto, molto tempo.

Devo produrre "Monsieur Beaucaire".

Niente, niente, potrebbe darmi più piacere. Per molto tempo è stata una mia ambizione, perché avevo in mente di farlo molto prima che Fairbanks ci pensasse.[224]

E così, il giorno dopo il nostro arrivo, quando ho scoperto che le cose si erano sistemate e che dovevo tornare a lavorare, ho detto: "Ma la Storia?" Ebbene, ne hanno menzionate diverse, "Capitan Blood" e altri, e alla fine si è parlato di "Beaucaire".

"Questa è la storia numero 1" dissi.

E così tra poco comincerò a lavorare. La "scaletta" è stata approvata, il cast è stato definito, gli attori stanno per essere scritturati, si stanno mettendo in moto le macchine della produzione e tra poco tirerò fuori le vecchie scatole dei trucchi, i costumi dovranno essere decisi e scelti con molta attenzione, il che significherà un altro veloce viaggio a Londra,[225] e saremo tutti pronti!

Quale conclusione più trionfante potrei avere per il mio viaggio di ritorno nella mia vecchia casa! Quale notizia migliore potrei scrivere a proposito del mio ritorno, dopo tante battaglie, vittorioso? Quale più alta nota di trionfo esiste con la quale chiudere le pagine del mio stesso diario? SELAH![226]

---

224 Dopo il successo dei *Tre Moschettieri* (1921), nell'autunno del 1921 Douglas Fairbanks considerò *Monsieur Beaucaire* come il suo prossimo progetto cedette i diritti per una cifra ridicola per, invece, realizzare *Robin Hood* (1922).

225 Più che a Londra sarebbe dovuto andare a Parigi visto che i costumi furono disegnati da Georges Barbier con la collaborazione di Natacha Rambova e la consulenza, non accreditata, di René Hubert.

226 La presenza di questo termine, come una sorta di Amen esotico o Hurrà, alla conclusione del

AMERICA PER ME di Henry Van Dyke[227]

È bello vedere il Vecchio Mondo e viaggiare su e giù
Tra famosi palazzi e città rinomate,
Per ammirare i castelli che si sgretolano e le statue dei re,
Ma ora credo di averne abbastanza di cose antiquate.

Quindi è di nuovo casa, di nuovo casa, l'America per me!
Il mio cuore sta tornando a casa, e lì desidero essere,
Nella terra della gioventù e della libertà oltre le sbarre dell'oceano,
Dove l'aria è piena di luce splendente e la bandiera è piena di stelle!

Oh, Londra è una città per l'uomo, c'è potere nell'aria;
E Parigi è la città per la donna, con fiori nei capelli;
Ed è dolce sognare a Venezia, ed è bello studiare Roma;
Ma quando si tratta di viverci non c'è posto come casa.

Mi piacciono i boschi di abete tedeschi, sull'attenti in battaglioni verdi;
Mi piacciono i giardini di Versailles ricchi di fontane spumeggianti;
Ma, oh, prenderti per la mano, mia cara, e vagare per un giorno
Nell'accogliente bosco a occidente dove la natura è libera!

So che l'Europa è meravigliosa, eppure qualcosa sembra mancare:

---

diario di viaggio mi sembra fuori luogo. Nel testo pubblicato su *Pictures and Picturegoer*, leggiamo Hurrà invece di Sélah. Mi sembra che una citazione dalla Torah sia un po' fuori tema in relazione a Valentino. Da nessuna parte ci sono indicazioni di una sua conoscenza così profonda del Tehillim in quanto Sélah è presente solo in quel libro, il Libro dei Salmi. Per capire meglio il significato del termine "Sélah", cito Dante Lattes, un esperto della Torah che, nell'introduzione della sua traduzione del Libro dei Salmi, con il testo ebraico e italiano a fronte, pubblicato su www.torah.it. ci spiega: "Sélah è un termine musicale ripetuto numerose volte sia nel mezzo sia alla fine di molti Salmi e anche nell'orazione del profeta Chavaqquq (Habbakkuk) è presente il termine Sélah. Utilizzato per indicare un'elevazione della voce che, di solito, si verifica alla fine di un verso o alla fine della canzone, ma alle volte anche nel mezzo di un versetto... anticamente significava anche "sempre", "per sempre".

227 Tuttavia, Sélah non era sufficiente perché l'editore del libro inserisce una poesia di Henry Van Dyke, "AMERICA FOR ME" che fondamentalmente consiglia di andare ovunque si voglia, vagare per le rovine del vecchio mondo, ma niente è più bello, dopo lunghi viaggi, se non tornare a casa, "dove l'aria è piena di sole e la bandiera è piena di stelle."

Il passato è troppo con lei, e le persone guardano indietro.
Ma la gloria del presente è di rendere il futuro libero,
Amiamo la nostra terra per quello che è e per quello che sarà.

Oh, è di nuovo casa, e di nuovo casa, America per me!
Voglio una nave che vada verso ovest solcando il mare,
Una vasta terra benedetta oltre le barriere dell'oceano,
Dove l'aria è piena di luce splendente e la bandiera è piena di stelle

Album Fotografico n° 1

Il Mio Diario Privato fu pubblicato a puntate su *Movie Weekly* a partire da Febbraio 1924, ma anche sulla rivista *Pictures and Picturegoer* a partire da Luglio 1924.

Alle puntate edite sui vari numeri di quest'ultima l'editore aggiunse una serie di fotografie che avevano lo scopo di rendere visivi alcuni dei momenti descritti nel diario. Come solitamente accade alcune fotografie erano redazionali e servivano per riempire gli spazi. Ma molte fotografie erano invece quelle scattate nel viaggio, evidentemente fornite alla redazione dallo stesso Valentino.

Le foto, scattate in Europa, avevano il valore di istantanee atte a ricordare luoghi, momenti ed emozioni e rappresentano un bel complemento al racconto fatto. Una redazione lontana però non facilmente poteva interpretare i luoghi fotografati: quindi nessun controllo diretto se non le vaghe indicazioni date dall'autore. Ecco il motivo dei numerosi errori nelle didascalie che però nulla tolgono al valore di documenti dell'intero viaggio.

MIO DIARIO PRIVATO pubblicato a puntate sulla rivista cinematografica *Pictures and Picturegoer* da luglio 1924 a ottobre 1925.

Luglio 1924 pag. 30

Nella didascalia Valentino una settimana prima di partire per il viaggio. Ma è solo una foto redazionale realizzata in studio e spesso ripresentata. Piuttosto lo stralcio dello scritto sembra essere originale e quella sembra essere la sua calligrafia.

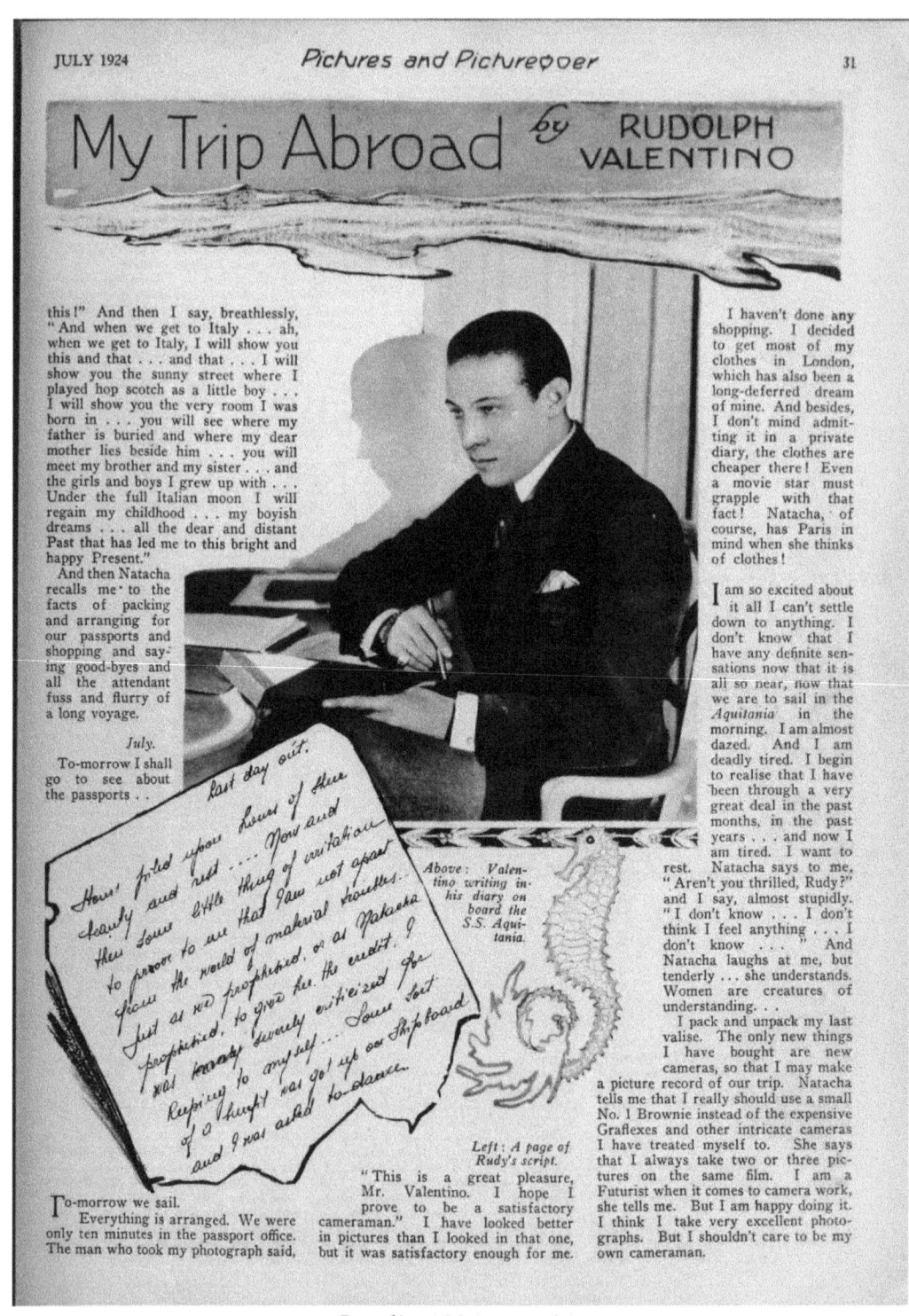

Luglio 1924 pag. 31

Ecco l'esempio di una fotografia redazionale dove un Valentino più giovane sembra nel suo studio e non a bordo della nave S.S. Aquitania come recita la didascalia.

Luglio 1924 pag. 32

La didascalia dice che è scattata sulla nave Aquitania. Sicuramente una foto in posa dove colpisce sia la grazia dei due che la loro eleganza. Soprattutto il cappotto a quadri di Natacha, con collo di pelliccia, completato dal cappello a cloche.

Luglio 1924 pag. 33

Foto scattate sulla nave forse prima di arrivare in vista delle coste dell'Irlanda. Dettagli curati come si intuisce dallo stravagante cappello di Natacha. Anche lui con il cappottone con risvolti e collo in pelliccia completato dal Borsalino.

Agosto 1924 pag.15

In alto a sinistra. Una foto in posa, studiata, elegante: da notare la pochette che fa il paio con la cravatta. E' la stessa foto iniziale, cioè quella pubblicata il mese precedente e data per scattata una settimana prima che partisse, contrabbandata qui come scattata sulla nave.

In basso l'autografo a due fans. Potrebbe essere il treno che li ha portati da Southampton a Londra. Racconta Valentino *"Alla stazione di Londra, con mio immenso stupore siamo stati assaliti da almeno un migliaio di ragazze e ragazzi che erano rimasti per tutta la sera alla mercè di quel diluvio in attesa del nostro arrivo. E' stata l'accoglienza più spontanea ed elettrizzante che abbia mai ricevuto..."*

Agosto 1924 pag. 16

In alto a destra. Rudy e sua moglie ritratti con l'attore George Arliss, incontrato sulla nave nello stesso viaggio. Racconta Valentino:"*Stamattina dopo colazione Natacha ed io abbiamo fatto un giro sul ponte e abbiamo incontrato George Arliss e sua moglie. Ne sono stato felicissimo. Sono un ammiratore del signor Arliss da molto tempo e ora che ho avuto il piacere di conoscerlo personalmente la mia ammirazione è ancora più sentita*".

Al centro. Interessante la foto fatta a Londra che riporta l'animazione di uomini e mezzi dello Strand, una delle vie più frequentate di Londra."*Ecco come mi sentivo riguardo a Londra, la città dei miei sogni…densa di figure imbevute di storia e della sapienza di Dickens e di Shakespeare…la Londra che ho visto è la Londra dei miei sogni*".

Agosto 1924 pag. 17

In alto a sinistra. Un altro scorcio di Londra, una via molto animata, Treadneedle Street, caratterizzata dalla facciata a colonne stile Pantheon dell'edificio della Banca d'Inghilterra.

In basso i coniugi Valentino con la loro compagna di viaggio, la zia Tessie. Zia di Natacha perché sorella di sua madre. Zia Tessie viaggiò sulla nave con loro però poi scese al primo scalo europeo, a Cherbourg, costa francese sulla Manica, da dove proseguì, probabilmente in treno, fino alla costa azzurra dove era la villa di sua sorella (mamma di Natacha). Lì aspettò Rodolfo e Natacha per proseguire insieme per l'Italia.

Settembre 1924 pag.10

In alto a sinistra. La coppia in un'altra foto: la didascalia dice a Londra ma in realtà sembra una di quelle scattate sulla tolda della nave.

Al centro. Uno dei monumenti più importanti di Parigi: Arc de Triomphe voluto da Napoleone Bonaparte per celebrare la vittoria nella battaglia di Austerlitz.

Ottobre 1924 pag.13

In alto. La coppia a passeggio nel parco Bois de Boulogne a Parigi. Sempre eleganti: Valentino con bastone e borsalino e Natacha con abito estivo chiaro e cappello a cloche in una limpida giornata di sole.

Al centro. In viaggio per Deauville località nel nord della Francia. Invitati da Hebertot al Grand Prix, dove aveva affittato una gran villa per tre giorni, i coniugi Valentino avevano accettato con entusiasmo soprattutto con la speranza di fare il bagno. Doppia delusione invece sia per la pioggia che per l'inadeguatezza della villa *"con tutti i caminetti spenti e una governante scontrosa ad attenderci"*.

Novembre 1924 pag. 16

La solita bella foto di Valentino con il solito abito spigato e la solita cravatta.

Novembre 1924 pag. 17

Fotografie scattate nel parco della residenza dei genitori di Natacha, lo chateau Juan Les Pins (Nizza). Natacha in una foto romantica nella natura.

In basso. La coppia con lo stuolo di piccoli cani, la loro famiglia. Sempre atteggiati in maniera elegante: Natacha cambia l'abito ma non il cappello. In braccio a Natacha il pechinese preferito di sempre.

Novembre 1924 pag. 18

Al centro. Valentino posa con il dobermann che alla partenza da Parigi (ma in realtà un po' di giorni prima) aveva avuto in regalo da Hebertot. Discussero molto, lui e Natacha, sul nome da dare al dobermann, poi decisero, di comune accordo, di chiamarlo Kabar, e se lo portarono a Nizza, dove arrivarono passando per Avignone.

In basso. Una posa di Natacha nel parco della villa francese dei suoi genitori con i suoi amati cagnolini.

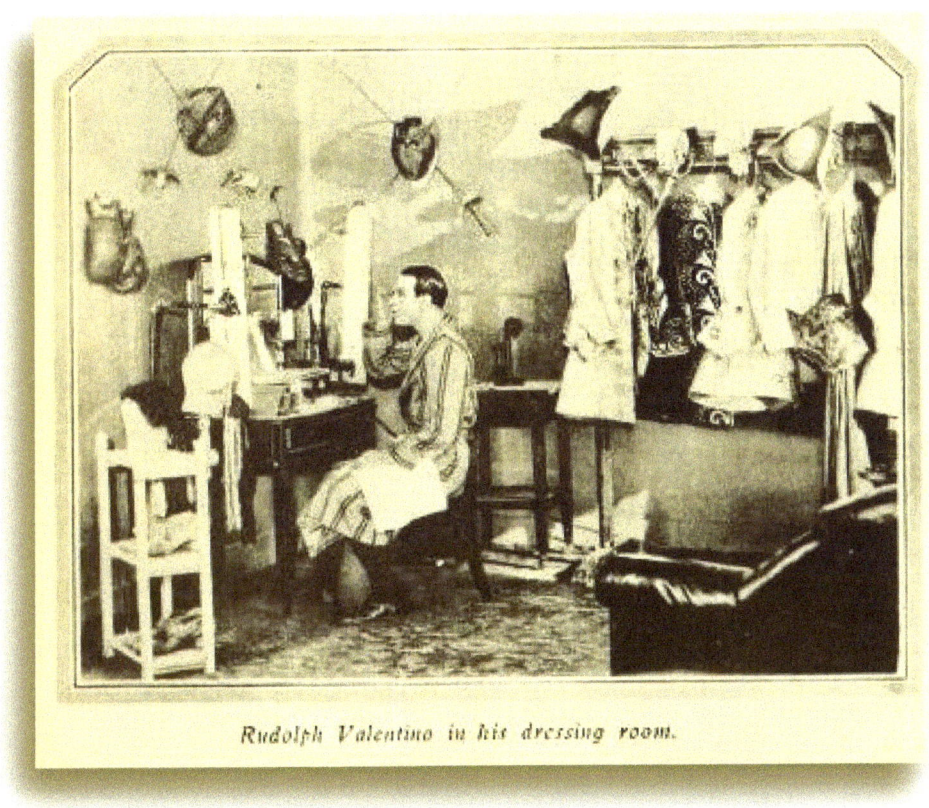

Novembre 1924 pag.18

Un'altra foto redazionale tratta durante la lavorazione del film muto *Monsieur Beaucaire*, del 1924 diretto da Sidney Olcott, quando Valentino è nel suo camerino al trucco. La storia del nobile che si fa passare per barbiere è tratta da un popolare romanzo del 1900. Rodolfo Valentino rivestì sullo schermo i panni dell'aristocratico, mentre la principessa Henriette fu interpretata da Bebe Daniels. Da notare che il film uscì nell'agosto del 1924 e quindi non c'entra niente con il viaggio. Però nei mesi in cui usciva il racconto il film raccoglieva un discreto successo.

Dicembre 1924 pag. 47

In alto. La coppia con la zia Tessie in una foto già pubblicata all'inizio del racconto. La didascalia dice che si trovano a Juan Les Pins (Nizza): è probabile dati gli abiti chiari che i coniugi Valentino indossano.

In basso a sinistra. Qualcuno ha fotografato Valentino che fotografa Natacha nel parco della villa con i suoi immancabili pechinesi. Abbiamo già detto della passione di Rudy per le fotografie e del suo invidiabile corredo fotografico.

Gennaio 1925 pag. 19

In alto. In partenza da Nizza verso l'avventura italiana. Il viaggio fu compiuto con un'auto Voisin scoperta messa a disposizione dalla stessa azienda automobilistica dove Rudy aveva ordinato due auto: una scoperta per se stesso e una coperta per Natacha. La foto è stata scattata molto probabilmente dalla zia Tessie.

Al centro. Una foto panoramica del suo paese di nascita: Castellaneta. La prima di tante che documentano le soste a Castellaneta, paese della provincia di Taranto, situato nella Terra delle Gravine, sull'arco jonico occidentale e che allora aveva circa 9.000 abitanti.

Gennaio 1925 pag. 20

Foto in alto. La didascalia parla di ruderi storici di Firenze. Invece si tratta del Colosseo, il più importante monumento antico di Roma. Valentino era molto attratto da questo monumento ma anche dalla sua tormentata storia e ci ritornerà più volte con numerose fotografie. La coppia non perde occasione per farsi ritrarre (forse dalla zia Tessie) in atteggiamento composto ed elegante.

In basso. Sono tante le fotografie che ritraggono Valentino con i suoi cani. Qui è a Nizza nel parco della villa dei suoceri con il dobermann avuto in regalo da Hebertot a Parigi. Racconta del consistente numero dei cani: *"La nostra famiglia canina comprende sei pechinesi più il dobermann"*.

Gennaio 1925 pag. 21

Nel tondo in alto. Un suonatore di strada, uno di quei personaggi minori che tanto incuriosivano Valentino. Normalmente il suonatore di strada, oltre la grancassa e i piatti, ha la chitarra, così può soffiare in una armonica a bocca. Questo è singolare perché ha la zampogna, uno strumento musicale antico fatto di una sacca di pelle detta otre, tradizionalmente di capretto, cucito nella parte posteriore e dotato di aperture per l'inserimento delle canne. L'otre viene alimentato per insufflaggio dell'aria attraverso un boccaglio (o blowing stick) direttamente da parte del suonatore il quale poi esercita sull'otre una pressione con l'avambraccio, per distribuire l'aria in modo costante alle canne anteriori. La zampogna è un antico strumento musicale che è in uso nell'area geografica italiana centrale e del centro sud, con una maggiore concentrazione in particolare nelle regioni Abruzzo e Molise. Per questo motivo è molto probabile che la foto (insieme a quella che vedremo più avanti) sia stata scattata durante il trasferimento Roma-Campobasso.

In basso. Due buoi di razza maremmana che colpirono l'attenzione di Valentino. La maremmana è una razza bovina allevata nei pascoli che si estendono tra la bassa Toscana e l'alto Lazio, con il manto grigio chiaro e lunghe corna a semiluna. La vacca maremmana è ottima per la carne, buona produttrice di latte e soprattutto instancabile nel lavoro. Vista la robustezza, un tempo veniva usata per trainare carri per il trasporto di merci e persone e per aiutare gli uomini nella lavorazione dei campi. *"Il bello del viaggiare in automobile in Italia* – ci racconta Valentino – *sta nel fatto che il paesaggio varia a seconda della regione in cui ci si trova a passare. Cambiano gli usi, i costumi, i tipi fisici, le razze di bestiame, tutto. Ce ne siamo resi conto soprattutto in Toscana. Io sono sempre attento al bestiame, che per poco non diventava l'occupazione della mia vita. Abbiamo incontrato per la strada un carro trainato da due di questi animali e io mi sono fermato per farmi una foto in mezzo a loro"*. E' una delle più belle foto fatte in Italia, forse dalla zia Tessie. Vediamo, tra i due buoi, un ragazzo sorridente, solare, con il solito abito da viaggio, con le tasche piene, un po' sgualcito ma sempre elegante.

Gennaio 1925 pag. 22

In alto a destra. Secondo la didascalia il bel toro fotografato si chiamerebbe Giovanni. E' un'invenzione della redazione perché Valentino non lo dice. *"In Toscana* – dice invece – *ho notato un toro dalle lunghe corna e il manto stranamente grigio chiaro* (oltre al citato carro trainato da due di questi animali)". Il toro, di razza maremmana, è grande e bello ma il manto, in questo caso, non è grigio chiaro come invece accade alle mucche maremmane.

In basso a sinistra. Nella pagina precedente abbiamo visto già la bella fotografia con le due mucche usate per trainare il carro. L'interesse di Valentino per questi animali deriva (e lo dice) dal ricordo delle sue attività alla scuola di agraria a Genova. Quindi nella foto non due muli come dice la didascalia ma due mucche maremmane.

Febbraio 1925 pag. 20

In alto nel tondo. Un'altra foto, decisamente sbiadita, davanti ad uno dei passaggi che conducono all'arena del Colosseo che è il più grande anfiteatro del mondo, detto anfiteatro Flavio e simbolo dei fasti dell'Impero romano.

In basso a destra. Una delle didascalie più errate in assoluto accompagna questa foto dove, secondo quanto è scritto, Valentino sarebbe con suo cognato davanti a un monumento di Roma. Valentino non aveva cognati ma solo cugini cioè i due figli di zia Leonie, sorella di sua madre Gabrielle. Questa è una fotografia panoramica del Duomo di Fidenza dove i nostri viaggiatori si fermarono durante il viaggio da Milano a Bologna. I due personaggi che in lontananza si vedono di spalle sono solo dei passanti occasionali perché hanno abiti scuri e invece Valentino indossava il solito abito chiaro da viaggio e lo dimostra in una altra fotografia pubblicata più avanti. Quando fu visitata da Valentino Fidenza, provincia di Parma, si chiamava Borgo San Donnino, che è il santo a cui è dedicato il Duomo cioè una chiesa romanica del XII secolo. Parlando del trasferimento da Milano a Bologna Valentino dice di aver percorso la via Emilia che è praticamente una linea retta di 300 o 350 chilometri e che ovviamente passa per Fidenza e Parma. *"Ci siamo fermati a pranzo nelle vicinanze di Parma – dice Valentino – Ci siamo fermati in piccole trattorie lungo la strada, dove abbiamo gustato polli ruspanti, pane squisito, burro squisito e vino squisito".*

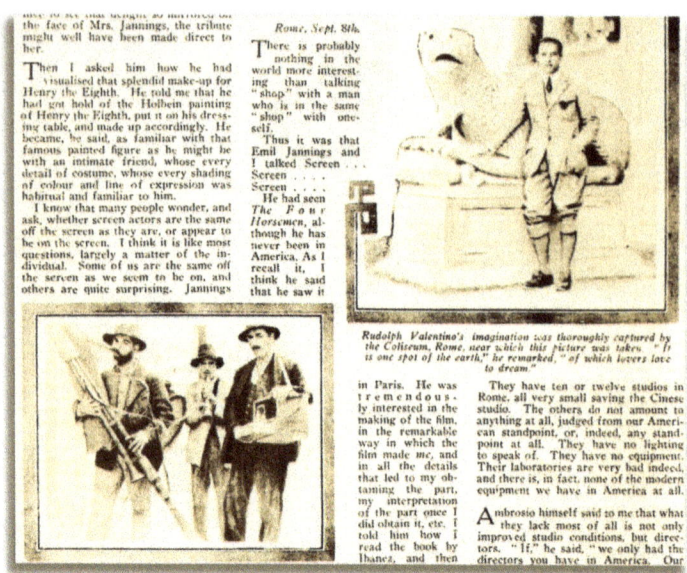

Febbraio 1925 pag. 22

In alto a destra. La didascalia sbagliata parla di Roma ma ormai sappiamo che si tratta del Duomo di Fidenza, località in provincia di Parma. Valentino, con il solito abito chiaro da viaggio, posa davanti a uno dei due leoni stilofori in pietra che caratterizzano l'ingresso della chiesa romanica.

In basso a sinistra. Un terzetto di musicisti da strada con zampogna (e allegata grancassa), ciaramella e organetto. Abitudine che trae origine dalla cultura dei pastori e quindi diffusa in quelle zone di montagna dove fino a pochi decenni fa vigeva un regime economico agro-pastorale. Va detto che in ambiente urbano la zampogna viene associata al Natale, quando gli zampognari percorrono le vie cittadine suonando motivi natalizi tipici. E tuttavia in altri periodi dell'anno i terzetti musicali si spostavano da un paese all'altro in occasione di fiere e mercati, esibendo per la strada una cultura musicale costruita ad orecchio e tramandata oralmente. E' quanto ci racconta Valentino avvicinandosi a Campobasso. *"Oggi era giorno di fiera, di mercato. I contadini di queste parti hanno conservato il loro tradizionale abbigliamento e le loro antiche usanze. […] Presso la fiera (i giorni di fiera di solito sono in coincidenza con la celebrazione di un santo o di qualche altra ricorrenza religiosa) si trova quasi sempre un circo o un'altra forma di intrattenimento […] Mi considero fortunatissimo ad essermi imbattuto in questa fiera e anche la zia Tessie, che aveva sentito parlare delle fiestas ma non ne aveva mai vista una, ne è stata entusiasta".*

Marzo 1925 pag.19

In alto. Ancora un'altra foto dell'interno del Colosseo contrabbandata per catacombe romane. Del resto c'è da notare ancora un altro refuso: nel presentare questo nuovo capitolo il testo asserisce che da Roma Rudy e Natacha si diressero a Campobasso e Castellaneta. Assolutamente falso perché Natacha da Roma decise di tornare a Nizza. Riferisce Valentino: *"Domani sera l'accompagnerò al treno per Nizza, mentre la zia Tessie proseguirà il viaggio insieme a mia sorella e me"*.

Nel tondo. Sul set romano del film "Quo Vadis?": in piedi a sinistra Natacha e Valentino, sulla destra il commendator D'Ambrosio. Seduti l'attore Emil Jannings e sua moglie. *"Dopo aver posato per i fotografi siamo andati insieme a pranzo nel ristorante di Villa Borghese. E' stato un pranzo memorabile con Jannings e gli altri"*. La signora Jennings era inglese e quindi faceva da interprete. A lei è toccato riferire a ciascuno dei due i complimenti dell'altro. Uno fu definito *"Il re dello schermo"* e l'altro *"Il più grande amatore dello schermo"*.

Marzo 1925 pag.20

In alto a sinistra. Un'altra foto del Colosseo dove, dice la didascalia, Rudy ritornò più volte.

Più in basso a destra. Una bella foto della famiglia di suo fratello Alberto a Campobasso: Alberto, sua moglie Ada e il piccolo Jean. Una foto radiosa nella quale tutti e tre sorridono. Alberto aveva l'incarico di segretario generale presso il Comune di Campobasso. Racconta Valentino: *"Ci siamo abbracciati e l'ho trovato solo di poco cambiato [...] Lo scorso anno per i suoi meriti speciali mio fratello è stato decorato con la Croce di Cavaliere della Corona, una grande onorificenza"*.

Marzo 1925 pag. 21

In alto. Rudy con la vettura che l'azienda Voisin gli mise a disposizione per il viaggio da Parigi in Italia.

In basso. Una veduta del castello di Monforte, sulla sommità del colle Montebello che domina Campobasso. E' una fortezza che risale al 1100 e che la comunità voleva dichiarare monumento nazionale e restaurare. A questo scopo era iniziata una raccolta di fondi. *"Ho consigliato a mio fratello di organizzare, con l'aiuto del sindaco, una proiezione de 'I quattro Cavalieri' con prezzi molto alti che andranno a finanziare il restauro. Io gli procurerò la copia del film".*

Marzo 1925 pag. 22

In alto a destra. Fotografia di uno dei monumenti principali della città di Bologna: la statua in bronzo di Nettuno, dio del mare, alta 3,40 metri e per questo chiamata dai bolognesi Il Gigante. Si trova in Piazza del Nettuno, adiacente a Piazza Maggiore, in pieno centro cittadino.

Più in basso a sinistra. Valentino con suo nipote Jean a Campobasso. Il piccolo aveva nove anni e i due non si erano mai visti. Jean che andava pazzo per le automobili sembrava *"una reincarnazione di Mercurio, non riusciva a rimenere seduto un solo istante. Mercurio in Italia si usa per dire di uno che ha l'argento vivo addosso"*.

Aprile 1925 pag.10

In alto. La didascalia dice che Rudy è fotografato davanti all'ingresso dell'azienda di suo zio a Carosino, ma è falso. Rudy è davanti all'ingresso della sua antica abitazione a Castellaneta, in via Regina Margherita 28. Non si tratta dunque dell'abitazione dove Rodolfo nacque, che invece era in via del Commercio, perché quando nacque la piccola Maria, papà Giovanni decise di andare ad abitare in una casa più grande e più spaziosa.

Al centro. Una bella foto con suo cugino, figlio di zia Leonie. Leonie Barbin, sorella di Gabrielle ma più grande di quasi dieci anni, aveva sposato a Taranto Francesco Galeone, un benestante originario di Carosino, un piccolo paese della provincia meridionale di Taranto. A quell'epoca (1923) i genitori Francesco e Leonie erano entrambi morti e la proprietà della grande azienda agricola di Carosino era rimasta ai due figli Gaetano e Giulio. Tuttavia l'azienda era condotta da Giulio che si era laureato in agraria. *"Verso mezzogiorno siamo andati a Carosino, fuori Taranto, alla vecchia proprietà del mio defunto zio. Un borgo di campagna che somiglia a un villaggio moresco. Mio cugino non vive più lì da quando sono morti i suoi genitori. Ci venivamo d'estate due o tre giorni la settimana. Dista solo un'ora di automobile e due o tre in carrozza [...] Naturalmente ho rivisto molte scene della mia infanzia, perché anche noi trascorrevamo buona parte dell'estate in quella casa"*.

Aprile 1925 pag. 11

In alto a destra. Entrando nel paese di Castellaneta da sud si è attratti dalla inebriante visione della Gravina Grande, una sorta di burrone sul quale si affaccia la piccola chiesa trecentesca detta di Santa Maria del Pesco o Assunta. Dice Valentino: *"Feci una foto della gravina. Proprio sulla sommità si trova un'antica chiesetta dove soleva condurmi una vecchia balia, non per pregare ma per giocare. Adoravo quel posto. Indimenticabile. Una chiesa vecchissima. Dio sa da quanto tempo si trovi lassù. Solo una piccola cappella. Mi ha sempre attratto immensamente. Era il mio parco giochi preferito"*.

In basso a sinistra. Entrato nel paese, Valentino si fermò in corrispondenza della piazza principale dove oggi c'è la Casa Comunale ma allora soltanto un parco pubblico. Fu attorniato da una folla di concittadini castellanetani attirati più che dalla fama dell'attore dallo splendore della sua auto Voisin.

Aprile 1925 pag.58

Foto di repertorio. Il bungalow riservato a Valentino dalla United Artist durante le lavorazioni.

Maggio 1925 pag.9

Al centro a destra. Una foto simile a quella precedente, nella piazza principale del paese, questa volta con un numeroso gruppo di bambini e ragazzi castellanetani anche loro attratti dalla bella automobile.

In basso a sinistra. Una foto nel cortile del collegio di Perugia, che comunque non era una scuola militare ma una scuola governativa con annesso collegio, riservato agli orfani del personale sanitario. Quandò morì suo padre Giovanni (marzo 1906), veterinario a Taranto, Rodolfo aveva titolo ad entrare in quel collegio e sua madre lo accompagnò a ottobre del 1906. Racconta Valentino: *"Veniva chiamato 'il collegio dei sapienti', non saprei dire chi avesse coniato questo appellativo, se un ottimista o un bugiardo, perché io non ero certamente un sapiente quando vi entrai né tantomeno quando ne uscii"*. Non fu per Rodolfo una bella esperienza, alla fine fu espulso e per questo non ne parlava volentieri. In effetti nel diario, a meno di questa fotografia, non c'è traccia della visita a Perugia.

Maggio 1925 pag. 40

Nel tondo. Una foto sorridente e sempre elegante sul set romano del film "Quo Vadis?" riconoscibile dalla ricostruzione dell'architettura romana con capitelli ionici.

In basso. Panorama di Carosino dal tetto dell'azienda dello zio di Rudy. Carosino è un piccolo paese distante circa quindici chilometri da Taranto. Lì c'era l'azienda di famiglia condotta, dopo la morte dello zio Francesco Galeone, da suo figlio Giulio, cugino di Rudy. Dice Valentino: *"Ritrovai in quella vecchia tenuta i campi di battaglia della mia gioventù. Andavo pazzo per gli animali, come non mi stanco mai di ripetere. E qui mi divertivo a giocare con i muli dentro le stalle".*

Maggio 1925 pag. 41

In alto a destra. Una fotografia scattata a Pompei. Dice Valentino: *"[Risalendo in direzione Napoli] all'altezza di Pompei abbiamo lasciato la macchina e visitato gli scavi. Mi sarebbe piaciuto trattenermi un po' più a lungo in quella città sepolta sotto un manto di distruzione, che lentamente rinasce dalle sue ceneri come una fenice"*.

Al centro. Non è una terrazza di una villa romana ma soltanto l'ennesima posa sul set romano del film "Quo Vadis?". Il grifone che è a destra di Rudy compare anche in altre fotografie scattate sul set.

Luglio 1925 pag. 27

In alto. Veduta panoramica di Pompei e sullo sfondo il Vesuvio.

Più in basso a sinistra. Con il solito abito da viaggio, pantaloni alla zuava e stivali, Rudy posa davanti al cancello di ingresso della Scuola di Agraria di Sant'Ilario (Genova). Aveva degli ottimi ricordi di quella scuola, ma anche di qualche marachella e della simpatia per la figlia della cuoca della scuola. Dice Valentino: *"Ne seguì che andai a studiare agronomia presso l'Accademia di Agricoltura [a Genova]. L'Italia aveva più bisogno di agricoltori che di marinai o soldati, disse mia madre nel tentativo di risollevare il mio entusiasmo. I nostri antenati avevano coltivato la terra e io avrei potuto rinverdire la tradizione dei miei progenitori. Saggia, dolce mammina"*. E continua:*"Mi dà una certa soddisfazione, guardando indietro, constatare che raggiunsi effettivamente qualche buon risultato alla Scuola di Agraria, diplomandomi con il massimo dei voti"*.

Settembre 1925 pag.58

In alto. Foto di repertorio di Valentino che osserva estasiato il panorama da un sottoportico che probabilmente è casa sua.

Al centro. Un'altra foto di cose singolari viste e fotografate in Italia: un simpatico asino da soma.

Nel tondo in basso. Rudy rientrato dal viaggio ritorna al lavoro. Si fa ritrarre mentre sale sulla lussuosa automobile tenendo il suo cane pastore tedesco al guinzaglio. Probabilmente è solo una fotografia con posa studiata.

Album Fotografico n° 2

Foto scattata sulla nave forse prima di arrivare in vista delle coste dell'Irlanda. Dettagli curati come si intuisce dallo stravagante cappello di Natacha. Anche lui con il cappottone con risvolti e collo in pelliccia completato dal Borsalino.

Le foto documentano il volo che portò Valentino e Natacha da Londra a Parigi. Partirono dall'aeroporto di Croyden e atterrarono dolcemente a Le Bourget. Qui Valentino insieme al segretario Florey alla partenza da Londra. Valentino indossa un completo da viaggio chiaro con pantaloni alla zuava su stivaletti, giacca multitasche e coppola antisole. Quell'abito, evidentemente comodo, lo accompagnerà per tutto il viaggio fatto in auto da Parigi a Taranto.

La decisione di andare in Francia con l'aereo non fu facile. Scrive Valentino: *"Natacha ha paura che i quattro pechinesi si sentiranno male e devo ammettere che questa è una possibilità. Il mio unico scrupolo riguardo al volare risiede proprio nella questione dei cani".*

Tra le foto del giornale, in quella in alto, Valentino, generoso come sempre, sta elargendo la solita mancia al responsabile del trasporto. In basso a portare avanti l'affare del viaggio con il segretario Robert Florey.

Rudy e Natacha nelle loro automobili francesi costruite su misura a Parigi. L'autista viaggia sul sedile posteriore.

Agosto 1923 - Rodolfo e Natacha a Parigi, fuori dall'hotel Plaza Athenée, posano con l'automobile Voisin C3 avuta in comodato d'uso dall'azienda. Dice Valentino:*"La prima cosa che dovevo fare qui a Parigi era procurarmi un'automobile, perché il resto del nostro viaggio lo avremmo fatto in macchina. Ho vagliato diciassette diverse marche di automobili e alla fine ho comprato due vetture Voisin […] I signori della Voisin sono stati gentilissimi e ci hanno messo a disposizione una macchina da usare in Italia ed un'altra a Parigi".*

Natacha indossa un modello di Paul Poiret mentre si sta preparando per il viaggio verso Deauville.

Deauville (Francia) Agosto 1923 - Rolf De Maré, Rodolfo Valentino e René Clair. Scrive Valentino:*"Stasera era la sera del Grand Prix al Casino (Deauville) considerata la più interessante del calendario [...] Si sono uniti a noi alcuni amici di Parigi e un regista di cinema, e in un modo o nell'altro abbiamo tirato avanti fino alle due o alle tre del mattino"*. Si, ma in quale giorno accadeva tutto questo? Nel 1923 il Grand Prix de Deauville (annuale) si svolse domenica 26 agosto; era la corsa di cavalli più importante dell'anno con un premio di centomila franchi al vincitore che quell'anno fu il cavallo Sao Paulo.

Racconta il giornale francese "L'Oeuvre" del 25 agosto 1923, nella rubrica "Derrier l'écran", parlando a proposito di un altro evento che aveva visto per protagonista Valentino a Parigi: *"Rodolfo Valentino è partito ieri (24 agosto) per Deauville con sua moglie la signora Natacha Rambova. I signori Jeaques Hebertot, Rolf de Marè e André L. Daven lo accompagnavano"*. Ma l'affermazione del giornale è sicuramente errata in quanto tra i presenti a Deauville di Daven non si fa cenno mentre vengono indicati sia Rolf de Maré sia René Clair. Secondo le considerazioni appena fatte, la vacanza a Deauville si sarebbe svolta nei giorni 24, 25 e 26 agosto mentre secondo le indicazioni del Mio Diario Privato i coniugi Valentino sarebbero stati a Deauville dall'8 al 12 agosto. Non è la prima volta che le date riportate sul Mio Diario Privato risultano, alla verifica, fasulle.

Spettatori al Grand Prix rigorosamente con l'ombrello

Deauville 26 agosto 1923 – Sao Paulo, il puledro vincitore.

Grand Prix de Deauville. Racconta Valentino:*"Oggi ha telefonato Hébertot per invitarci al Gran Prix de Deauville. Ha affittato un'intera villa per tre giorni perché, ha detto, ci sarà una folla incredibile. Mi è sembrata un'idea fantastica. Abbiamo accettato con piacere. Ho detto speriamo che non piova, mi piacerebbe fare il bagno".* E invece la mattina dopo, al risveglio, nebbia, pioggia e freddo. Per questo motivo niente mare ma lunghe escursioni nella campagna della Normandia. Anche il Gran Prix de Deauville fu tormentato dalla pioggia e si potette assistere solo con gli ombrelli. Sul quotidiano "La Depeche" di Tolosa, il 27 agosto 1923, nel resoconto del corrispondente a Deauville si legge: *"La pioggia che non ha cessato di cadere sin dalla mattina non ha risparmiato nemmeno il pomeriggio e il Grand Prix, che è molto apprezzato per l'eleganza e che attira sempre una folla numerosissima, è stato completamente rovinato [...] Il terreno diventato pesante per l'acqua ha condizionato il risultato e quella del gran premio è stata una autentica sorpresa. Sao Paulo il puledro di M. Edmond Veil-Picard, che ha collezionato un buon numero di sconfitte, si è aggiudicato in effetti una vittoria impossibile da prevedere".*

Parigi, 21 agosto 1923 – Valentino e il suo cane Kabar insieme agli attori impegnati nella realizzazione del film di René Clair *Paris qui dort* che fu girato nell'estate del 1923 in una Parigi che doveva apparire deserta. Da sinistra: l'attore Antoine Stacquet, l'attrice Madeleine Rodrigue, Rodolfo Valentino con il dobermann Kabar, Louis Pré Fils, il regista René Clair e Henri Rollan.

Valentino andò in visita, quando si trovava a Parigi nel 1923, agli studi di Joinville e l'evento non sfuggì alla stampa francese. Racconta il giornale francese *L'Oeuvre* del 25 agosto 1923, nella rubrica *"Derrier l'écran"* che Valentino ha visitato martedì passato (21 agosto) Joinville dove René Clair stava girando il film. *"Il principe dei giovani attori si è lasciato benevolmente fotografare con gli attori"*. A proposito del cane Kabar Valentino racconta che *"Stamattina mi è successa una cosa molto simpatica. Una delle moltissime cose che Hébertot ha fatto per me da quando sono a Parigi. Io ammiravo terribilmente il suo Dobermann-Pincher ed egli stamattina mi ha mandato il suo autista con un cane della stessa razza, un esemplare altrettanto bello. Poi è venuto di persona a domandarmi se mi piacesse. Gli ho detto che ero pazzo di quell'animale e che volevo acquistarlo. Hébertot mi ha risposto che dovevo accettarlo "come regalo, un souvenir" e così sono diventato l'orgoglioso padrone di Kabar"*. Dal racconto riportato sul Mio Diario Privato sembrerebbe che ciò sia avvenuto il giorno prima della partenza da Parigi. Invece la foto dimostra che il cane era stato regalato parecchi giorni prima.

Copertina de "La Vie Parisienne", rivista settimanale dell'11 agosto 1923 edita a Parigi. Fondata nel 1863, la rivista rifletteva i mutevoli interessi e valori della società parigina e, soprattutto a partire dagli anni '20, con argomenti come la moda e la frivolezza nonché disegni sensuali, restituiva l'immagine della donna moderna e indipendente. Racconta Valentino:*"Le donne mozzafiato che si trovano sulle pagine di "La Parisienne" non esistono in carne ed ossa. Sono dei miti. Fantasie astratte. Artifizi mentali di un Baudelaire di bassa lega. Tutto qui"*. In effetti, con riferimento agli spettacoli artistici e alla vita notturna di Parigi, Valentino confessa tutta la sua delusione per la mancata bellezza delle ballerine, sostenendo di aver notato che la maggior parte delle ragazze era grassa. *"Questo mi ha sorpreso – racconta Valentino – e sono certo che avrebbe sorpreso chiunque, come me, immaginasse le ragazze francesi delle Folies magre e snelle come silfidi. Sono rimasto sorpreso. Quelle ragazze erano grasse e mezze nude"*.

Rodolfo Valentino in visita a Roma, davanti al Colosseo

Sul set del film "Quo vadis?" a Roma. Il titolo, in latino, significa "Dove vai?", e si riferisce all'incontro tra san Pietro e Gesù Cristo sulla via Appia. Il film fu prodotto da Arturo Ambrosio e realizzato dalla Cines per conto dell'Unione Cinematografica Italiana. Costò circa un milione di lire, una cifra consistente per quei tempi, e costituì un clamoroso insuccesso commerciale. Nella foto sono ritratti l'attore Emil Jannings, che interpretava Nerone, con il produttore commendator Ambrosio insieme ai coniugi Valentino caratterizzati dalla solita irreprensibile eleganza.

Roma, settembre 1923, Villa Borghese, set del film "Quo vadis?". Da sinistra Valentino, il produttore commendator Ambrosio, il coregista Georg Jacoby e l'attore Emil Jannings. Il film "Quo vadis?" era diretto da due registi, il signor Jacoby e Gabriele Maria D'Annunzio, figlio del famoso poeta e romanziere italiano.

Roma, settembre 1923, Villa Borghese, set del film "Quo vadis?". Da sinistra Valentino, il produttore commendator Ambrosio e l'attore Emil Jannings, che interpretava Nerone. La maggior parte delle scene in esterno era stata costruita a Villa Borghese. Racconta Valentino: *"Non esiste niente di più interessante che parlare di "affari" con qualcuno che si occupa dei tuoi stessi "affari" […] Quando si incontrano due persone che fanno lo stesso mestiere puoi scommettere dieci a uno che perleranno di lavoro. Questo è ciò che è accaduto con Emil Jannings, con il quale ho parlato di cinema… cinema… cinema".*

Valentino con suo nipote Jean a Campobasso.

Rudy con suo nipote Jean in visita al castello dei Duchi di Monforte. Racconta Valentino: *"Il castello si trova in cima alla collina che domina Campobasso. E' una fortezza storica che risale al 1100 e figura in numerose battaglie e assedi"*. Un progetto prevedeva di trasformare il castello in monumento nazionale agli eroi caduti nella grande guerra.

Castellaneta, settembre 1923, Da sinistra zia Tessie, Maria e Rodolfo in una bella giornata di sole. Sembra che questa sia l'unica foto che ritrae i tre turisti in visita a Castellaneta. Racconta Valentino: *"Poi sono andato a visitare la casa in cui sono nato. La zia Tessie era particolarmente curiosa di vederla. I luoghi di nascita, secondo me, esercitano una maggiore attrazione sulle donne piuttosto che sugli uomini. Per ragioni "biologiche" suppongo"*. I tre sono ritratti in via Marina, ai margini del centro storico del paese, nella parte bassa, non molto lontano dalla casa natale. E la foto lascia il sospetto che Rudy non ne ricordasse bene la collocazione. Aveva si e no quattro anni quando la famiglia andò a vivere in una nuova abitazione (che ricordava benissimo e davanti alla quale si fece fotografare) e la tenera età può giustificare una tale amnesia.

Rodolfo Valentino aveva la mania delle fotografie e ne fece molte. Soprattutto aveva un'attrezzatura fotografica di prim'ordine ma anche molto ingombrante. Sul rapporto di Valentino con la fotografia riferisce nel suo diario la madre di sua moglie Natacha: *"Le macchine fotografiche erano un'altra mania di Rudy. Ne acquistava di tutti i generi e di tutte le dimensioni senza riuscire per questo ad ottenere qualche buona fotografia. E ogni risultato sfortunato lo attribuiva a un difetto della macchina, correndo a comprarne una nuova"*. Così nel preparare le valigie per il suo viaggio in Europa una delle preoccupazioni furono le macchine fotografiche utili *"per conservare ricordo del nostro viaggio Natacha dice -* scrive Rudy in una nota *- che dovrei utilizzare la piccola Brownie n.1 al posto della costosa Graflex e di altre macchine che mi sono procurato. Dice che scatto sempre due o tre foto sullo stesso fotogramma. Ma io mi diverto a farlo. Penso di scattare delle eccellenti fotografie. Tuttavia eviterei di farmi ritrarre da un fotografo come me"*.

Natacha diventa la fotografa

Arrivederci!

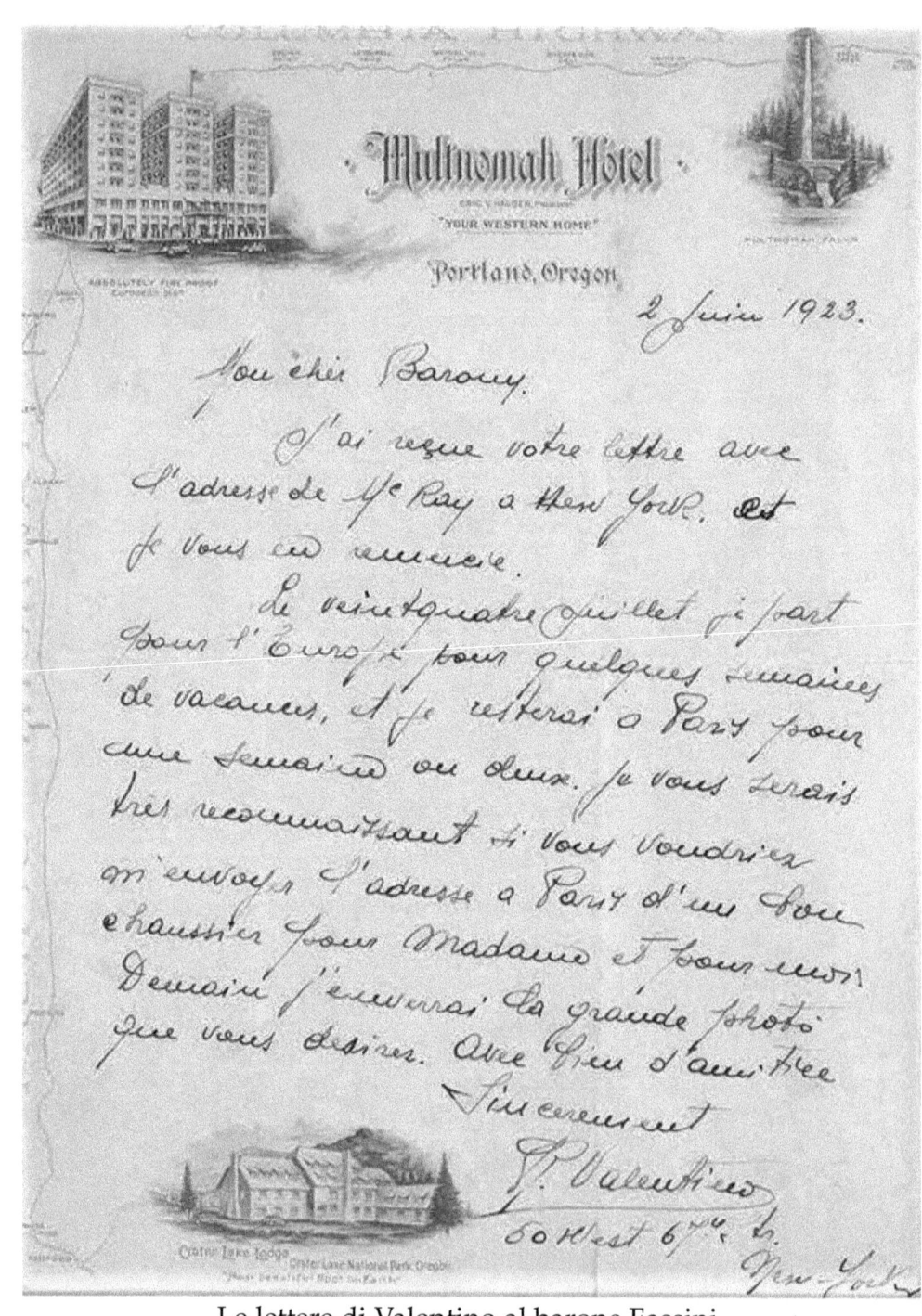

Le lettere di Valentino al barone Fassini

1 – Lettera del 2 giugno 1923 (in francese)

RUDOLPH VALENTINO

RITZ-CARLTON PICTURES INC.
6 West 48th Street
NEW YORK CITY

New York, 15 Marzo 1924.

Barone Fassini
Palazzo Tittoni
Roma

Carissimo Barone;

  Senza dubbio Lei deve essere sotto la cattiva impressione che, tanto la mia Signora quanto io, abbiamo dimenticato la gentilissima e cortese ospitalità da Lei offertaci durante il nostro breve soggiorno a Roma l'estate scorsa. Dico cattiva impressione, poichè, avendole io scritto parecchie volte da Juan le Pins e da New York, come pure telegrafatole augurii da parte della mia Signora e miei per il Capo d'anno, e non avendo ricevuto da Lei alcuna risposta, naturalmente m'immagino che nessuna delle mie missive le siano giunte e che Lei ci abbia giudicati scortesi ed ingrati.

  Mi auguro che la presente, che, per precauzione, mando raccomandata; giunga nelle sue mani onde dispellere qualsiasi dubbio Ella possa avere riguardo ai nostri sentimenti, che mi affretto ad assicurarla che sono della migliore cordialità e sentita gratitudine. Allo stesso tempo la prego di scusarmi se le scrivo a macchina; ma, nella vita febbrile che meno a New York trovo questo metodo di corrispondenza, se non etico, per lo meno molto più chiaro a leggere e spicciativo.

  Come già le accennai a Roma, l'aggiustamento che mi attendevo con la Famous Players ha avuto luogo, ed in fatti sono già a metà della prima delle due film che ho consentito di tornare per la Famous Players in cambio della mia libertà. Sarò quindi libero di cominciare a produrre con la mia compagnia, che, come le dissi andando a Nettuno, avevo già formato; dal principio di Agosto in poi. Ho già praticamente deciso sul tipo di storia che desidero fare, e, sarà appunto un soggetto Italiano del cinquecento e propriamente durante la dominazione dei Borgia. Ciò mi darà l'opportunità tanto sognata di poter veramente e propriamente mostrare al mio pubblico americano le bellezze preziose della nostra cara Italia in tutto lo splendore e la magnificenza di quel periodo, che è per me, uno dei più sfarzosi ed interessanti periodi storici del Rinascimento Italiano.

  Ricordando la sua generosa offerta fattami a Nettuno, mentre visitavamo i bastioni, di accordarmi il permesso di usare i suoi castelli allo scopo di cinematografia, mi permetto di chiederle come gran favore se Lei intende ancora di farmi tale regalo, in qual caso le sarei immensamente grato se Lei volesse farmi spedire da uno dei suoi segretarii tutte le fotografie di Vincigliata, di

Le lettere di Valentino al barone Fassini

2 – Lettera del 15 marzo 1924 (in italiano)

RUDOLPH VALENTINO

  Nettuno e di quell'altro Castello che Lei stà rimodernando e di cui non ricordo il nome. Oltre alle fotografie dettagliate delle diverse parti dei detti castelli mi sarebbe utile una vista panoramica di ciascuno.

    Mi permetto di farle notare l'urgenza che ho di avere tali fotografie, poichè stò già facendo scrivere il principio dello scenario di detta storia, e , quindi è necessarissimo di avere delle fotografie onde dare allo scenarista un'idea della località ove l'azione del dramma si svolge.

    Questa film mi auguro, sarà il principio di una serie di film di soggetto Italiano, antico e moderno, che io intendo fare, e che non soltanto farà conoscere tutte le bellezze storiche e panoramiche di cui l'Italia è così ricca, e di cui giustamente ne siamo così orgogliosi; ma aiuterà immensamente a stabilire uno spirito di collaborazione e di amicizia tra l'Italia e gli Stati Uniti, aprendo il mercato Americano alle film Italiane che senza dubbio profitteranno di tale cooperazione per migliorare il loro tipo di produzione, che, disgraziatamente fino ad ora, ha lasciato molto a desiderare; ragione principale per la quale il mercato Americano è chiuso all'importazione di film di marca Italiana.

    Sapendo che ciò è anche il suo sogno, sono sicuro che Lei non mi negherà di prestarmi il suo aiuto e la sua preziosa influenza.

    Parlando di aiuto ho preso la libertà di dare a mio fratello il Cav. Alberto Guglielmi, che intende stabilirsi a Roma tra qualche mese, una lettera di presentazione per Lei, augurandomi che non mi sono reso seccante nel domandare il suo valutato e generoso patrocinio, in favore di mio fratello.

    Augurandomi di leggerla al più presto possibile, e che la sua ferita di cui intesi parlare a Parigi sia da lungo tempo guarita, mi pregio di porle i più distinti e cordiali saluti della mia Signora e miei.

    Cordialmente suo

Rodolfo Valentino

Le lettere di Valentino al barone Fassini

3 – Continua lettera del marzo 1924

Omaggio a Renato Aldo Floris

Bibliografia

Nel creare la mia analisi de *Il Mio Diario Privato*, ho fatto riferimento a quanto segue:

Libri:

My Private Diary by Rudolph Valentino, Introduction by Michael A. Romano, Occult Publishing Co, Chicago 1929 first edition, (uncorrected version)

My Private Diary by Rudolph Valentino, Introduction by Michael A. Romano, E-book, Pickle Partner Publishing, 2016

RUDY: An Intimate Portrait by his Wife Natacha Rambova - Hutchinson & Co. Publishers, London, 1927.

L'Affare Valentino di Evelyn Zumaya, a cura di Renato Floris, Viale Industria Pubblicazioni, 2015.

L'infanzia del Mito, Il Bambino Rodolfo Valentino, di Aurelio Miccoli, Viale Industria Pubblicazioni, 2014.

The True Rudolph Valentino, di Baltasar Fernández Cué, tradotto da Renato Floris, Viale Industria Pubblicazioni, 2019.

Dark Lover, di Emily Leider, Farrar, Straus & Giroux, 2003.

The Rudolph Valentino Case Files, di Evelyn Floris and Renato Floris, Viale Industria Pubblicazioni, 2021.

Rudolph Valentino, "In English", di Jeanne DeRecqueville, tradotto da Renato Floris, Viale Industria Pubblicazioni, 2020.

Rudolph Valentino - My Private Diary, tradotto da Paolo Orlandelli, Lindau Editions, July 2004.

Articoli:

"My Life Story by Rudolph Valentino" - *Photoplay*, February, March - April 1923

"Rudolph Valentino's Personal Story of His Trip Abroad" - *Movie Weekly Magazine*, February 23, 1924 - August 16, 1924.

"My Story of My Travels Abroad by Rudolph Valentino" - *Pictures and Picturegoer*, July 1924 - October 1925.

"What Rudolph Valentino Likes and Dislikes About France", di Andre Daven, *Comoedia*, June 20, 1924.

"Rudolph Valentino Francophobic", di André Tinchant, *Cinémagazine*, May 16, 1924.

Le ricerche d'archivio condotte includono, ma non sono esclusive, le seguenti fonti:

The Bibliotèque Nationale de France

Cinémathèque Française

Gallica newspaper archive at Bibliotèque Nationale de France

Archivio Storico *La Stampa*

La Cinématographie Française

American Cinematographer, 1924

The Times Archive – *Los Angeles Times* online

The Margaret Herrick Library and Margaret Herrick Library Digital Collections

The New York Public Library and New York Public Library digital collections

Un ringraziamento speciale e profondo al Professore Aurelio Miccoli per la sua generosa assistenza e supporto nel rendere questo libro una realtà.

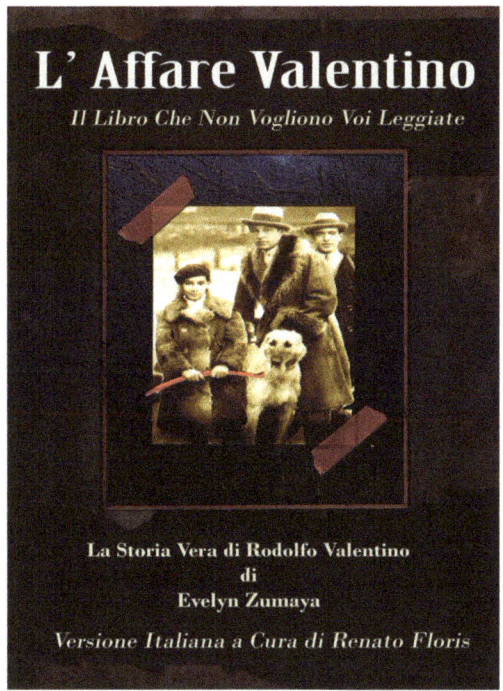

L'Affare Valentino
di Evelyn Zumaya Floris

La prima biografia in italiano di Rodolfo Valentino. Le Stelle e i Divi di Hollywood sono ben conosciuti anche per gli scandali che riescono a generare e la Stella del cinema muto Rodolfo Valentino non si discosta da questa tradizione. La Zumaya ha investito ben 15 anni in accurate ricerche sia sulla vita di Valentino sia all'interno della ristretta cerchia di chi gli era vicino, in modo particolare sul ruolo avuto dal suo caro amico ed amministratore agente, George Ullman.

L'innovativo lavoro svolto dalla Zumaya ridisegna drasticamente la storia di Valentino e rivela segreti esplosivi. Il lavoro della Zumaya è al 100% basato su fatti reali ed è supportato dalla scoperta di circa 400 pagine di documenti mai visti prima, relativi sia alla vita finanziaria sia alla vita personale di Valentino.

Il fulcro di questo nuovo archivio è l'ancora non pubblicato diario di George Ullman, in cui egli racconta dei suoi rapporti con Valentino. L'archivio è completato da altri interessanti documenti, mai visti prima. Grazie a tutte queste nuove informazioni la Zumaya ha, finalmente, ricostruito il vero ritratto di Rodolfo Valentino ovvero dell'Uomo oltre al Mito.

L'infanzia del Mito- Il Bambino Rodolfo Valentino
di Aurelio Miccoli

Il Mito del cinema muto Rodolfo Valentino, trascorse i primi nove anni della propria vita nella cittadina pugliese di Castellaneta. Qui si narra la storia dei suoi anni castellanetani; un dettagliato e autorevole racconto di quanto la sua famiglia, la cultura del periodo, gli eventi storici e l'ambiente lo abbiano influenzato.

L'autore di questo libro è un concittadino di Valentino essendo anche lui nato e cresciuto a Castellaneta, Aurelio Miccoli, e ci svela un "Rodolfo" bambino curioso anche se non semplice e un gran sognatore ad occhi aperti. Questo splendido e accurato racconto è arricchito dalla presenza di personaggi reali che hanno affollato l'infanzia di Valentino. Grazie alla sua familiarità con Castellaneta e la sua approfondita ricerca in tutti gli archivi locali disponibili, Aurelio Miccoli ha descritto un ambiente molto dettagliato riguardo alla storia locale, alle strade, alla fauna, la flora e la cultura dell'epoca; il tutto supportato da coloratissime immagini. "L'infanzia del Mito" è uno studio accademico, nonché un racconto divertente dei primi eventi e delle influenze su di un ragazzino che è diventato una delle icone dello schermo più idolatrate del mondo.

www.ingramcontent.com/pod-product-compliance
Lightning Source LLC
Chambersburg PA
CBHW061152010526
44118CB00027B/2952